智能制造标准体系建设指南丛书

INTELLIGENT MANUFACTURING

智能制造
标准案例集

辛国斌　田世宏 ◎ 主　编
张相木　戴红　李东　林宁 ◎ 副主编

电子工业出版社
Publishing House of Electronics Industry
北京·BEIJING

内 容 简 介

为推动我国智能制造的发展，梳理智能制造的典型模式，归纳整理智能制造的标准化需求，并进一步推动我国的智能制造国际标准化进程，特此征集和编写了这本《智能制造标准案例集》，配合《国家智能制造标准体系建设指南（2015年版）解读》使用。

本书中的13个智能制造标准案例从《国家智能制造标准体系建设指南（2015年版）》出发，明确了每个案例在智能制造系统架构中的位置，并通过梳理案例的实施步骤，对智能制造在智能工厂建设、信息安全、互联互通、智能服务等多个领域的标准化需求进行了分析。本案例集是10多家企业、研究院所和高校的实践集锦，全面展示了不同行业的企业开展智能制造探索与实践的具体做法和取得的成效，以及来自技术研发、生产制造、企业经营与管理第一线的标准化现状和需求整理。

本书读者对象包括各行业智能制造整体规划和建设主管部门负责人、智能制造标准化工作研究人员、智能制造解决方案提供人员、软硬件开发研究人员、系统集成从业人员、科研院所的师生，以及其他与智能制造相关的从业者和对智能制造感兴趣的人员。

未经许可，不得以任何方式复制或抄袭本书之部分或全部内容。
版权所有，侵权必究。

图书在版编目（CIP）数据

智能制造标准案例集/辛国斌，田世宏主编．—北京：电子工业出版社，2016.6
（智能制造标准体系建设指南丛书）
ISBN 978-7-121-28647-6

Ⅰ．①智… Ⅱ．①辛… ②田… Ⅲ．①智能制造系统—制造工业—案例—中国 Ⅳ．①F426.4

中国版本图书馆 CIP 数据核字（2016）第 086460 号

策划编辑：徐　静　陈韦凯
责任编辑：郭穗娟　秦　聪
印　　刷：北京虎彩文化传播有限公司
装　　订：北京虎彩文化传播有限公司
出版发行：电子工业出版社
　　　　　北京市海淀区万寿路173信箱　邮编　100036
开　　本：787×1 092　1/16　印张：17　字数：435千字
版　　次：2016年6月第1版
印　　次：2021年10月第5次印刷
定　　价：128.00元

凡所购买电子工业出版社图书有缺损问题，请向购买书店调换。若书店售缺，请与本社发行部联系，联系及邮购电话：（010）88254888，88258888。
质量投诉请发邮件至 zlts@phei.com.cn，盗版侵权举报请发邮件至 dbqq@phei.com.cn。
本书咨询联系方式：（010）88254441；bjcwk@163.com。

编委会

指导委员会

主　任：苗　圩

副主任：辛国斌　田世宏

委　员：张相木　殷明汉　戴　红　李　东

　　　　赵　波　曹淑敏　欧阳劲松

出版工作委员会

主　　编：辛国斌　　田世宏

副主编：张相木　　戴　红　　李　东　　林　宁　　韩　俊

　　　　　安筱鹏　　胡　燕　　陈　英　　陈家春　　刘九如

编写组成员：

　　　　　王瑞华　　张荣瀚　　孙　维　　徐全平　　董景辰　　胡静宜

　　　　　韦　莎　　吕　鹏　　董　挺　　张维杰　　甘　翔　　李海滨

　　　　　张俭峰　　郑朔昉　　邵　华　　庞观士　　刘安安　　陈　俊

　　　　　朱其盛　　胡永亮　　梁　炜　　李先广　　吴小东　　刘憬奇

　　　　　柴　熠　　李凯斌

编辑部成员：

　　　　　徐　静　　陈韦凯　　郭穗娟　　万子芬　　秦　聪　　许存权

　　　　　管晓伟　　李　洁　　齐　岳　　王凯晨　　王彦飞

推荐序

制造业是实体经济的主体，是国民经济的支柱，是国家安全和人民幸福安康的物质基础，当前更是我国经济实现创新驱动、转型升级的主战场。改革开放三十多年来，我国制造业发展取得长足进步，总体规模位居世界前列，自主创新能力显著增强，综合实力和国际地位大幅提升，已站到新的历史起点上。就当前来看，我国经济发展进入新常态，如何做到换挡不失速，推动产业结构向中高端迈进，重点、难点和出路都在制造业。我国制造业正处于爬坡过坎的重要关口，在原有比较优势逐步削弱、新的竞争优势尚未形成的新旧交替期，转型升级任务十分艰巨，面临的困难相当严峻，很多需要解决的问题迫在眉睫。

随着新一代信息通信技术与先进制造技术的深度融合，全球兴起了以智能制造为代表的新一轮产业变革，数字化、网络化、智能化日益成为未来制造业发展的主要趋势。智能制造成为制造业变革的核心。世界主要工业发达国家加紧谋篇布局，以重塑制造业竞争新优势。"十三五"时期是我国制造业提质增效、由大变强的关键期。《中国制造 2025》已将智能制造作为主攻方向。大力实施智能制造，是新常态下打造新的国际竞争优势的必然选择，对于培育我国新的经济增长动力，抢占新一轮产业竞争制高点具有重要意义，是促进制造业向中高端迈进、建设制造强国的重要举措。

"智能制造，标准先行"，先进的标准是智能制造实施的重要基础和前提。美、德等工业强国早已认识到标准建设是重塑制造业的关键，通过不同方式加大智能制造标准建设力度，在未来国家竞争中抢夺先机。我国也高度重视智能制造领域标准化工作，去年底，工信部和国家标准化管理委员会联合制定并发布了《国家智能制造标准体系建设指南（2015 年版）》（以下简称"《建设指南》"），明确了建设国家智能制造标准体系的总体要求、建设思路、建设内容和组织实施方式，为推进智能制造提供了强有力的标准支撑。组织出版的《国家智能制造标准体系建设指南（2015 年版）解读》和《智能制造标准案例集》，以内容结合应用案例深入讲解基础共性标准和关键技术标准，对重点行业智能制造标准化工作相关标准进行了分析，有助于进一步加深对《建设指南》的理解，值得行业、企业借鉴参考。

2015 年 6 月李克强总理调研工业和信息化部时指出，"当前智能制造最重要的工作是标准的制定/修订"。今年 4 月 6 日的国务院会议上，李克强总理更是强调"要打一场制造业的'攻坚战',实施智能制造,用先进标准倒逼中国制造升级"。这是党中央、国务院在新常态新形势下对智能制造及标准化工作提出的新要求。我们深感责任重大,任务光荣。让我们共同努力,以更加有力的举措,做好包括《建设指南》宣贯培训在内的各项工作,充分发挥标准在推进智能制造发展中的基础性和引导性作用,营造全社会实施智能制造的良好氛围,为加速我国制造业转型升级、实施制造业强国战略奠定坚实的基础。

2016年5月

前　言

标准化建设是推进智能制造的先机和制高点，是产业发展和企业竞争的关键所在。与工业强国相比，我国智能制造领域标准建设还比较滞后，标准缺失、交叉重复、行业发展不平衡等问题还比较突出，严重制约了智能制造推进的速度和质量，引起了国家相关部门的高度重视。为充分发挥标准在推进智能制造发展中的基础性和引导性作用，根据《中国制造 2025》的战略部署，工业和信息化部、国家标准化管理委员会于 2015 年 12 月联合制定并发布了《国家智能制造标准体系建设指南（2015 年版）》（以下简称"《建设指南》"）。

《建设指南》以聚焦制造业优势领域、兼顾传统产业转型升级为出发点，明确了建设智能制造标准体系的总体要求、建设思路、建设内容和组织实施方式，从生命周期、系统层级、智能功能 3 个维度建立了智能制造标准体系参考模型，并由此提出了"5+5+10"的智能制造标准体系框架，涵盖"基础"、"安全"等五类基础共性标准，"智能装备"、"智能工厂"、"智能服务"、"工业软件和大数据"、"工业互联网"五类关键技术标准，以及包括《中国制造 2025》中十大应用领域在内的行业应用标准。《建设指南》是工业和信息化部智能制造综合标准化工作的一项阶段性成果。它的作用主要体现在以下几个方面：

一、《建设指南》是智能制造国家标准和行业标准的立项依据。《建设指南》是指导未来一定时期内智能制造国家标准和行业标准立项及制定、修订工作的依据，同时也是对智能制造标准进行科学管理的基本依据。智能制造标准化工作涉及多个行业、多个技术领域，研究对象是由系统组成的系统。依据《建设指南》的相关要求，充分结合我国制造业和新一代信息技术产业的总体发展布局，适时立项符合我国国情的智能制造标准，为产业发展提供支撑。

二、《建设指南》着重解决制造环节互联互通和数据集成问题，构建跨行业、跨领域的智能制造标准体系。《建设指南》提出的并不是一个大而全的标准体系，也不能覆盖和替代制造业现有的标准体系。智能制造标准体系是一个有所为有所不为的标准体系。《建设指南》全面纳入与智能制造密切相关的基础通用、关键技术及重点行业应用标准，并对已制定、制定中的标准进行了全面梳理，力争展现智能制造标准的全貌；按照"共性先立、急用先行"原则，主要面向跨领域、跨行业的系统集成类标准，通过统筹标准资源、优化标准结构，重点解决当前推进智能制造工作中遇到的数据集成、互联互通等基础瓶颈问题。

三、坚持立足国情、开放合作理念建设智能制造标准体系。《建设指南》依据我国智能制造标准基础差，行业发展不平衡等特点，充分考虑标准的适用性，加强具有自主知识产权的标准制定与产业化；《建设指南》的部分内容充分借鉴了德国工业 4.0 和美国工业互联网的相关标准化内容，并与先进制造国家和国际标准化组织进行交流沟通，下一步将适时推动我国自主知识产权标准上升为国际标准，同时，将适合我国制造业发展需求的国际标准适时转化为国家标准，努力建设一个兼容性好、开放性强的标准体系。

四、与时俱进，建立智能制造标准体系动态完善机制。《建设指南》是基于当前智能制造的技术特点以及对智能制造的认识进行编制的，但智能制造是一个动态发展的庞大系统，产业界对智能制造的认识将是一个不断深入的过程。随着智能制造技术、产业的发展，新模式新业态的不断涌现，智能制造标准体系将进行动态调整和完善，计划每 2 至 3 年对《建设指南》进行修订。争取到 2017 年，初步建立智能制造标准体系，探索制定重点行业智能制造标准，并率先在《中国制造 2025》十大重点领域取得突破。到 2020 年，建立起较为完善的智能制造标准体系，基本实现基础共性标准和关键技术标准全覆盖，并在制造业全领域推广应用。

为推动我国智能制造的发展，梳理智能制造的典型模式，归纳整理智能制造的标准化需求，深度调研我国各领域、各行业智能制造的发展现状，并进一步推动我国的智能制造国际标准化进程，特此征集和编写了本《智能制造标准案例集》中的相关内容，配合《国家智能制造标准体系建设指南（2015 年版）解读》使用。

案例的收集和整理对于梳理智能制造相关的核心技术、生产过程、产业现状、标准化需求等有着非常重要的作用。在 ISO、IEC 等国际标准化组织中，来自不同国家和地区、不同行业的专家基于相似的案例模版，对优势技术、商业模式、管理经验等进行甄别和提炼，形成标准案例作为标准预研的基础和依据。比如，ISO/IEC JTC1 WG10 物联网工作组中，各国专家基于 IEC 62559 应用案例系列标准，对物联网领域的应用场景、系统设置、信息流向等进行了分析。在美国工业互联网中，不同企业的专家依托测试床和应用案例工作组，形成了智能电网、智慧医疗、智能制造等测试床和应用案例。另外，基于 2015 年工信部 46 个试点示范专项项目，我国也整理和出版了相应的案例集。

与之前的试点示范案例集不同的是，本书中的案例从《国家智能制造标准体系建设指南（2015 年版）》出发，明确了每个案例在智能制造系统架构中的位置，并通过梳理案例的实施步骤，对智能制造在智能工厂建设、信息安全、互联互通、智能服务等领域的标准化需求进行了分析。本书的案例是海尔集团、青岛红领集团有限公司、北京东土科技股份有限公司、中国航空综合技术研究所、昌河飞机工业（集团）有限责任公司、研祥智能科技股份有限公司、天津大学、上海明匠智能系统有限公司、深圳创维-RGB电子有限公司、睿芯联科（北京）电子科技有限公司、北京匡恩网络科技有限责任公司、上海电器科学研究所（集团）有限公司、中国科学院沈阳自动化研究所、重庆机床（集团）有限责任公司等10多家企业、研究院所和高校的实践集锦，全面展示了不同行业的企业开展智能制造探索与实践的具体做法和取得的成效，以及来自技术研发、生产制造、企业经营与管理第一线的标准化现状和需求整理。

我国智能制造领域的发展已经越来越受到国内外的广泛关注。此案例集中所示仅为中国智能制造的一个缩影。推进智能制造发展，是制造业发展的重大趋势，是促进工业向中高端迈进、建设制造强国的重要举措，也是新常态下打造新的国际竞争优势的必然选择。今后我们将针对智能制造的各个领域，继续开展案例征集工作，持续助力我国的智能制造发展。

2016年5月

目　录

案例 1　海尔互联工厂创新与实践 ·· 1
　　1.1　案例在智能制造系统架构中所处的位置 ································· 1
　　1.2　智能制造案例基本情况 ··· 1
　　1.3　智能制造系统架构介绍 ··· 2
　　1.4　智能制造关键绩效指标 ··· 3
　　1.5　案例特点 ··· 4
　　1.6　智能制造实施步骤 ··· 5
　　1.7　智能制造标准化现状与需求 ··· 10
　　1.8　智能制造示范意义 ··· 12
　　1.9　下一步工作计划 ··· 13

案例 2　服装个性化定制新模式 ·· 17
　　2.1　案例在智能制造系统架构中所处的位置 ······························· 17
　　2.2　智能制造案例基本情况 ··· 17
　　2.3　智能制造系统架构介绍 ··· 18
　　2.4　智能制造关键绩效指标 ··· 20
　　2.5　案例特点 ··· 21
　　2.6　智能制造实施步骤 ··· 22
　　2.7　智能制造标准化现状与需求 ··· 27
　　2.8　智能制造示范意义 ··· 28
　　2.9　下一步工作计划 ··· 29

案例 3　基于工业互联网的新型生物能源制取系统 ························· 35
　　3.1　案例在智能制造系统架构中所处的位置 ······························· 35
　　3.2　智能制造案例基本情况 ··· 36
　　3.3　智能制造系统架构介绍 ··· 36
　　3.4　智能制造关键绩效指标 ··· 38

3.5	案例特点	39
3.6	智能制造实施步骤	40
3.7	智能制造标准化现状与需求	41
3.8	智能制造示范意义	42
3.9	下一步工作计划	42

案例 4　直升机旋翼系统制造智能工厂　45

4.1	案例在智能制造系统架构中所处的位置	45
4.2	智能制造案例基本情况	45
4.3	智能制造系统架构介绍	46
4.4	智能制造关键绩效指标	47
4.5	案例特点	47
4.6	智能制造实施步骤	47
4.7	智能制造标准化现状与需求	55
4.8	智能制造示范意义	57
4.9	下一步工作计划	57

案例 5　液晶电视智能检测系统　59

5.1	案例在智能制造系统架构中所处的位置	59
5.2	智能制造案例基本情况	60
5.3	智能制造系统架构介绍	60
5.4	智能制造关键绩效指标	63
5.5	案例特点	64
5.6	智能制造实施步骤	66
5.7	智能制造标准化现状与需求	68
5.8	智能制造示范意义	70
5.9	下一步工作计划	71

案例 6　天津大学三维模型检索系统　73

6.1	案例在智能制造系统架构中所处的位置	73
6.2	智能制造案例基本情况	74
6.3	智能制造系统架构介绍	75
6.4	智能制造关键绩效指标	76
6.5	案例特点	77
6.6	智能制造实施步骤	78
6.7	智能制造标准化现状与需求	82
6.8	智能制造示范意义	83
6.9	下一步工作计划	84

案例 7　传统钢结构制造业柔性制造技术转型升级 ················ 89
7.1　案例在智能制造系统架构中所处的位置 ················ 89
7.2　智能制造案例基本情况 ················ 89
7.3　智能制造系统架构介绍 ················ 90
7.4　智能制造关键绩效指标 ················ 92
7.5　案例特点 ················ 93
7.6　智能制造实施步骤 ················ 94
7.7　智能制造标准化现状与需求 ················ 107
7.8　智能制造示范意义 ················ 108
7.9　下一步工作计划 ················ 109

案例 8　自主标准 RFID 在彩电智能制造中的应用 ················ 111
8.1　案例在智能制造系统架构中所处的位置 ················ 111
8.2　智能制造案例基本情况 ················ 111
8.3　智能制造系统架构介绍 ················ 112
8.4　智能制造关键绩效指标 ················ 113
8.5　案例特点 ················ 113
8.6　智能制造实施步骤 ················ 118
8.7　智能制造标准化现状与需求 ················ 119
8.8　智能制造示范意义 ················ 120
8.9　下一步工作计划 ················ 121

案例 9　面向灌装生产线的 WIA-FA 智能制造系统 ················ 123
9.1　案例在智能制造系统架构中所处的位置 ················ 123
9.2　智能制造案例基本情况 ················ 124
9.3　智能制造系统架构介绍 ················ 125
9.4　智能制造关键绩效指标 ················ 127
9.5　案例特点 ················ 128
9.6　智能制造实施步骤 ················ 129
9.7　智能制造标准化现状与需求 ················ 137
9.8　智能制造示范意义 ················ 138
9.9　下一步工作计划 ················ 140

案例 10　汽车齿轮智能制造生产线 ················ 141
10.1　案例在智能制造系统架构中所处的位置 ················ 141
10.2　智能制造案例基本情况 ················ 142
10.3　智能制造系统架构介绍 ················ 142
10.4　智能制造关键绩效指标 ················ 149

10.5 案例特点 ······ 150
10.6 智能制造实施步骤 ······ 154
10.7 智能制造标准化现状与需求 ······ 155
10.8 智能制造示范意义 ······ 160
10.9 下一步工作计划 ······ 160

案例 11 电力装备电力拖动用高效率三相异步电动机定子部件数字化智能制造车间 ······ 163
11.1 案例在智能制造系统架构中所处的位置 ······ 163
11.2 电机定子组件智能制造案例基本情况 ······ 165
11.3 电机定子组件智能制造系统架构介绍 ······ 168
11.4 智能制造关键绩效指标 ······ 174
11.5 案例特点 ······ 174
11.6 智能制造实施步骤 ······ 176
11.7 案例的标准化现状与需求 ······ 178
11.8 案例的示范意义 ······ 179
11.9 下一步的工作计划 ······ 179

案例 12 用户端电气元件智能制造设备 ······ 183
12.1 案例在智能制造系统架构中所处位置 ······ 183
12.2 智能制造案例基本情况 ······ 183
12.3 智能制造系统架构介绍 ······ 184
12.4 智能制造关键绩效指标 ······ 191
12.5 案例特点 ······ 192
12.6 智能制造实施步骤 ······ 194
12.7 智能制造标准化现状与需求 ······ 198
12.8 智能制造示范意义 ······ 200
12.9 下一步工作计划 ······ 201

案例 13 数控机床信息安全 ······ 205
13.1 案例在智能制造系统架构中的位置 ······ 205
13.2 智能制造案例基本情况 ······ 206
13.3 智能制造系统架构介绍 ······ 206
13.4 智能制造关键绩效指标 ······ 209
13.5 案例特点 ······ 210
13.6 智能制造实施步骤 ······ 211
13.7 智能制造标准化现状与需求 ······ 212
13.8 智能制造示范意义 ······ 212
13.9 下一步工作计划 ······ 213

附录 A 《国家智能制造标准体系建设指南（2015年版）》全文 ········· 215
  一、总体要求 ········· 215
  二、建设思路 ········· 217
  三、建设内容 ········· 224
  四、组织实施 ········· 233
    附件1：智能制造相关名词术语和缩略语 ········· 233
    附件2：已发布、制定中的智能制造基础共性标准和关键技术标准 ········· 234

附录 B 《国家智能制造标准体系建设指南（2015年版）》编制说明 ········· 247
  一、编制背景 ········· 247
  二、编制原则 ········· 251
  三、编制过程 ········· 252
  四、重点问题说明 ········· 254

海尔互联工厂创新与实践

1.1 案例在智能制造系统架构中所处的位置

海尔互联工厂是整个企业全系统全流程的颠覆创新,它涵盖智能制造系统架构所有内容。生命周期维度,互联工厂体系覆盖设计、生产、物流、销售、服务等全周期,为用户提供全流程最佳服务体验。系统层级维度,互联工厂构建从设备层、控制层、车间层、企业层和协同层五层架构,实现了人、机、物等互联,信息实时共享。智能功能层面,互联工厂通过五大系统集成,构建了数字化互联互通的云平台,实现了全流程的信息融合,形成了大规模定制、智能产品远程诊断、智慧生活场景商务等新兴业态。

1.2 智能制造案例基本情况

1. 互联工厂范围

海尔互联工厂涵盖了市场、研发、采购、制造、物流、服务等全流程、全产业链,由"1+7"平台构成;海尔互联工厂实践与国家智能制造示范项目要素条件完全匹配,覆盖离散制造、智能产品、智能制造新业态新模式、智能化管理、智能服务5个领域。

2. 互联工厂目标

互联工厂目标从产销分离到产销合一，满足用户无缝化、透明化、可视化的最佳体验。

（1）用户层面：大规模提供定制化的解决方案，真正实现用户和企业的零距离；全球用户能够在任何地方任何时间，通过移动终端随时定制产品及智慧生活场景需求，互联工厂可以随时满足用户的需求。通过大规模定制应对互联网时代的挑战，解决互联网时代用户需求个性化、碎片化。

（2）企业层面：打造互联工厂新模式，成为标杆企业，输出行业标准，颠覆现有家电行业的制造体系，实现行业引领；通过互联工厂实现企业互联网转型，应对互联网技术对传统业务的冲击，提升企业的竞争力和创新能力。并解决企业面临的人工成本上升、招工难用工难，以及行业内的低成本价格战等问题。

（3）国家层面：为产业结构转型升级提供可借鉴的经验，带动整个产业的转型。

1.3　智能制造系统架构介绍

基于互联工厂创新模式落地，通过互联网技术与制造技术融合，搭建互联工厂系统架构，支持互联工厂"1+7"并联平台落地，满足用户最佳体验。互联工厂系统架构共有三大层级，与智能制造系统架构三个维度是基本匹配的，如图1-1所示。

第一层是基础体系，对应智能制造系统架构中的系统层级。通过智能设备、大数据、物联网等先进技术的应用，构建出互联工厂的系统架构。实现数据采集、数据集成可视、数据分析和优化的全流程数据链集成和互联。

第二层是数字化平台，对应智能制造系统架构中的全生命周期。基于基础系统体系，通过搭建全流程数字化平台，构建全流程、全生命周期的大规模定制能力。传统企业的信息化平台，是孤立的搭建垂直系统，从企业内部视角，研究如何提高效率。互联工厂的数字化平台侧重从用户视角和用户体验出发，研究如何让用户、第三方资源更好地参与到大规模定制过程中。所以该层数字化平台的本质是资源可以和用户零距离交互的能力，以支撑商业模式层的重塑。

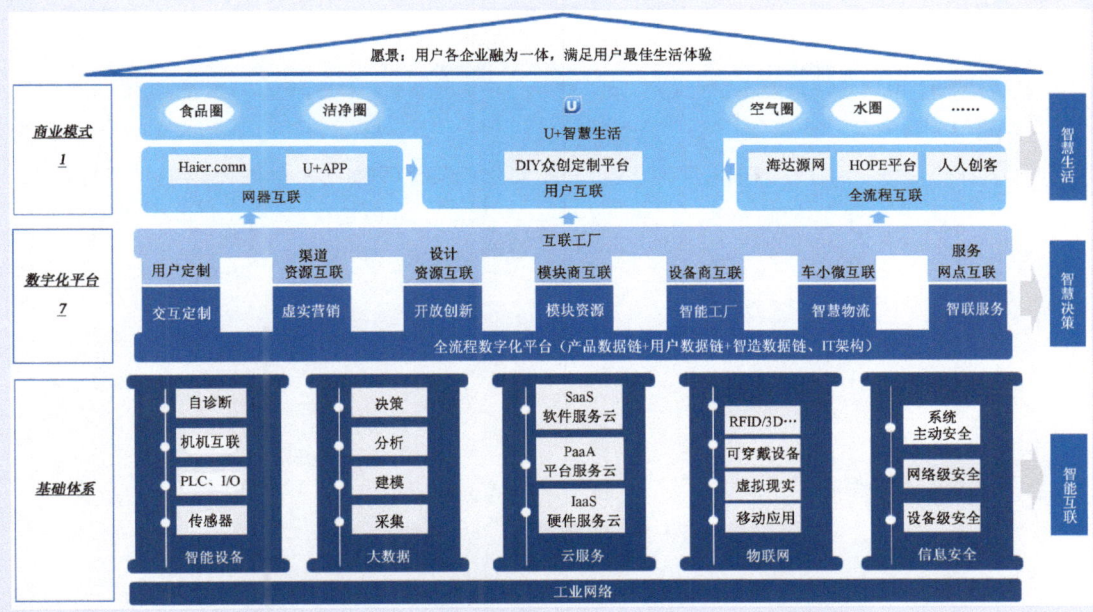

图 1-1 海尔互联工厂系统架构图

第三层是商业模式层,对应智能制造系统架构中的智能功能维度。基于以上两层构建的基础,可以颠覆传统的卖硬件、卖产品的商业模式,从用户体验角度出发来重新思考互联工厂的商业模式。核心是可以通过这种连接能力,构建生态规则,按用户的各种智慧生活场景搭建生态圈。通过用户互联、网器互联、全流程互联实现全流程信息的融合,构建"7+1"并联平台。7 大平台涵盖交互定制、研发、营销、采购、制造、物流、服务等全流程,全流程数据互联互通,与用户并联,快速响应用户需求。1 为智慧生活平台,为用户提供智慧生活解决方案和服务,构建新的场景商务模式,从卖硬件到靠服务和平台实现商业模式的变革。

1.4 智能制造关键绩效指标

海尔互联工厂总体经济效益明显,互联工厂整体效率大幅提升,产品开发周期缩短 20% 以上,交货周期由 21 天缩短到 7～15 天。在效益上,互联工厂运营成本降低 20%,能源利用率提升 5%。海尔实施以模块化策略满足用户个性化需求,通过以模块化为基础的智能制造体系构建,推动设计、采购、制造全流程竞争力的提升。例如,天樽空调由原来的 265 个零部件转变为 12 个模块，新品的上市时间减少一半；再如匀冷冰箱，原来开发新品需要 354 个零件，现在整合为 23 个模块，上市时间节约 30%，成本降低 18%，加工工时减少了 40%。

作为中国最早布局智慧家庭的企业，海尔集团 2015 年网器销量同比增幅达 54%。U+ 云平台已接入海尔全系列智能网器、微软小冰、苹果 HomeKit 平台等 80 多个智能产品种类，平台设备总量达到 100 余万台，设备上报数据 1 亿条/天。

1.5 案例特点

互联工厂，它不是一个工厂的概念，而是一个生态系统，是整个企业全系统全流程都要进行颠覆，有如下两个核心要点：

（1）互联网思维、模式要真正融入企业，从制造型向平台型企业转型，搭建共创共赢的生态圈。通过持续为用户提供最佳体验，黏住用户，用户圈越来越大，同时基于用户评价和选择的资源方订单也越来越多，基于用户评价的优胜劣汰，形成资源圈越来越大的良性循环。具体做法上，海尔是通过从硬件到网器到生态圈的转型，构建了基于用户智慧生活场景，提供最佳体验的 7 大生态圈，比如从烤箱到烤圈，生态圈足够大后，对应的盈利模式也发生变化，从买硬件到靠服务和平台实现商业模式的变革。

（2）利用互联网技术与工业技术融合，将传统和用户割裂、标准化制造的工厂颠覆为和用户互联、支持大规模定制的互联工厂，满足用户个性化需求。互联工厂和传统工厂最大的区别有 3 点：第一是联用户，用户需求信息通过 CPS 实现虚拟设计，然后生产线的智能机器人可以实体制造；第二是联产品，产品卖出去之后不是结束，而是通过网器作为连接件，持续和用户对话，持续交互用户体验和迭代；第三是全流程并联，从设计到配送，包括攸关资源方，整个过程联起来，能以最快的速度满足用户。

海尔互联工厂与国内同行业案例相比，具备以下优势：

（1）始终围绕用户最佳体验，让用户全流程参与企业，通过用户驱动企业转型升级。

（2）互联工厂不但开放给用户，而且开放给创客。互联工厂是全流程覆盖、全系统创新，比同行业企业要领先很多。

（3）海尔一直倡导主动创新的文化，通过推进人人创客，营造了全员主动创新的文化和氛围。

同时，互联工厂还在持续的探索过程中，还有很大发展空间。

（1）互联工厂（智能制造）是一个生态系统，它的建设不仅仅是海尔一家就能建成的，需要全产业链共同提高，目前上下游供应商、设备商等发展不均衡，参差不齐，影响了整个产业的智能升级。

（2）大数据的智能分析、智能决策等领域还有较大提升空间，大数据价值还未充分挖掘，需要重点攻关。

1.6　智能制造实施步骤

海尔从纵、横两个维度具体实施互联工厂，也称为"两维战略"。

1. 纵轴

纵轴即互联工厂的用户价值创新：颠覆传统的业务模式，建立（1+7）共创共赢新的生态系统。以用户为中心，通过互联工厂将业务模式由大规模制造颠覆为大规模定制，满足用户最佳体验。对外从提供产品硬件到提供智慧生活场景解决方案转型，构建U+智慧生活平台（1）；对内整合用户碎片化需求，构建全流程7大并联平台，实现大规模定制。将顾客变成参与交互的用户，再创增值交互的用户圈，持续满足用户最佳体验。

1）"1"是U+智慧生活平台

从硬件到网器到生态圈转型，构建多样场景商务模式，提供智慧生活一站式服务，实现生态圈利益方共创共赢。从单一产品引领到整体解决方案引领，冰箱不再是冰箱，而是一个食品解决方案；洗衣机不再是一台硬件，而是一个健康洗涤解决方案。每一个产品都要成为"网器"，每一个解决方案都要融合进一个统一平台。通过统一交互平台、智慧家庭互联平台、云服务平台和大数据分析平台，硬件资源、软件资源、内容服务资源和第三方大资源在这个平台上与用户零距离交互，为用户提供整体解决服务方案。

2）"7"大并联平台

涵盖从市场、研发，到采购、制造，再到物流、服务等全流程，通过全流程颠覆创新构建大规模定制能力。

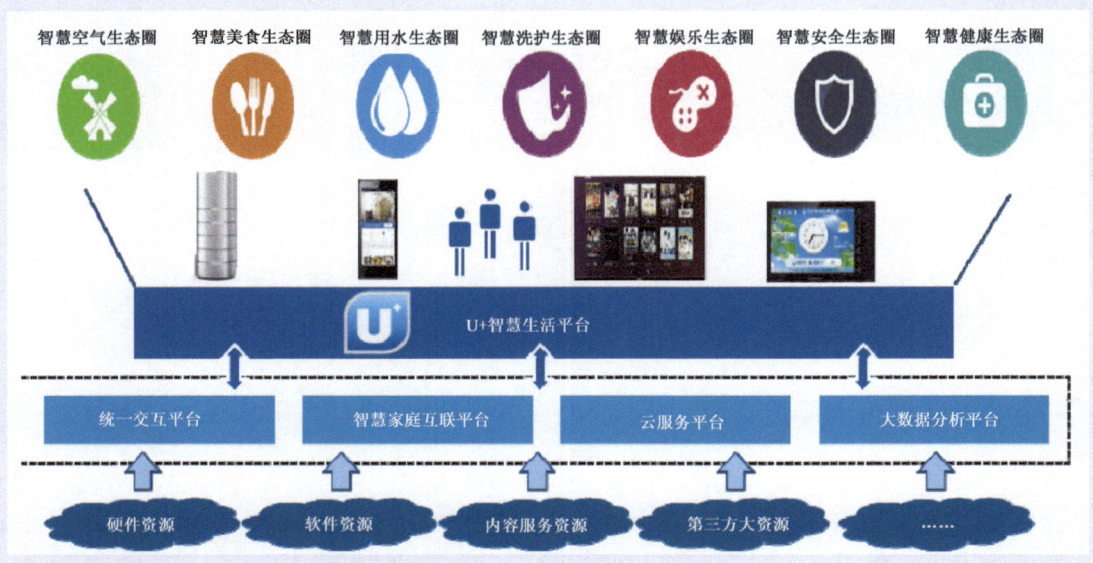

图 1-2　U+智慧生活平台

（1）交互定制（个性化定制）：搭建众创汇定制平台，从一次交易购买，到以用户为中心，攸关方、用户零距离交互，持续迭代用户体验，为用户创造生活场景的定制体验。颠覆原来先有产品再找用户的备库存、压货销售模式，实现先有用户再有产品，用户参与产品的设计、生产过程，用户订单来驱动生产制造。海尔定制模式路线图如图 1-3 所示。

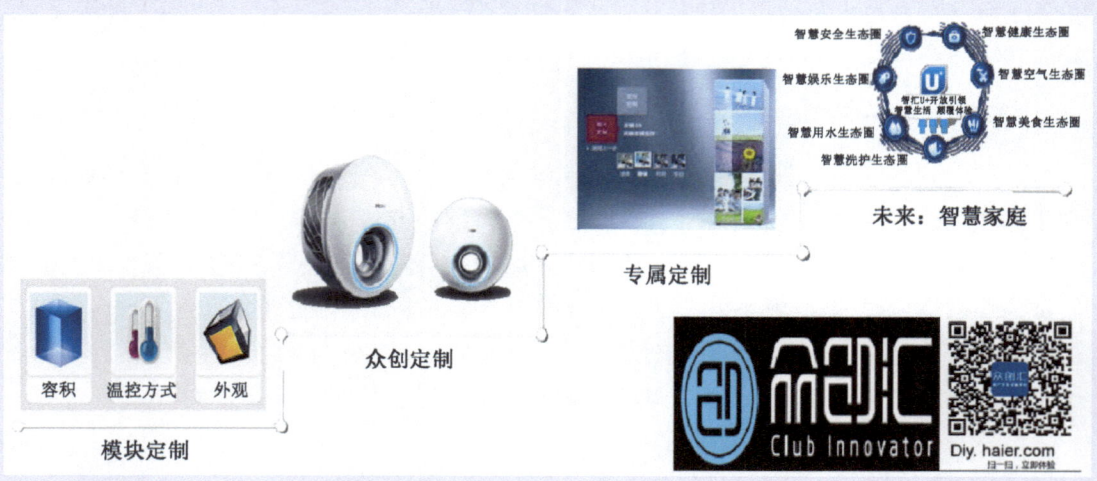

图 1-3　海尔定制模式路线图

（2）虚实营销（电子商务）：搭建微店、eHaier 等电商平台，通过微店和用户线上线下精准交互，把顾客转变为用户，做用户碎片化需求整合，形成共创共赢用户圈。用户订单通过微店直达工厂，解决原来企业压货给客户，客户促销低价卖给用户的问题。

（3）开放创新（协同研发）：搭建 HOPE 平台，从瀑布式研发到迭代式研发，快速进行创意转化，全球 20 万网络资源在开放的 HOPE 平台上和用户零距离交互，世界变成我的研发部。让用户从单纯的消费者变成设计者，并且平台上不同类别的用户自动聚集，形成不同的用户圈（如空气、食品、水……），各用户圈间并联，就可以将用户的需求送达全球 280 多万的专家和资源，平台创意数从 600 到 13 000 多指数级增长，每年成功转化的创意项目数也达到 200 多项。

（4）模块采购：搭建海达源模块商资源平台，实现一流资源无障碍进入，与用户需求零距离交互，事前协同设计，从采购零件到交互模块化解决方案，快速提供个性需求解决方案。

（5）智能工厂：由企业为中心的生产到用户信息直达工厂，用户驱动精准、高效、大规模柔性生产，快速响应，并通过透明工厂交互迭代，解决原来大规模流程线柔性不足、定制成本高的问题。海尔智能工厂平台如图 1-4 所示。

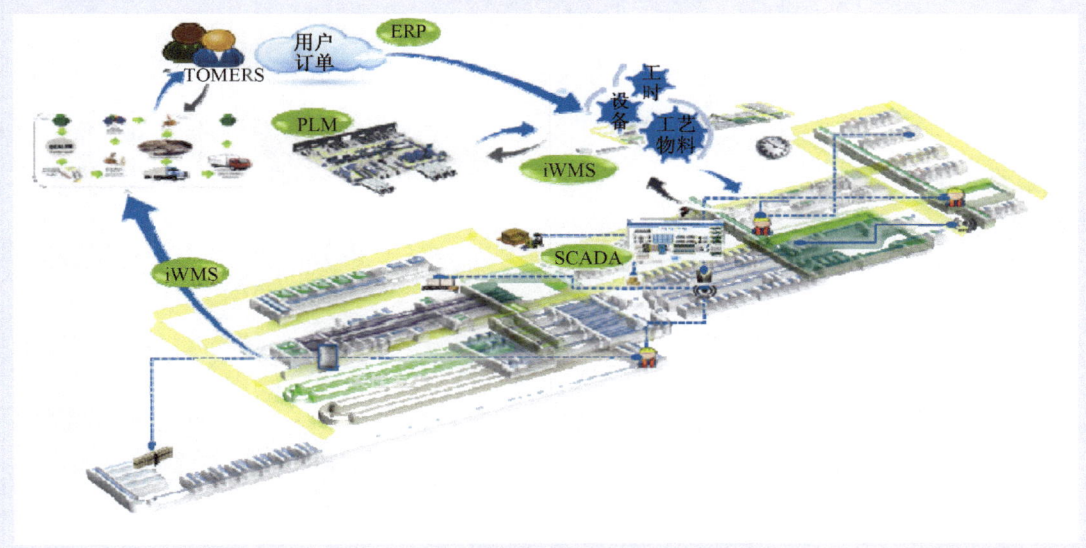

图 1-4　海尔智能工厂平台

（6）智慧物流：搭建日日顺智慧物流平台，从送装一体到四网融合再到用户交互体验的移动服务平台，通过自创业的"车小微"，实现按约送装、无处不达的最佳服务。建立"送装同步→3 小时极速达"高差异化末端配送网，已经实现全国覆盖到村入户、按约送达、送装同步的服务能力，服务产品及标准也由"24 小时按约送达、送装同步"向"3 小时极速达"不断升级。

（7）智联服务：搭建智联服务平台，从用户报修被动维修服务到智能网器的主动服务，实现产品全周期、全流程服务的持续迭代。为用户提供全周期、全流程的服务：智能网器自诊断，主动服务，服务兵抢单，用户评价。解决原来售后存在的报修难、乱收费、回访烦等痛点。

2. 横轴

横轴即互联工厂的企业价值创新：建立持续引领的智能制造技术出行体系，支撑互联工厂共创共赢生态圈平台搭建，具体分为4个层次。

1) 模块化

模块化是个性化定制的基础，产品通过模块化设计，将零件变为模块，通过模块化的自由配置组合，满足用户多样化的需求。海尔从2008年开始探索模块化。例如，一台冰箱原来有300多个零部件，现在在统一的模块化平台上整合为23个模块（见图1-5），通过通用化、配置化来满足用户个性化需求。

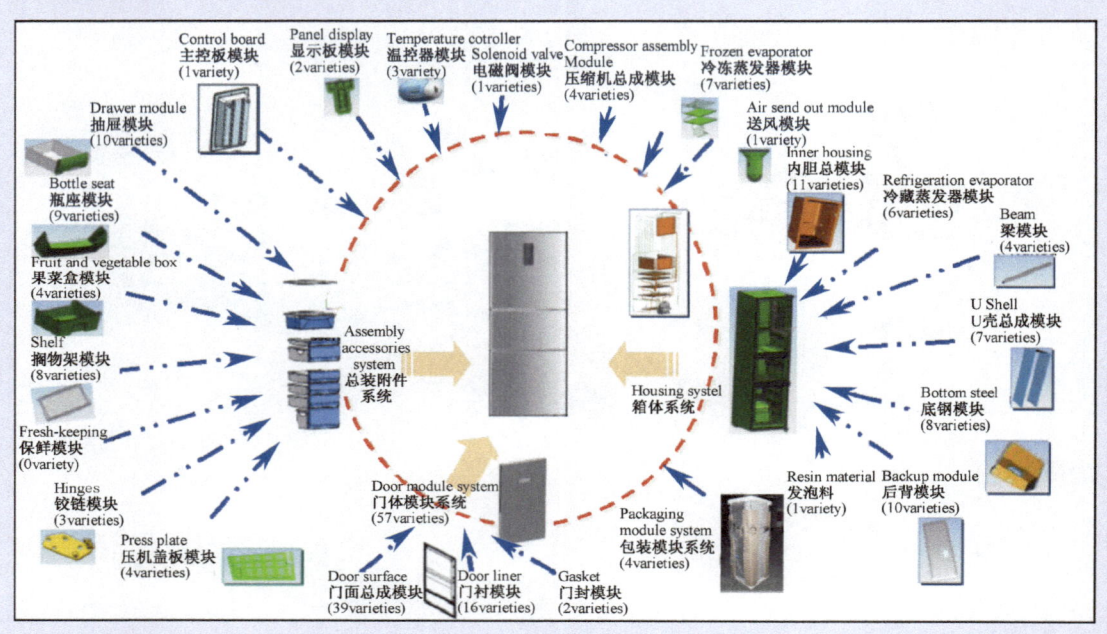

图1-5 支持用户参与设计和定制的模块化

2) 自动化

这里主要是指互联自动化，通过用户个性化订单来驱动自动化、柔性化生产。互联自动化不是简单的机器换人，而是攸关方事先并联交互，实现用户驱动下的设备联动、柔性定制体验（见图1-6）。现在的模式较之原先，共有3点不同：

（1）与设备供应商由单线买卖模式变为设备商集成各攸关方资源，提供整体解决方案并提供设备全生命周期服务。

（2）设备由孤立自动化、机器换人模式变为用户需求驱动的互联自动化，同时驱动员工向知识型员工转型。

（3）维修模式由事后维修、计划维修模式变为状态维修，同时基于大数据进行征兆预测维保模式的探索。

例如，FPA（斐雪派克）全自动内筒线，加工的内筒精度提高 10 倍，使内筒的转数由 800 r/min 提高到 1600 r/min，从而给用户带来洗净率提高 20%、噪声降低 30%的产品，使企业获得更高的盈利能力。

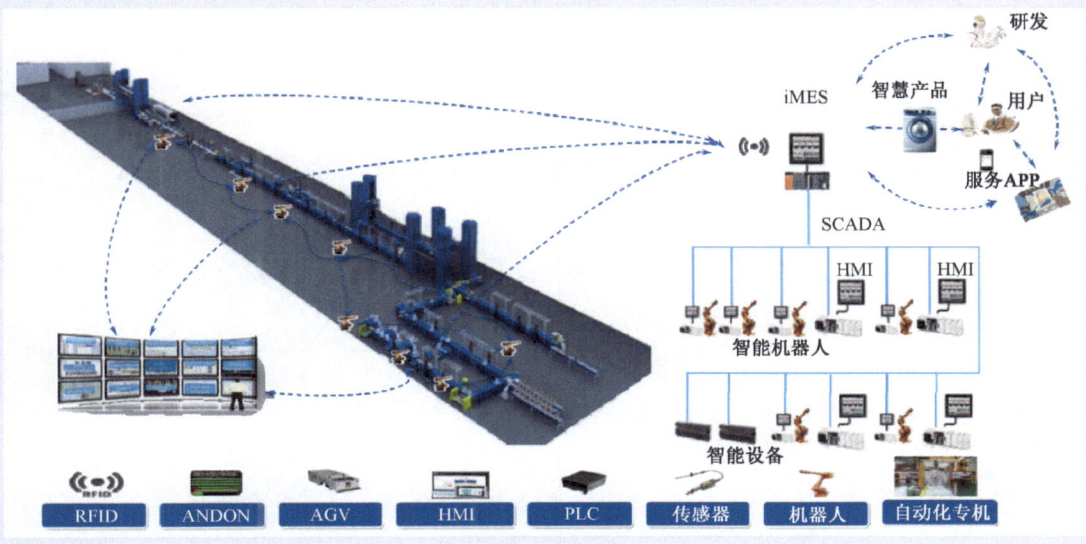

图 1-6　海尔互联工厂与用户互联的智能自动化

3）数字化

通过以 iMES 为核心的五大系统集成，实现物联网、互联网和务联网三网融合，以及人机互联、机物互联、机机互联、人人互联，最终让整个工厂变成一个类似人脑一样的智能系统，自动响应用户个性化订单。具体来说，海尔数字化架构的核心就是智能制造执行 iMES 系统，系统上通过 iMES 驱动 ERP、iWMS、PLM（包含 CAD/CAPP/设计仿真、制造仿真）、SCADA（设备监视、控制）五大系统集成；业务上通过数字化互联，实现制造、研发、物流等全流程紧密的互联互通，如图 1-7 所示。通过智能制造执行系统和现场智能化硬件的连接，构建了一个高度灵活的个性化和数字化制造模式，实现从管理、研发、生产、物流的数字化管理，提升企业的智能化水平。例如，胶州空调互联工厂，基于以 iMES 为核心的五大系统集成互联，支持用户订单直达工厂，用户个性化订单驱动生产；通过人、机、物、单等互联互通、相互协作，快速响应用户需求，交付用户个性产品，并通过用户对体验的评价实现信息全流程的闭环。

4）智能化

智能化主要包括两方面：产品越来越智能，可以自动感知需求、用户习惯等，实现自控制、自学习、自优化；工厂也越来越智能，通过三类互联、大数据分析等，可实现不同的订单类型和数量,生产方式可以自动优化调整。例如,海尔天樽空调通过内置的智能 WiFi 模块实现产品运行数据的实时在线采集。通过对大数据分析,对问题会自动预警,预警信息通过内置智能 WiFi 模块,使用用户家中的 WiFi 网络,将信息传送至海尔云平台。海尔云平台接到预警信息后,会自动给用户推送提醒短信,同时给服务兵触发服务信息,服务兵抢单后提供上门服务。工厂智能化方面,例如胶州空调互联工厂初步布置了 12 000 多个传感器,每天产生的制造大数据超过了 4 000 万条。通过对这些大数据的分析,对整个互联工厂的运行情况进行实时的监控、异常实时预警。

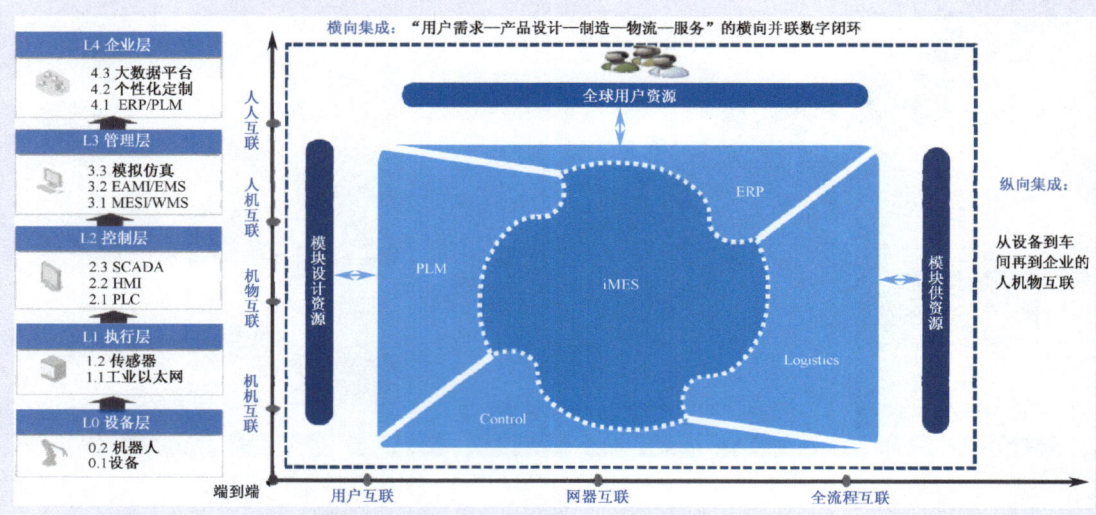

图 1-7　海尔互联工厂数字化系统架构

1.7　智能制造标准化现状与需求

　　海尔标准承接集团网络化战略和人单合一双赢模式,构筑以用户为中心,聚焦智慧生活的开放的标准生态圈,成为行业规则制定者和引领者。

　　依托全球开放的创新体系,海尔构建了覆盖全球的、开放的标准资源网络。通过对接 IEC、ISO 和 ITU 三大国际标准组织和各级的区域性标准组织,从而掌握了很强的标准话语权,并取得了以下成效。

1. 国际标准化组织

　　海尔是中国唯一进入 IEC/MSB（国际电工委员会市场战略局）的家电企业；承担

IEC/SC59A（洗碗机分技术委员会）秘书处，是中国唯一承担国际标准技术委员会的家电企业；发起成立了 IEC/SC59M/WG4（冰箱保鲜工作组）并担任召集人，主导制定冰箱保鲜国际标准，实现了中国冰箱行业在国际标准组织零的突破；承担 WPC/ KWG（无线电力联盟厨房应用工作组）联合主席；海尔在全球有 28 个国际标准专家席位。

2. 国内标准化组织

海尔是国家家用电器技术标准创新基地的依托单位，承担了家电标委会 17 个分委会中的智能家电、无线电能传输家电、家电可靠性、家电服务 4 个。

3. 标准方面

海尔提出了 90 项国际标准制定/修订提案，被采纳 36 项；主导和参与了 385 项国家、行业标准。

海尔在国际家电标准舞台上从"跟舞"、"共舞"到"领舞"，走出一条以用户为中心的标准化特色之路；运用标准化进行占领全球家电产业制高点的使命，有利地支撑了海尔的战略发展。

具体在互联工厂标准探索过程中，涉及的相关标准如下：

（1）IEC/TC100《家庭多媒体网关通用要求》。

（2）20079555-T-469《家庭网络第 1 部分：系统体系结构及参考模型》。

同时，海尔在互联工厂探索实践过程中，逐步形成并输出企业内部智能制造业务和管理相关标准几百项，指导各产业工厂智能化升级。

海尔智能制造探索实践过程中，在自动化与系统互联方面、虚拟设计与物理实验互联方面，以及物流系统平台与外部订单接口方面急需统一的标准，具体内容如下：

（1）自动化设备等智能终端与系统互联的统一标准缺乏。海尔在从企业资源到 MES 执行到底层物理世界的延伸，构建工厂的人、机、物等互联互通时，面临采用什么样的通信协议、数据类型等问题。各种自动化设备、智能仪器仪表的互联过程中就面临通信协议不标准化的难题。以胶州空调为例，在实现互联的 410 台设备中，数据采集的方式达到 11 种。这使海尔面临投入大及通信速率不能满足需求的隐患。

（2）虚拟设计与物理实验互联的标准需尽快建立。海尔已经有涵盖产品性能、国家和行业标准认证的实验标准，在海尔推进虚拟设计的过程中，需要虚拟实验与物理实验互相验证优化。虚拟实验能否成为标准，产品数字化建设需要遵循哪些标准化手段，是家电行业下一步需要探讨的重大问题。

（3）物流企业信息平台接入外部订单接口缺乏统一标准。随着海尔物流社会化业务的增加，面临着大量外部客户订单接入的问题，由于企业订单信息编码方式不同，需要针对每个客户开发不同的接口，订单接入耗费大量人力物流，希望制定统一的编码标准，增强系统接口的通用性。

1.8 智能制造示范意义

互联工厂模式为家电业从大规模制造向大规模定制转型提供了借鉴和示范作用。具体如下：

（1）用户层面：用户直接从工厂定制产品，取消中间环节。用户参与整个个性化定制的过程，全球任何地方的用户可以根据自己的个性化需求，自由选择产品的颜色、款式、结构和性能等，用户订单直接下达到工厂。用户通过手机 APP 对整个生产和配送流程进行实时精准追踪，甚至进行点评，或者查看其他用户的点评进行参考，做到透明化消费。

（2）行业层面：提升行业创新能力，推动产业链升级。用户多样化、个性化、碎片化需求给传统的家电行业带来严峻的挑战，同时互联网、3D 打印等高科技技术给家电行业带来巨大冲击，低成本、价格战造成行业创新能力较弱等问题可通过互联工厂模式得以解决。互联工厂模式通过全球资源无障碍进入平台，吸引全球一流资源，引入更多具有竞争力的创新技术，持续创新、迭代，满足用户个性化、碎片化的需求，这种模式将推动家电行业向智能制造迈进，同时海尔的探索可为行业其他公司提供借鉴经验。

海尔建成了冰箱、空调、洗衣机、热水器四大产业行业引领的智能互联工厂。构建模块化、自动化与以 iMES 为核心的数字化系统融合的智能互联工厂模式，实现了全流程与用户互联互通，高品质、高效率、高柔性的快速交付；海尔智能互联工厂模式为家电业大规模制造向大规模定制转型提供了经验和示范；国内同行业企业纷纷效仿海尔推进智能制造战略，有力地拉动了家电制造业由大到强的升级。同时，海尔智能互联工厂大量采用数控设备及智能机器人，同步拉动了国内装备制造业向数字化、智能化转型。

海尔智能互联工厂的核心是数字化，数字化系统按照总体规划、分步推进，并充分考虑系统间的集成，通过信息化系统的无缝集成实现企业的数字化、智能化、可视化、定制化等先进模式的落地，具有很好的示范作用和可复制性。

过去流水线式的员工将转变为知识型员工或创客；以前大规模制造时代串联的供应商，将被整合形成并联，与终端消费者之间互联，同步做数字化、智能化升级，从而打通整个价值链，形成高效运转的消费生态圈，实现整个产业链的升级。

1.9 下一步工作计划

海尔智能制造模式探索还只是刚开始,下一步还将继续以用户为中心,为更快满足用户个性化定制体验持续提升互联工厂竞争力。

互联工厂持续迭代升级:7大互联工厂样板,将按照"中国制造2025"战略及海尔互联工厂建设规划,2016—2017年将陆续建成黄岛滚筒、胶州中央水机、天津波轮互联工厂3个智能互联工厂。老工厂根据订单规划,在投资上基于事先算赢原则,参照新工厂成熟模式进行硬件改善和软件升级,按照分工序分步迭代复制、整厂逐步迭代升级的策略进行数字化升级。

具体每个平台的下一步计划如下表1-1所列。

表1-1 海尔互联工厂七大平台的下一步计划

平台	项目	下一步计划	备注
交互定制	定制模式	定制模式拓展:完全个性化定制及整套方案定制流程模式建立,并在众创汇上线	
	定制平台	个性化定制平台众创汇与海尔社区、海尔电商等交互平台系统无缝集成	
虚实营销	微商	建3类微店体系:人人创客、大赢家、顺逛,实现百万家微店的目标,最终实现海尔微商生态圈的行业引领	
开放创新	PLM	(1)全流程推进虚拟设计、虚拟制造项目落地,实现虚实互联一条线全流程贯通并复制; (2)基于PLM系统,持续升级产品全生命周期管理和监控系统	
智能工厂	模拟仿真	建立新工厂完整制造仿真体系,对工厂总体设计、工艺流程及布局、物流布局、价值流程、生产线平衡仿真,建厂全流程的仿真验证优化模型	
	大数据	以品质、设备大数据为突破点,利用模块检测、产品可靠性检测、过程检测及用户体验所产生的数据进行大数据分析,结合仿真技术应用,进行故障智能预测、智能预警	
智慧能源	系统平台	海尔智慧能源信息化管理平台上线运行,持续优化升级,并全面复制运行	
智能物流	数字化模型	提供全面的"数字化"物流(生产线、运输、仓储)解决方案,智能物流平台的升级,智慧物流基础平台全国推广	
智能服务	产品智能	产品大数据,推动网器互联,自动感知用户需求、体验等,连接攸方资源,构建场景商务的同时,实现用户体验驱动互联工厂的迭代升级	
	增值服务	U+智能生活APP升级,提供完善的服务资讯、对用户生活状态实现实时监测,为用户量身定做健康计划	

总结：

1）对外，建成全球首个全开放、全兼容、全交互的U+智慧生活平台，由生产型制造向服务型制造转型

经过多年的推广应用，U+智慧生活平台整合软件资源、硬件资源、内容服务资源和第三方大资源，形成智慧空气、美食、健康、娱乐、用水、洗护、安全等七大生态圈，通过场景商务模式为用户提供全套智慧生活场景解决方案（比如从烤箱到烤圈），对应的商业模式和运营模式也发生变化，实现从卖硬件到提供网器解决方案再到搭建生态圈的转型。支持企业从一次性卖产品的收益到持续提供智慧生活场景解决方案的长期收益转型。

2）对内，海尔打造行业引领的互联工厂样板，实现由大规模制造向大规模定制转型，解决用户需求个性化与工业化生产的矛盾

海尔目前已经初步建立起互联工厂体系，打造了七个互联工厂的样板工厂，其中五个整机工厂：沈阳冰箱、郑州空调、佛山洗衣机、青岛热水器、胶州空调；两个模块化工厂：青岛模具和FPA电机工厂。2015年4月海尔集团首批通过国家两化融合管理体系的贯标。海尔互联工厂被确定为国家工信部2015年智能制造试点综合示范项目，是白色家电领域唯一。同时，海尔互联工厂项目首批入选2015年工信部智能制造标准专项项目。海尔互联工厂的领先性也得到了国内外权威机构的认可，海尔作为中国唯一企业参加"IEC全球研讨会"，发布互联工厂模式，并纳入IEC（国际电工委员会）《未来工厂白皮书》。

面对互联网时代用户需求个性化、碎片化的挑战。互联工厂基于数字化互联互通平台构建的联用户、联网器、联全流程的三类互联模式，实现全球用户能够随时、随地通过移动终端定制产品，并通过定制的全流程可视化满足用户最佳体验。

在互联工厂的探索之上，海尔又推出行业首个透明工厂，向全世界开放互联工厂；现在，透明工厂可以让全球用户实时看到海尔制造的实时场景，让全球用户都能够全流程参与到海尔产品的设计、生产环节中。海尔互联工厂实现了用户下单直达工厂，线上生产的每个产品都有用户，下线后直发用户，满足了用户全流程无缝化、可视化、透明化的最佳体验。

同时，将过去流水线式的员工转变为知识型员工或创客。海尔集团转型为开放的创业孵化平台，通过推进人人创客，为员工及社会上的创业者提供创业机会与平台，在海尔平台上目前正孵化着2000多个创客小微。

3）海尔的探索实践也不是一帆风顺的，是主动创新、大胆试错的过程

开始有的工厂项通过局部的逐步升级改造来做，发现行不通，不得不推倒重来，重新规划实施。很多企业在转型过程中存在一些误区：

（1）认为简单的机器换人就是智能制造，这只能实现高效率。海尔互联工厂要的不

仅仅是高效率，更要高精度，海尔现在正在做的，就是怎样把用户个性化需求在互联工厂实现。

（2）不能简单地从理论中创新，要通过具体的实践去创新，否则很难落地。

（3）只做局部的创新和改善，不是做全价值链的创新颠覆，效果不能持续，不能带动产业的升级与发展。

以上是海尔互联工厂探索实践中的一些做法和感悟，海尔将在"中国制造 2025"战略指引下，继续深入创新实践，持续迭代，争取为中国制造向中国创造转型升级做出更大的贡献。

服装个性化定制新模式

2.1 案例在智能制造系统架构中所处的位置

青岛红领集团创建于 1995 年,曾经是一家传统的企业集团,其服装板块中的量体定制业务较为成功。从 2003 年开始,红领以欧美市场做试验基地,以信息化与工业化深度融合为基础,与互联网有效融合,形成了完整的物联网体系,打造了独特的核心价值。为了适应时代,红领将定制业务注册为"青岛酷特智能股份有限公司",专注"互联网+个性化定制"的落地实践。

红领的定制体系的生命周期维度覆盖了设计、生产、物流、销售和服务的全过程;系统层级维度覆盖了设备、控制、车间、企业与协同;智能功能维度覆盖了资源要素、系统集成、互联互通、信息融合与新兴业态。

2.2 智能制造案例基本情况

本案例通过大数据、物联网等技术,形成从需求数据采集、将需求转变成生产数据、智能研发和设计、计划排产、自动排版、数据驱动的价值链协同、生产执行、质保体系、物流配送、客服体系及完全数字化客服运营体系。消费者通过在线定制平台直接给工厂下单，工厂用工业化的手段、效率和成本进行个性化定制产品的大规模制造。人与人之间、人与工厂之间、工厂与工厂之间及服务与服务之间互联，形成横向、纵向和"端到端"的高度集成。横向集成使企业之间通过价值链以及信息网络实现资源整合；纵向集成打通内部信息孤岛，实现企业内部所有环节无缝连接；价值链上企业资源的整合，实现产品全生命周期的管理和服务。

2.3 智能制造系统架构介绍

运用大数据、云计算、物联网、互联网等技术，将系统连接在一起以提供各种IT服务，将计算任务分布在大量计算机构成的资源池上，使各种应用系统能够根据需要获取计算力、存储空间和各种软件服务，能够支持用户在任意位置、使用各种终端获取应用服务。同时，通过采用最新的通信技术与计算机技术，将分散的、独立的计算机、平板、手机等各种应用终端相互连接，形成了基于全球业务的网络系统。红领的创新实践整合模型见图2-1。

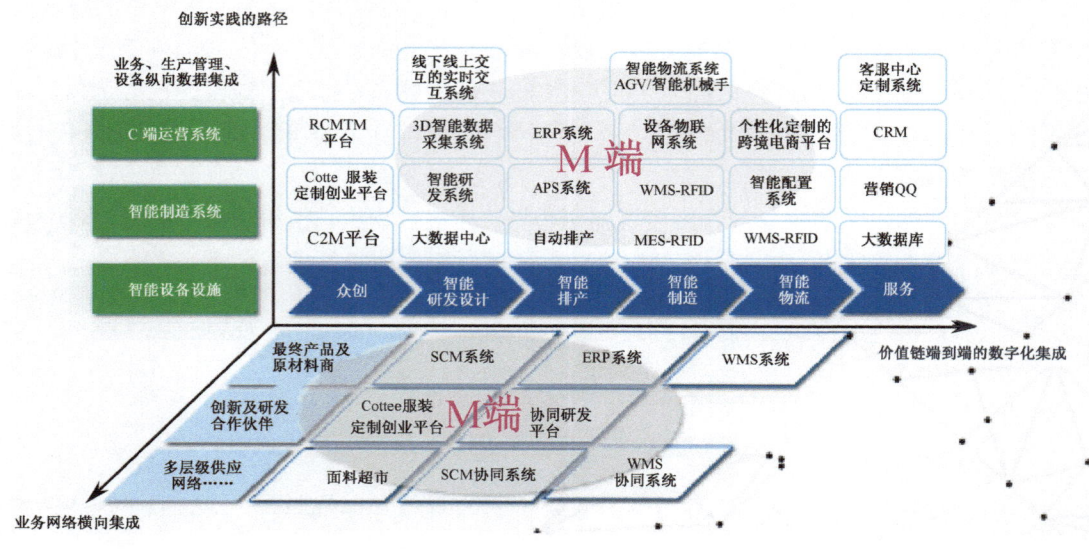

图 2-1 数据驱动价值链资源整合模型

基于MES（Manufacturing Execution System，生产过程执行系统）、WMS（Warehouse Management System，仓库管理系统）、APS（Advanced Planning and Scheduling，高级计划排程系统）等的实施，通过信息（数据）的读取与交互及与自动化设备的相结合，实现了

制造自动化、流程智能化。其中，通过AGV（Automated Guided Vehicle，自动导引运输车）、智能分拣配对、智能吊挂、智能分拣送料等系统的导入，解决了整个制造流程的智能循环；通过智能摘挂上挂、线号识别、智能取料、智能对格裁剪等系统的导入实现了整个制造流程的智动化。物联网架构见图2-2。

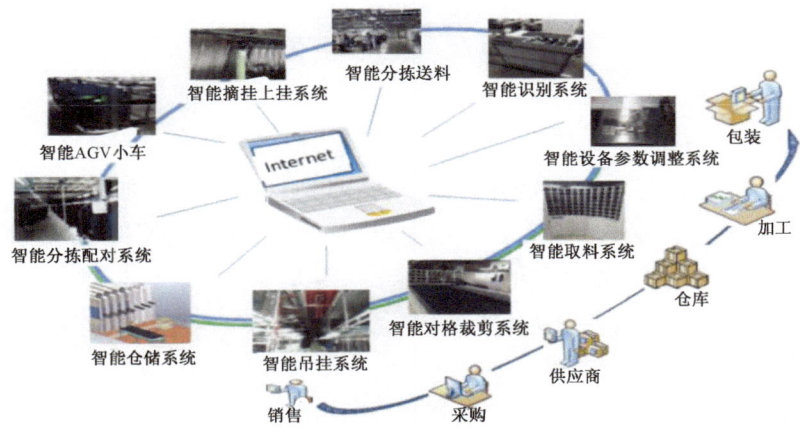

图 2-2 物联网架构图

本部云端大数据中心，接收来自全球的个性化订单，并进行统一的智能研发及订单数据处理，根据异地制造资源的适应情况，进行订单的智能匹配，同时发送处理好的订单及产品数据至异地工厂。工厂利用本部的 MES、WMS、APS 及制造资源进行协同生产，满足全球用户的需求。多工厂复制应用的技术模型见图2-3。

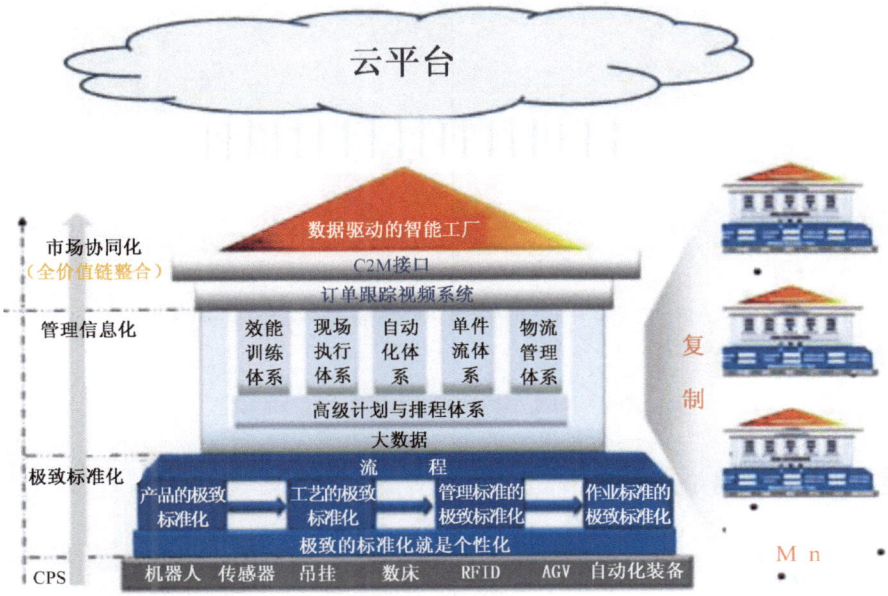

图 2-3 多工厂复制应用的技术模型

2.4　智能制造关键绩效指标

传统模式下，服装企业存在"高库存、高成本、同质化"等各种问题，导致市场恶性竞争，经营举步维艰，企业平均利润低于 5%，出口服装企业更是低于 2%。据估计，目前服装市场库存有 4000 亿的规模，足够卖 3 年。要摆脱困境，单纯依靠提供更高质量的标准化产品已经满足不了不断升级的消费需求，关键是要转变生产方式，突破工业化与个性化的内在逻辑冲突，创造性地实现个性化产品的大规模生产。2014 年上半年，服装行业上市公司整体营收增速为-2.6%，净利润增速为-3.6%，利润率6%以下。红领通过模式创新，实现定制业务收入和利润同比增长150%，大规模定制生产的成本比同质化产品批量生产的成本要高出10%，但利润可以实现数倍的增长。红领智能模式和传统模式的关键指标对比见图 2-4。

主要经营指标	服装行业	红领集团
2014上半年营业收入增长	-2.6%	150%
2014上半年利润增长	-3.6%	150%
西服定制周期	国外3~6个月	7天
库存	4000亿元	逼近0库存
生产成本	大规模生产X元	个性化定制 $(1+10\%)X$元
工人工资	X	$(1+20\%)X$
定制西服设计周期	专业工人每天2套	初级工5分钟一套，每天2000多套
装备和软件	通用装备与管理软件	定制化装备与管理软件

图 2-4　红领智能模式和传统模式关键指标对比

2.5 案例特点

1. 用工业化的手段和效率进行个性化西服正装的大批量制造

大规模定制要求企业能够以标准化生产的时间和成本,迅速满足客户个性化需求。红领把互联网、物联网等信息技术融入到大批量生产中,由客户需求驱动,实现流水线上不同数据、规格、元素的灵活搭配、自由组合,从而在一条流水线上制造出灵活多变的个性化产品。

红领以定制订单信息流为线索,以射频芯片为载体,将订单全生命周期实现过程中的资源信息如人、机、物、料等通过 RFID(Radio Frequency Identification,射频识别技术)自动采集,通过各节点相应的应用软件和网络有机地整合到统一的物联网综合数字化平台中。工厂的订单信息全程由数据驱动,无须人工转换与纸质传递。每位员工都从互联网云端获取数据,按客户要求操作,确保来自全球订单的数据零时差、零失误率准确传递,实现客户个性化需求与规模化生产制造的无缝对接。

2. 数据驱动的智能工厂

红领运用信息技术,打造了消费直接面对制造商的产品定制平台——C2M 平台(Customer to Manufactory,消费者驱动工厂有效供给),实现跨境电子商务的无缝对接。此跨境电子商务定制直销平台,从产品定制、交易、支付、设计、制作工艺、生产流程、后处理到物流配送、售后服务,实现全过程数据化驱动跟踪和网络化运作。消费者通过电脑、手机等信息终端登录平台,在线自主设计产品的款式、工艺、面辅料搭配,实时下单,不受国界、语言限制,享受良好的互动服务体验。

运用云计算技术,实现了定制产品的规模生产。红领自主研发了版型数据库、工艺数据库,能满足超过百万万亿种设计组合,覆盖消费者个性化设计需求。客户个性化定制需求通过 C2M 平台提交,消费者体型数据的输入,驱动系统内近 10000 个数据的同步变化,运用 CAD(Computer Aided Design 电脑辅助设计系统)、CAPP(Computer Aided Process Planning,电脑辅助工艺编制系统),最大程度缩短版型制作和个性化工艺设计的时间,满足大规模个性化定制要求。过去由制版师人工打版,每天最多只能打 1 至 2 版,按每天 1400 套产量计算,至少需要 700 个版师,每年付出上亿元人工成本,而大数据系统匹配客户需求的版型仅需 5 分钟,对特殊体型都能满足,并通过运用智能自动排版系统,实现排版最优化。

建立协同创新的两化深度融合智能制造体系,实现数字化工厂柔性生产。生产单元接收 C2M 平台生成的订单,在生产节点进行工艺分解和任务分解,以指令推送的方式将分解任务推向各工位。CAD、CAPP 系统根据体型数据进行自动运算,生成数字化版型传输到 CAM (computer Aided Manufacturing,电脑辅助裁剪设备),顾客工艺信息同时传输到生产单元系统接收站。生产过程环节,每一件定制产品都有其专属芯片,该芯片伴随产品生产的全流程。每一个工位都有专用终端设备下载和读取芯片上的订单信息,利用信息手段数字化快速、准确解读个性化定制工艺。生产过程以基于物联网技术的数据传感器,持续不断地收集任务完成状况,反馈至中央决策系统及电子商务系统,实现多个生产单元的互联互通。

3. 消费者个性化需求驱动工厂生产的商业生态

红领形成了一种完全以客户为中心的生产和服务系统。顾客对个性化定制产品的需求,直接通过 C2M 平台提交,平台上的制造工厂接收订单,直接开展定制产品的生产,减少中间环节产生的费用。在这种模式下,制造企业通过拥抱互联网成为直接响应顾客定制需求的主体,区别于传统 B2C 以中间商为主体的电子商务模式。

对于顾客而言,消费需求通过互联网平台和生产供给瞬时、直接连接。顾客和工厂在一个平台上,形成了一种崭新的市场体系,无须再通过传统的层层代理来联结,顾客的需求偏好能够主动、瞬时传递给工厂,成为市场生态中的命运共同体。

对于制造工厂而言,通过物联网、互联网等技术,通过价值链上不同企业资源的整合,实现从产品设计、生产制造、物流配送、使用维护等产品全生命周期的管理和服务。工业企业在这个过程中将焕发生机。

2.6 智能制造实施步骤

2.6.1 解决传统服装企业的痛点

传统服装企业的第一个痛点就是库存高。很多服装品牌一直在纠结如何最快的消化库存。传统服装企业每推出一款产品至少要满足面料厂家的批量生产需求和大量店面的铺货需求,造成了大量的库存。

第二个痛点是周期长。供应链的总时间很长，每研发出一款产品，面料厂家需要几个月的时间，成衣厂家也需要几个月的时间，容易错过最好的销售时间。

第三个痛点是产品同质化。传统的研发是设计师结合品牌的定位与往年的销售数据，并结合明年的流行趋势进行设计。针对大众人群进行产品研发，这就造成了产品的同质化，每个消费者的个性化需求无法得到满足，每个消费者都有可能穿上和别人完全一样的产品。

第四个痛点是工业企业利润低。在传统的商业领域，工业一直被人为地与商业割裂，工业企业仅仅是一个制造的概念，在微笑曲线的底部，利润微薄。

2.6.2 构筑核心竞争力，开创全新商业模式

以源点论思想为指导，专注研究与实践"互联网+工业"，构筑全新的核心竞争力，打造 C2M 商业生态。红领的研究与实践成果对帮助传统工业企业解决经营中的痛点与转型中的难点具有非常重要的意义，而其开创的全新商业模式已是国内外同行业中的首创，也是智能制造的核心理念与技术在全价值链中的运用典范。

1. 构筑核心竞争力一：数据驱动的智能工厂的建设

智能工厂主要由 ERP 系统（Enterprise Resource Planning，企业资源管理计划）、SCM 系统（Supply chain management，供应链管理）、APS 系统、MES 系统、WMS 系统及智能设备系统组成，实现了订单信息全程由数据驱动，在信息化处理过程中没有人员参与，无须人工转换与纸质传递，数据完全打通、实时共享传输。所有员工在各自的岗位上接受指令，依照指令进行定制生产，员工真正实现了"在线"工作而非"在岗"工作。

每位员工都是从互联网云端获取数据，按客户要求操作，确保了来自全球订单的数据零时差、零失误率的准确传递，用互联网技术实现客户个性化需求与规模化生产制造的无缝对接，生产过程类似一个 3D 打印机的逻辑过程。智能工厂和传统工厂的区别见图 2-5。

1）APS 系统

通过与智能版型匹配系统、ERP 系统、WMS 系统及 MES 系统的集成，实现了订单自动分派与实时滚动排程。系统通过面辅料、体型特征、客户信息、订单交期、工时平衡等众多规则的优化，实现工序流自平衡、订单自优化、交期自排定，提升了生产效率，缩短了制造周期。数字化工厂模型见图 2-6。

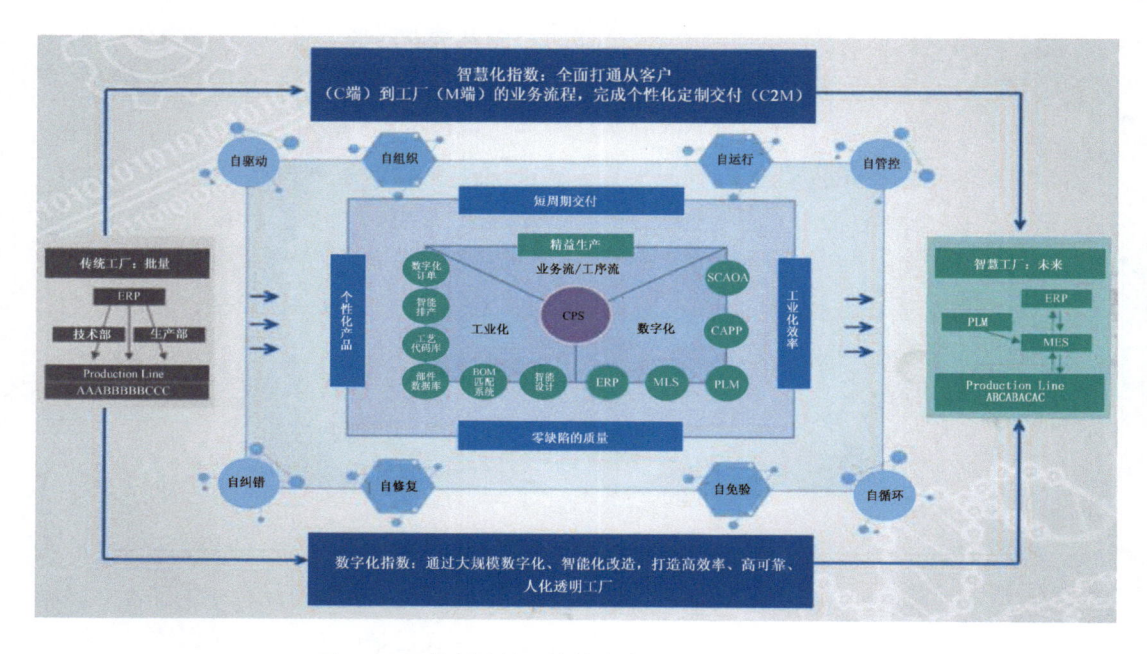

图 2-5 智能制造单元的数字化工厂总体设计模型

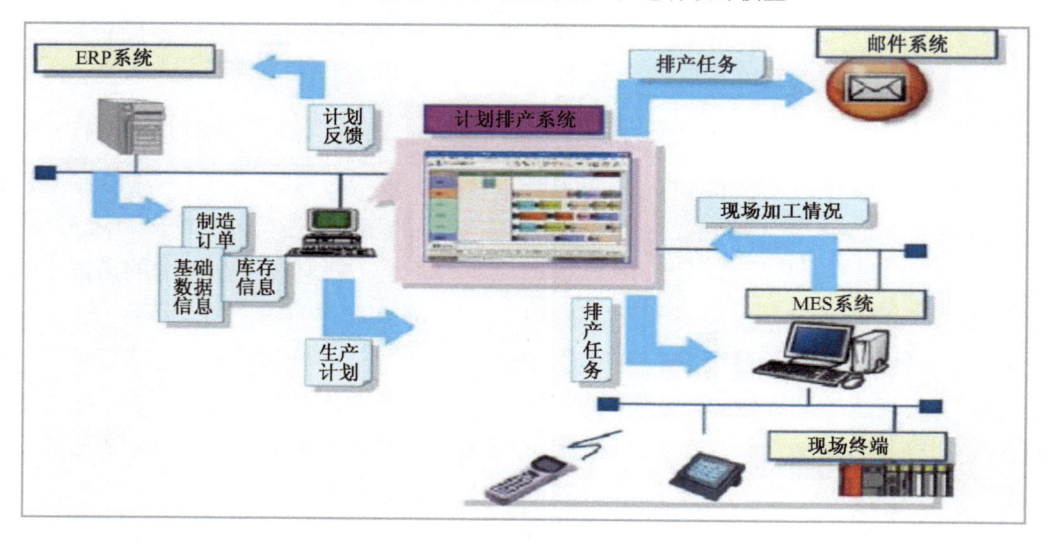

图 2-6 智能制造单元的数字化工厂总体设计模型

2）MES 系统

MES 系统作为车间信息管理技术的载体，在实现生产过程的自动化、智能化、网络化等方面发挥着巨大作用，是智能工厂提高制造能力和生产管理能力的重要手段。MES 实现了工业流水线的数据驱动，每一个员工、每一台设备都通过 MES 的指令来"在线"工作，实现个性化定制产品全生命周期的单件流管理、制造全流程零占压、计划精细化自主管理、点对点的预警驱动，对应着源点目标系统自动协同，驱动资源给予满足，实现个性化定制产品价值链源点的最大价值管理，提高价值链条响应的时效性。MES 系统框架见图 2-7。

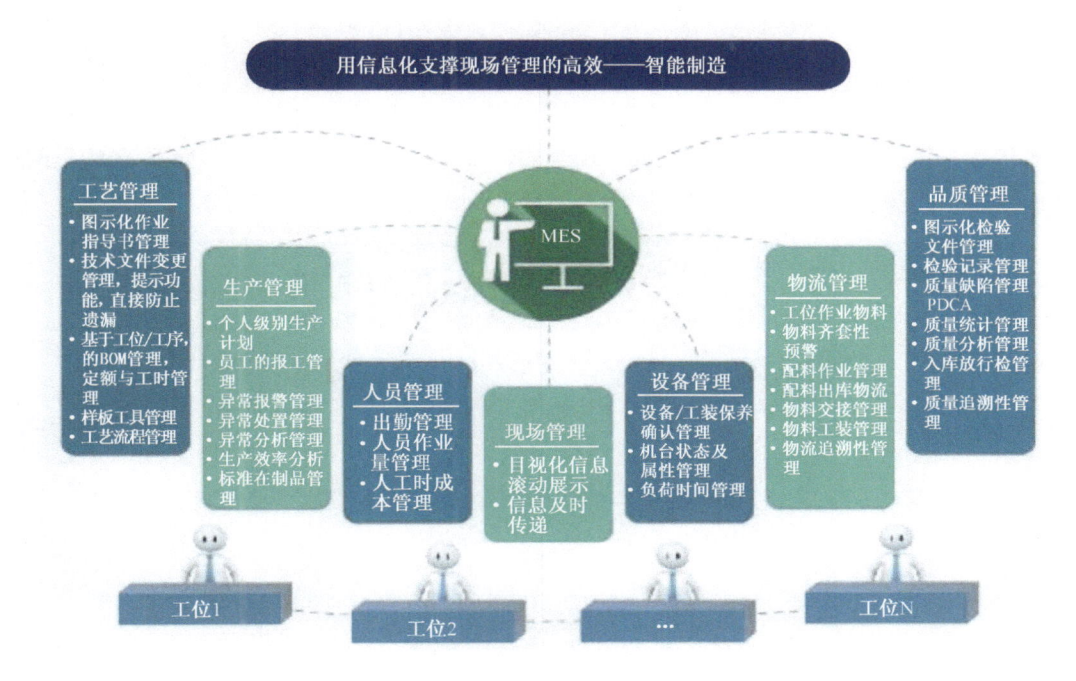

图 2-7　制造执行系统整体架构图

3）WMS 系统

WMS 的管理范围为面辅料超市与成品仓库的管理。面辅料超市中的功能实现了面辅料的收货与质检、上架、下架、中转、发料、盘点、退货、补料的自动化，并通过 RFID 卡来全面管理物料状态、库区、货位、库位。

WMS 在仓库的管理中实现了自动分拣、自动配对、自动包装及与快递系统无缝对接。

2. 构筑核心竞争力二：个性化产品大数据平台的建设

1）C2M 平台实现个性化产品远程定制

针对用户没有定制途径等问题，通过信息化手段为用户提供一站式满足的定制渠道和平台。红领打造 C2M 平台，提供一系列的自主设计、协同设计、定制的体验场景，使用户的个性化体验和社区互动体验最终以个性化产品的形式呈现出来。平台具备工艺款式组合设计功能、在线着装顾问服务功能、产品生产状态全程跟踪功能、消费数据分析查询功能、后台支持与管理功能。用户可以通过计算机、手机等信息终端登录网络定制平台直接设计下单，选择款式、面料等个性化元素，个性化选项确定后可进行 3D 可视化展示，目前 C2M 平台可视化模型已经有数百万的 3D 模型以及图片数据，为用户体验及款式研发提供支撑。红领 C2M 平台可定制产品的品类覆盖男士、女士正装全系列产品,包括西服、西裤、马甲、大衣、风衣、礼服、衬衣,以及童装西服、西裤、衬衣等。可定制的产品参数,款式方面包含驳头、口袋、前门扣等 540 种大类,11360 种设计要素;面料和辅料有 3 万多种可选择,并支持用户自己提供面料定制。通过对 PC 互联网、移动互联网、物联网的有效整合,将线上、线下链接互通,实现信息流、数据流、资金流、物流等的一条龙服务体系。用户无须受到时间、地点、场合的约束,可随时随地使用 C2M 平台的三网整合享受各项服务。C2M 平台技术架构见图 2-8。

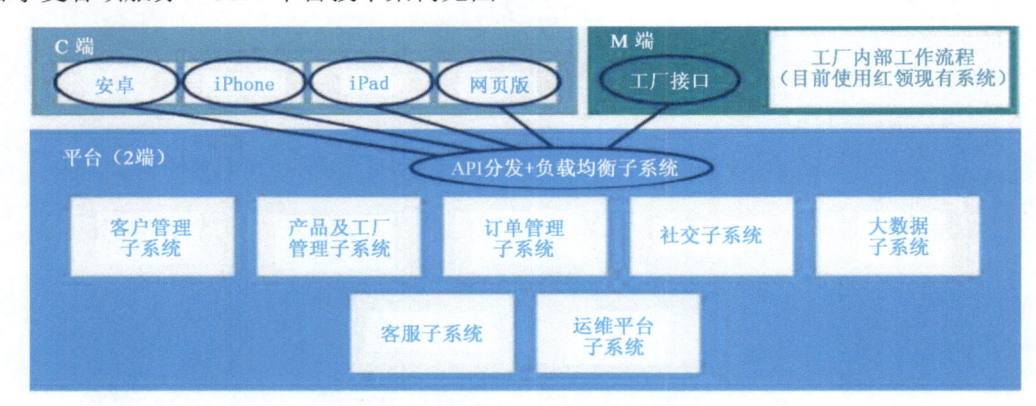

图 2-8 平台总体技术架构

2)实现个性化产品的智能研发

通过建设服装版型数据库、服装工艺数据库、服装款式数据库、服装 BOM 数据库、服装管理数据库与自动匹配规则库,数万种设计元素点,能满足超过百万万亿种设计组合,实现了先进的个性化产品智能研发系统,产品的裁剪裁片、产品工艺指导书、产品 BOM 都由系统智能生成,减少人工错误,提高产品设计研发速度。企业每年可以节约人工成本上亿元,做到全定制产品和批量产品生产成本相等。自主研发专利量体工具和量体方法,采集人体 19 个部位的 22 个尺寸,并采用 3D 激光量体仪,实现人体数据在 7 秒内自动采集内完成,解决与生产系统自动智能化对接、转化的难题。用户体型数据的输入,驱动系统内近 10000 个数据的同步变化,能够满足驼背、凸肚、坠臀等 113 种特殊体型特征的定制,覆盖用户个性化设计需求。

目前这套智能模型已经形成了完整的数据算法模型,可在其他行业进行复制,让传统企业实现流水线柔性化生产。管理系统架构见图 2-9。

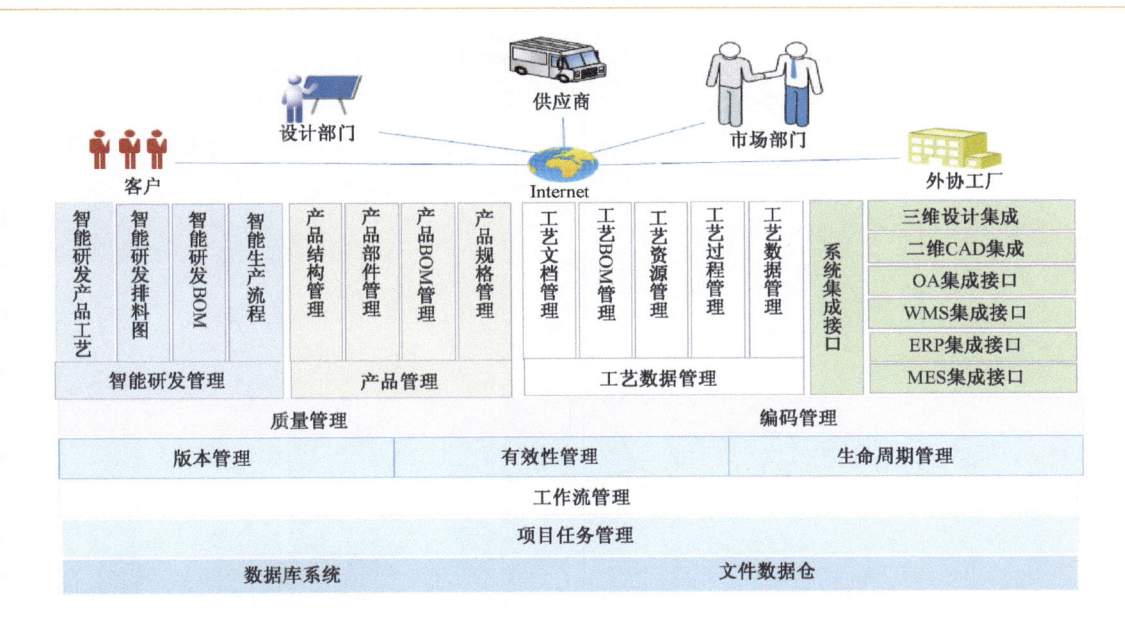

图 2-9　产品全生命周期管理系统架构图

2.7　智能制造标准化现状与需求

随着全球产业竞争格局深度调整，美国"工业互联网"、德国"工业 4.0"强化制造业的主导权，其内核都是充分运用现代信息技术，推动生产力、生产方式的转变和产业结构转型升级，实现的目标是个性化产品大规模定制、智能生产、减少能耗等。美国基于先进的信息技术，使制造业的数据流、硬件、软件实现智能交互；德国基于强大的工业化基础，将制造业向智能化转型。我国的结构调整处在关键阶段，企业的转型升级迫在眉睫，美国、德国等"以机器取代人"的方式，需要企业有资金和实力为保障，但中国大部分的中小企业处于"劳动力密集、制造基础相对薄弱"的阶段，根本没有充足的资金，能做的就是在原有基础上不断地升级改造。中国制造业尚处在工业 2.0 和工业 3.0 并行的发展阶段，必须走工业 2.0 补课、工业 3.0 普及和工业 4.0 示范的并联式发展道路。

红领模式的标准化，其目的一方面是将红领用工业化的手段、效率和成本进行个性化定制产品大规模生产的全流程实践经验进行规范化，填补国内和国外标准的空白，使其具备通用性，以便向其他服装行业及其他产业的企业复制推广，引导中小企业转型升级。另一方面，通过标准化，作为评价中小企业所处两化融合阶段的指南，用于中小企业对照标准自评，识别所处的阶段，并据此进行阶段性目标及路径规划，从而实现转型升级。

红领模式标准化的具体内容包括服装个性化定制生产管理体系的要求和评价指南、围绕两化融合为基础的定制生产全流程进行标准化并形成系列标准。例如，个性化定制产品模块化设计技术指南、快速研发指南、生产系统集成指南、成本控制管理指南、快速交付管理指南及定制化生产工厂参考模型等。

2.8 智能制造示范意义

1. 开启个性化定制的全新电商模式

红领创新了 C2M 商业生态全新模式，打造区别于传统 B2C 电子商务的 C2M 直销平台，以消费者需求为导向的个性化定制成为必然趋势，国内外服装、鞋帽、家纺及其他行业定制市场巨大，红领为传统工业转型升级提供了实践模板和解决方案。形成一种完全以客户为中心的生产和服务系统。顾客对个性化定制产品的需求，直接通过 C2M 平台提交，平台上的制造工厂接收订单，直接开展定制产品的生产，减少中间环节产生的费用。在这种模式下，制造企业通过拥抱互联网成为直接响应顾客定制需求的主体，区别于传统的以中间商为主体的电子商务模式。

对于顾客而言，消费需求通过互联网平台和生产供给瞬时、直接连接。顾客和工厂在一个平台上，形成了一种崭新的市场体系，顾客和工厂无须再通过传统的层层代理来联结，顾客的需求偏好能够主动、瞬时传递给工厂，成为市场生态中的命运共同体。

2. 为传统制造业升级和转型提供新的方法和途径

在中国制造业正在全面深化改革之时，将企业用 12 年时间和 3000 多人的工厂进行的实验和可复制推广的方法论提炼，给中国传统制造业升级和转型乃至中国经济发展模式的升级提供了一种简洁、有效和清晰的方法和途径。在过去的两年当中，到红领取经的企业有 4000 多家。这些数据说明中小企业在转型升级当中蕴藏了巨大的市场需求，为了满足这些的需求，红领就把这 12 年的经验认真地总结，形成全新的产品："源点论数据工程"（即传统企业转型升级的方法论），把用工业化的成本和效率制造个性化产品的方法做成了一套解决方案，进行编码化、程序化和一般化，命名为"SDE"（Source Data Engineering，源点论数据工程），包涵 C2M 平台消费者端的个性化定制直销入口、大数据平台的数据模型和智能逻辑算法、制造端的工厂个性化定制柔性制造解决方案以及组织流程再造解决方案等基础源代码。以满足需求为目标，通过数据驱动、智能制造、精益管理、互联网融合等方法，使全产业链协同，实时响应全球消费者的需求，进行有效的供给。因为方案是按照规范化的管理思路和标准化的运营体系进行设计的，方法是共通的，可以一次性把一整套的设计体系方案进行复制。红领把 SDE 以工程项目的形式向中小企业输出，使中小企业能够快速复制"红领模式"的成功基因，实现转型升级。

3. 作为新业态新模式的典型企业起到推广示范作用

红领的互联网工业模式是传统产业转型升级的有效路径，是可以跨界快速复制推广到其他企业和行业的有效方法，实践"从 0 到 1"的过程，同步开始"从 1 到 N"的路程，得到了社会各界的广泛关注。2013 年至今，已有 5 万多人次的专家同仁到红领参观学习，海尔、阿里巴巴等企业领导团队多次到企业深入交流，中央电视台《新闻联播》先后两次报道，引导各行业学习红领的创新发展模式，《经济半小时》、《对话》、《经济日报》、《人民日报》等主流媒体纷纷对红领模式进行专题报道。红领模式有力推动了地方产业集群的形成，2015 年由红领集团张代理、海尔集团张瑞敏等发起成立青岛市互联网工业联合会暨中国互联网工业联盟，立志打造工商业新生态体系，开创互联网工业新时代。企业荣获"全国服装行业两化融合示范企业、全国电子商务示范企业、全国首批通过两化融合管理体系评定的企业"等，"服装个性化定制项目"纳入工业和信息化部首批智能制造试点示范项目。在国务院关于信息化建设和推动信息化和工业化深度融合发展工作情况的报告中，对红领的新业态、新模式予以肯定。

2.9 下一步工作计划

2.9.1 解决的问题

1. 打造个性化定制大规模工业生产方式

红领运用大数据、云计算、智能化创新生产组织方式，打造了大数据支撑下的定制平台——C2M 平台。该平台基于三维信息化模型，以订单信息流为核心线索，在组织节点进行工艺和任务分解，以指令推送的方式将分解任务推向各部门、工位，并以基于物联网技术的数据传感器，持续不断地收集任务完成的状况，并反馈至中央决策系统及电子商务系统。依托 C2M 平台大数据系统，从打版、备料、裁剪、制作等各个流程，都通过 RFID

芯片卡传达指令，各工位通过信息终端下载芯片卡上的指令完成操作，确保每件定制产品高质高效完成，通过全程数据驱动实现了个人定制与规模经济的有效兼容。传统服装定制生产周期为 30~50 个工作日，红领的服装定制周期已缩短至 7 个工作日，未来将进一步缩减至 5 个工作日内。

2．创新产业业态和企业运营模式

红领是探索并实现一种将生产供给和消费需求瞬时、直接结合的运营模式，这种模式将生产商和消费者置于一个平台上，打破了传统市场的组织方式和治理结构，大大降低了交易成本。在这种崭新的市场体系下，消费者和生产者无需再通过传统的层层代理来联结，消费者的需求偏好能够主动、瞬时传递给生产者，生产者能够更加专注地从事个性化产品的创新、生产和服务，通过共同创造和分享价值，成为市场生态中的命运共同体，最大化释放市场本然的力量。红领最大的特征是将互联网、大数据等信息化运用到工业生产中，创造性地融合信息化和工业化范式，形成了消费者主导、制造商直接服务的运营模式。与纯粹的商业服务不同，"红领"既包括商业也包含工业，是一种"工商一体化"的新业态。在产业层面，既包含第二产业的制造业，也包含第三产业的信息服务业，体现了二产和三产的有机结合；在企业层面，传统科层的运营治理模式被打破，企业所有的活动和组织都平行地围绕消费者需求展开，形成了以消费者为始点和终点的价值链运营新模式。一个全程由数据驱动的价值链，能够有效协调并深化各个节点上的分工，进而促进技术、管理和制度创新，释放出巨大的经济和社会价值。红领新模式架构见图 2-10。

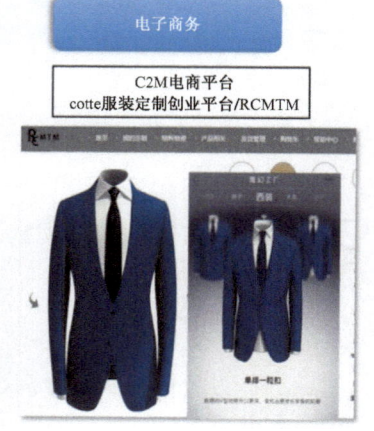

图 2-10 红领个性化定制新模式

2.9.2 工作计划

1. 完善 C2M 平台

C2M 平台是用户的线上入口，也是大数据平台，支持多品类多品种的产品在线定制。消费者通过电脑、手机等信息终端登录，在线自主选择产品的款式、工艺、原材料，在线支付后生成订单。C2M 平台将大量分散的用户需求数据转变成生产数据，共享给制造企业，同时在整个价值链进行数据沉淀，深度挖掘客户需求。红领 C2M 平台支持顾客碎片化和个性化的需求，驱动制造工厂完成交易的工商一体化逻辑，去中间商、去代理商、去渠道商，彻底摆脱了陈旧的"微笑曲线"理论的束缚，以众包方式做人人研发设计，以电商做渠道，使工厂能够充分发挥潜能，不再受制于人，使"智造"成为微笑曲线的顶端，以打开创造价值的源头。

2. 模式输出，为传统工业转型升级提供解决方案

SDE 适用于多个产业。至目前为止，红领 SDE 已经在红领集团内四家工厂成功应用，并输出到其他两家公司。经过 3 个月及以上不等时间的升级改造，效率提升 30%以上，成本下降 20%以上，生产方式由"同质化产品的大规模生产"转变为"个性化产品的大规模定制"，实现"零库存、高利润、低成本、高周转"的运营能力。红领第 I 期模式输出，已经与服装、帽子、鞋、假发、家居、家具、铸造、电器等行业的十余家试点企业签约升级改造。

3. 建立面向全球的 C2M 生态圈

将红领模式进行平台化运营，继续完善 C2M 平台，同时通过 SDE 的输出，将"红领模式"的基因植入大量制造企业中实现转型升级，把这些企业纳入 C2M 平台，形成"定制"为核心的 C2M 生态圈。全球消费者均可在平台上提出定制产品需求，驱动平台上的 N 个工厂制造，去中间商环节，实现消费者需求驱动的多行业定制产品的大规模生产。产业内部企业间的分工与合作水平得到有效的提升，产业链更具深度和广度，产业组织实现转型升级。

2.9.3 需要克服的困难

1. 人才约束

"红领模式"已经经受住了市场的考验，被证明是成功的。"红领模式"的推广和规模化运营需要大批既掌握互联网知识又知晓工业生产和流程的复合型专家人才。

红领在总结自身人才培养成功经验的同时，应加强与国内外一流科研院校合作，充分利用即将建成的创智新区企业总部空间载体、创新互联网工业工程的人才教育和培养机制，建立与其快速发展相适应的人才储备。

2. 运营范式更新约束

"红领模式"的推广涉及被改造企业在经营理念、技术、生产流程、组织方式、治理结构和企业文化等的更新和转变，这实际上要求企业摒弃传统，接受全新的运营范式。

"红领模式"推广过程应遵循先易后难、先从服装产业突破再推进到相关产业、最后延伸到其他产业的最优次序。

3. 成本约束

"红领模式"存在成本约束，投入资本较大是许多企业无法承受的。如果没有充足的资本支持，"红领模式"的推广将受到限制。

"红领模式"在推广过程中须最大化实现由规模效应带来的边际成本递减和规模报酬递增效应，以摆脱成本约束，加快推广，这需要针对不同行业投入较多资源进行清晰和深入的技术经济分析。同时，争取国家和地方政府支持，深度打造创新模式，发挥引领示范作用。传统中小企业如需进行转型升级，可视情况进行资金投入，小投入小升级，大投入大升级，循序渐进。

2.9.4 建议

红领的实践说明，深度融合互联网将是传统工业凤凰涅槃的新机遇。发展互联网工业，是助推传统产业转型升级的最佳实践路径，是新常态形势下新的经济增长点。在传统产业的转型升级过程中，须积极发挥政府的因势利导作用，形成"有效市场"和"有为政府"协同发力的新的经济发展模式。建议如下：

1. 认真研究红领模式对工业转型升级的示范作用

从国家产业战略层面，充分认识到红领模式在传统制造业转型升级中的价值。组织产业、技术、媒体、研究等人员，认真研究红领模式，深挖红领模式价值，探索纺织服装、皮具箱包、塑胶制品、玩具等传统制造业需要的流程再造模式、信息化改造方案、转型升级对策，总结经验，为下一步宣传和推广打好基础。

2. 协助宣传和推广红领模式，形成新的产业体系

由红领自己独立推广其模式的速度太慢，满足不了大量劳动密集型的中小企业、有个

性化需求的消费品领域的企业的转型升级需求。应该指定相关机构，协助红领开展其模式产业化推广应用工作，在资本、人才、技术、市场、宣传、培训等方面予以支持，为有需求的国内企业、机构和红领的合作牵线搭桥。同时，避免出现我国企业独创的信息化解决方案被国外跨国公司收购，反过来又在国内高价推销的情况。

3. 制定相关产业政策加快工业转型升级步伐

全球产业竞争格局深度调整。中国制造业尚处在"工业2.0"和"工业3.0"并行的发展阶段，必须走"工业2.0"补课、"工业3.0"普及和"工业4.0"示范的并联式发展道路。在传统产业的转型升级过程中，须积极发挥政府的因势利导作用，形成"有效市场"和"有为政府"协同发力的经济发展模式。以红领模式试点示范为契机，出台相关产业政策，推动传统产业转型升级。建立转型升级产业基金，引导社会资本进入。扶持标杆企业深度打造创新模式，发挥引领示范作用。支持中小型企业以标杆企业为实践模板，实现自身转型升级。

目前，红领已经和国内大型资本合作，计划建立产业基金，以"红领模式"为范本，输出解决方案，以资本为杠杆，助推中小企业转型升级，提升实体经济活力。美国、日本、德国等国家的多家资本机构表达了合作意向，有意把"红领模式"在本国推广。

案例 3

基于工业互联网的新型生物能源制取系统

3.1 案例在智能制造系统架构中所处的位置

按照《国家智能制造标准体系建设指南》第二章中智能制造系统架构的划分，本案例所处位置如图 3-1 中红色框内部分。

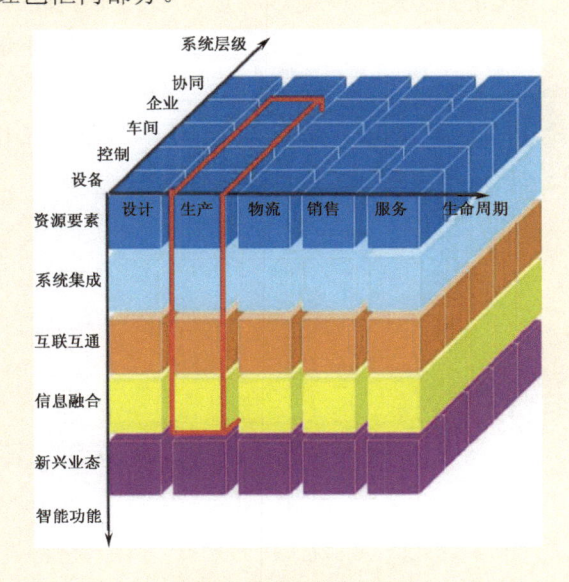

图 3-1 本案例所处位置

本案例在生命周期维度中属于生产环节，通过信息技术和通信技术的综合运用，系统地完善了分布式生物能源生产工艺，提升生产效率，降低生产成本。

在智能功能维度上则涵盖了资源要素、系统集成、互联互通、信息融合等四个方面，实现了生产领域资源的智能管理和监控，对预处理、发酵、提纯等生产环节的快速集成与信息互联互通，最终实现生产全流程信息融合。

而在系统层级维度中则涵盖了设备、控制、车间、企业等四个部分，包括对所有生物能源制取工艺涉及的传感器、阀门、泵、压缩机等设备进行智能化改造，实现基于工业互联网的现场数据采集和分布式智能控制，在车间层面实现了现场所有生产数据的实时采集和监控，在企业层面实现生产全流程信息的完全共享，通过数据的深度分析对工艺进行持续改进，四个部分之间的信息形成闭环，形成了生物能源领域的智能制造先进实践。

3.2　智能制造案例基本情况

本案例针对以秸秆等农业固态废弃物为原料制取沼气的新型生物能源制取系统，开发了的一套基于工业互联网的监测、控制、调度平台，对秸秆处理到沼气提纯的全过程进行监控，实时获取和处理现场生产数据，通过对全流程数据的采集，实时掌握生产过程状态，实现自动化控制，并通过现场数据的深度挖掘，完成对生产过程的持续优化。

系统包括了我国自主提出的 IEEE/IEC/ISO 61888 能源互联网协议（泛在绿色社区控制网络协议）、基于双绞线的工业以太网总线技术、基于嵌入式计算平台的分布式现场控制架构以及基于移动客户端的云管理技术，通过这些技术的综合运用，实现了简单、可靠、高效、易用的工业互联网应用平台。

3.3　智能制造系统架构介绍

本案例系统架构如下图 3-2 所示，系统生产过程分为对原材料进行预处理产生有机酸液、对有机酸液进行浓缩和运输集中、对有机酸液进行发酵产生沼气、对沼气进行提纯形成高纯度生物天然气等几个相对独立又相互关联的环节：

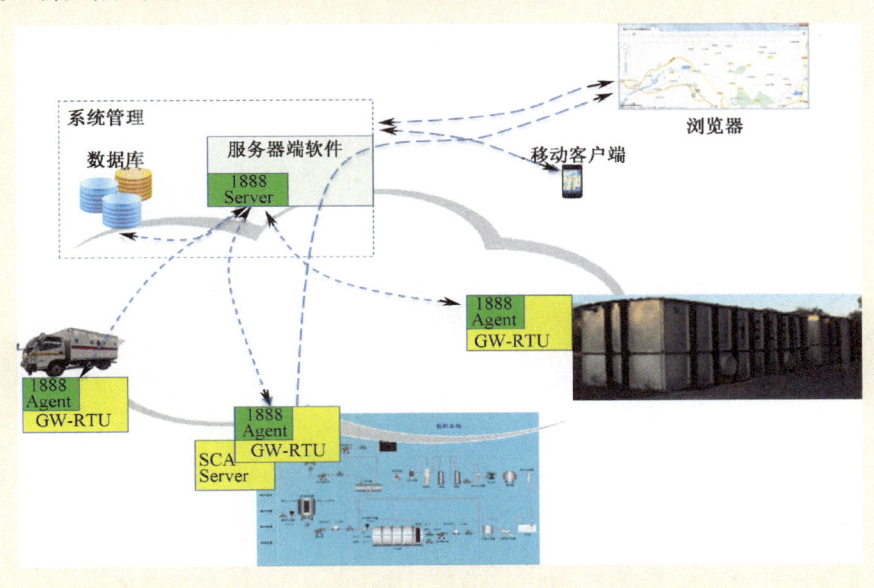

图 3-2 本案例系统架构

（1）秸秆的预处理在酸化箱中实现，利用特定的微生物对秸秆进行分解来提取有机成分形成酸液，剩余的无机物质直接还田作为肥料，大大减少了需要运输的物质的重量和体积；多个酸化箱集成处理，共用一组太阳能电源和数采控制设备，利用双绞线以太网总线技术进行现场采集数据的传输，可大大降低酸化箱的现场施工成本和管理维护成本。

（2）有机酸液的浓缩和运输通过酸液运输车来进行，酸液运输车实时向控制中心和云平台上报 GPS 位置、酸液液位等信息、并根据液位和操作按钮状态进行酸液的浓缩、进出料等操作。

（3）有机酸液的发酵和所产生气体的提纯操作在反应器中进行，反应器采用多个一体化监控服务器进行现场传感器的数据采集并通过各种泵和阀门的操作对反应温度、循环流量、加料时间、出料时间等工艺参数进行自动控制，根据生物燃气产生的压力对提纯系统进行控制；通过现场部署的 SCADA 系统对反应器进行现场状态监控和手工控制，并将现场信息发布到控制中心和云管理平台。

（4）所有的现场数据，包括传感器信息、设备运行状态等内容，通过 IEEE/IEC/ISO 61888 能源互联网协议进行采集和处理，并通过运营商无线数据通路回传到云端，最终在云端利用大容量实时数据库存储所有现场生产数据和设备、系统实时工作状态，以实现全局信息融合和共享，方便用户进行生产管理监控与调度。

（5）应用层软件集成地理信息系统实现对系统全局和业务的管理，提供基于 Web 的图形化界面和基于 APP 的移动客户端管理界面，对系统进行实时监控操作，提高生产管理的效率。

（6）本案例还基于高性能实时数据库提供数据处理接口以实现基于大数据的生产业务分析，利用分析结果对温度、pH、菌种类型和数量、发酵时间等生产工艺参数进行改进调整，进一步提高生产效率。

3.4 智能制造关键绩效指标

生物能源生产领域关键绩效指标包括：

1. 生产周期

之前的生产过程受环境温度、进出料不及时等因素影响，生物燃气的生产周期不稳定，从秸秆投料到生物燃气提纯完成的时间为 25～40 天，经过酸化箱、反应器的智能化处理，能够保证预处理、发酵等生产过程的恒温，并通过信息的互联互通能够合理安排预处理和发酵环节的产能配合与调度，减少进出料的等待时间，产气周期能够达到 15 天以内。

2. 生物燃气产出率

之前的生产过程对反应过程管理粗放，生产效率较低，产气率低于 $100m^3/t$，经过酸化箱、反应器的智能化处理，能够保证预处理、发酵等生产过程的恒温，并利用大数据手段对不同菌种的发酵效率进行分析筛选，生物燃气产出率达到 $150\ m^3/t$，提高 50%。

3. 生产维护成本

分布式生物燃气生产过程的维护成本主要为人力和运输成本，本案例通过信息化和智能化改造，将大部分需要现场查看的数据通过工业互联网上传到云平台，实现酸化箱和反应器的无人化操作，而酸液运输车可以根据酸化箱的生产状态进行智能调度，减少了运输成本，总体运营维护成本较之前下降 60%。

通过以上生产指标的改善，使得秸秆制取生物燃气的商业化利用成为可能，为农田废弃物的有效利用，特别是减少焚烧创造了有利条件。

3.5 案例特点

本案例针对生物能源生产领域中生产地点分散、环境严酷、供电限制、维护力量有限等特点，充分利用信息和网络技术对设备和生产流程进行智能化改造，降低了生产环节的人力和资源消耗，提高了高纯度生物能源气体的生产效率。与传统制造业实施的信息化改造相比，其特点与优势主要在于以下几方面。

（1）针对生物能源生产工艺，对需监控数据的采集、传输、处理及分析进行了完整的设计，确定了数据在整个生产管理体系中的处理流程，据此进行传感器、数据采集设备、自动控制设备、通信设备的选型；在现场采用东土公司数采、通信、控制一体化的现场工业服务器，提供数据接入和现场控制功能，通过良好的环境适应性能和低功耗性能使得户外应用的可靠性得到了充分保障，而良好的实时性和控制逻辑自定义的扩展能力、通信与控制一体化的架构，使得工艺分析与管理优化所需要的数据从源头到应用都能够保证及时和准确。

（2）基于双绞线工业以太网总线技术的应用，解决了工业以太网现场布线复杂、传输距离小于 100 米、传输时延和抖动不确定等问题，让现场层设备的互联互通变得更加简单便捷，既能够具备以太网技术的大容量高带宽，又保留了现场总线技术的实时性和易用性，使得以太网能够真正在工业现场进行大量部署。

（3）东土公司提供的现场数据采集、处理、传输一体化设备，在支持大容量数据实时采集和传输的同时，提供了灵活的现场操作控制功能和安全高速的数据回传功能，可以替代传统工控应用中采用的数采服务器、PLC、通信网关等多台设备，有效地简化了现场部署的设备数目，降低了系统安装和维护的复杂度，提供了更高的可靠性与可扩展性。

（4）对生产过程的数据进行统一建模与定义，实现标准的现场数据模型，利用我国提出的国际能源互联网标准 IEEE/IEC/ISO 61888 协议进行数据同步与传输，无缝连接现场设备和控制中心和云平台，使得所有流程参与者都能对需要的数据进行访问。

（5）中心侧实现了基于 Web 的全流程业务监控和调度系统，提供图形化管理界面实现基于地理信息系统的生产业务管理，提供现场运行数据的实时查看和历史数据及报表的输出；同时支持移动客户端访问，从而可以在任意时间任意地点实时掌握生产现场的实时数据和报表，提高管理精度，降低管理成本。

（6）支持大数据处理，可针对生产环节工艺参数、环境数据和设备状态进行深入分析，不断优化生产过程，提高系统的生产能力。

3.6 智能制造实施步骤

1. 系统需求分析

本步骤是对生物能源关键工艺流程以及管理需求进行分析,对生产工艺流程进行分解,针对实际应用工艺的数据集进行设计,将生产环节设计的传感器数据、设备状态、控制信息、系统规模等各项数据进行列举,作为系统数据应用方案的完整需求,并结合系统管理的需要,整理出业务管理流程作为应用开发的输入。

2. 架构设计

本步骤根据生物能源生产位置分布稀疏、数据通信模型固定、需要全天候持续监控等特点,对系统采用的数据采集方案、本地通信方案、数据回传方案、现场控制方案,以及业务管理方案进行了相应的设计,包括以下几方面内容。

(1)规划用于现场使用的一体化数据采集、通信处理单元对现场数据进行实时采集与处理。

(2)对与成组设置的酸化箱组之间的通信采用二线制以太网通信,降低布线成本,提高系统的可靠性和稳定性。

(3)在反应器侧部署 SCADA 系统进行车间级的现场监控。

(4)采用基于 WEB 的云管理平台,实现应用管理的去中心化,在任意时间任意地点都可以接入进行管理。

(5)使用我国自主提出的国际能源互联网标准 IEEE/IEC/ISO 61888 协议来实现现场实时工艺数据与云端系统的同步,其特点在于基于 URL 的数据操作方式支持云计算可扩展和备份机制、基于 HTTPS 的安全机制满足云平台的数据安全要求和实现现场数据与云端存储的实时同步。

3. 系统实现

本案例的实现包括现场设备的开发与验证、云平台上应用的开发、云端数据分析方案的实现,以及以实现系统需求为目标的三者的有机结合与集成。具体情况如下:

(1)本案例使用的东土工业现场智能服务器通过提供现场可编程逻辑控制、本地交换模块、无线回传模块并提供数据处理二次开发接口,在单一设备上实现了现场工艺数据的采集、汇总、处理和回传功能，为本案例的实施提供了可靠的设备基础。

（2）针对本案例实际应用的工艺管理和业务管理需求进行相应的应用开发，在涉及现场工艺管理的部分实现了与 SCADA 的无缝集成，从而在云管理终端也能够查看生产过程每一个环节的实际状态。

（3）云计算平台的大数据分析，根据系统需求中提供的数据集以及与工艺对应的关系，在工艺规定的场景中对数据进行深度分析，从而得到对工艺参数与流程的优化方案。

4. 改进优化

改进优化阶段包括两方面的工作：

一是根据数据采集、处理、传输的情况进行监控系统的不断优化，如增加采样数据、改变数据采样频率等。

二是根据数据分析的结果对工艺流程进行变更，如修改现场控制逻辑、调整工艺参数等。

通过这两方面的持续优化，实现系统综合运行工况的最优。

3.7　智能制造标准化现状与需求

本案例现场数据的云端同步采用了我国提出的 IEEE/IEC/ISO 61888 协议，在统一数据表示的同时，也提供了现场数据管理与云平台的无缝集成，其特点如下：

（1）基于 URL 的数据操作方式支持云计算的可扩展和备份机制。

（2）基于 HTTPS 的安全机制满足云平台的数据安全要求。

（3）实现现场数据与云端存储的实时同步。

该标准于 2011 年 3 月成为 IEEE 正式标准，并于 2015 年 3 月被 ISO 接纳成为 ISO/IEC 标准。

在本案例实施过程中，也遇到了智能传感器标准不统一导致的智能现场服务器设备与传感器的对接调试周期较长、现场通信协议缺少安全机制等问题。因此，本案例对标准化需求包括以下几方面。

（1）基于以太网或 IP 的现场智能传感器标准，包括传感器的统一建模、数据接口、通信接口等内容，以早日实现工业互联网在数据采集领域的标准化。

（2）基于以太网或 IP 的安全现场控制总线标准，包括控制总线的物理接口、通信接口、控制数据表示、通信安全标准等内容，为工业互联网现场控制层信息的互联互通提供标准化规范。

3.8　智能制造示范意义

生物能源生产系统的主要特点为地域分散、户外部署、分布式就地控制及全天候持续监控，所以本案例中利用基于两线以太网技术的 IP 工业总线、高可靠低功耗工业现场服务器、分布式现场智能化控制、现场数据与云平台的实时安全同步、基于场景的工业数据分析与挖掘等技术实现的整体解决方案可满足分布式连续数据采集与控制的相关项目实施的需求，为此类应用提供对应的参考。

3.9　下一步工作计划

本案例通过独创的工业以太网现场总线技术和 IEEE/IEC/ISO 61888 协议在一体化现场智能服务器上的实现，解决了分布式新能源生产系统的全时持续监控需求，提升了生物燃气生产过程中的产能和效率，并提供了大数据分析机制作为系统持续优化的依据。

为了实现本案例在易用性、可扩展性、安全性方面的最终目标，更好地为智能制造领域提供完整的工业互联网解决方案，下一步工作计划主要体现在以下几方面。

（1）一体化现场智能服务器的标准化与易用性。对现场数据采集与控制、通信一体化设备的功能、操作接口、编程工具等方面进行标准化，定义传感器、控制设备的数据模型和管理接口，最终形成对上屏蔽物理层设计细节，对下屏蔽应用需求的工业互联网车间层业务部署平台；第三方开发者基于此标准平台可以很方便进行现场业务逻辑的实施。

（2）工业以太网现场总线技术的标准化。以太网技术用于工业现场总线已经成为必然的趋势，对现场以太网总线的物理接口、数据接口、管理模型进行标准化定义，应避免现场总线技术被各个利益团体人为地割裂成多个不可互通标准的情况出现。同时，降低以太网在工业现场布线的复杂度和成本，并在拓扑适应性、实时性、冗余机制上适应工业现场通信模型要求，使以太网总线成为工业控制网络的新一代通信技术基础。

（3）传统 SCADA 系统在嵌入式系统与云端的 Web 化实现。传统的 SCADA 系统依赖上位机和下位机的架构，部署时开发调试工作量大，因此在新的工业互联网架构中应将 SCADA 系统实现的监控操作功能在现场层和应用层进行分解实现，实现基于数据共享的分布式多级监控模型。

案例 4

直升机旋翼系统制造智能工厂

4.1 案例在智能制造系统架构中所处的位置

本案例以直升机旋翼系统核心部件的制造和装配为主要内容,建立了直升机旋翼系统制造智能工厂,因此属于产品全生命周期维度中的"生产"环节。

本案例围绕旋翼系统的生产,形成了以制造管理系统、物流配送系统、工艺设计系统等高度集成的制造执行系统(MES),与企业资源管理系统(ERP)、加工生产线等有效的集成,目前尚未与产品生命周期管理(PLM)、供应链管理系统(SCM)和客户关系管理系统(CRM)等实现集成,因此系统层级维度属于"车间级"。

本案例在车间级层面,利用感应元件对各执行终端数据的实时采集,在系统软件的统筹指挥与管控下,实现生产现场自动物流配送及无人工调度等,实现了实现机器之间、机器与控制系统之间的互联互通,适应和满足直升机旋翼系统年生产配套发展的需求,因此在智能功能维度属于"互联互通"。

4.2 智能制造案例基本情况

本案例以直升机旋翼系统核心部件制造及装配为核心,搭建企业层,车间层与单元层的三层构架智能工厂,建设了物流配送、制造过程管理、工艺设计管理等系统集成的制造执行系统为企业层;形成由四条生产线及智能配送系统构成的车间层;以数字化可控设备、感应元件为单元层,通过车间级的工业互联网桥梁,构建了直升机旋翼系统制造智能工厂,实现产品研制周期缩短 20%,生产效率提高 20%,生产人力资源减少 20%,产品零部件不良品率降低 10%,单线年产 50 架的批生产能力。

4.3　智能制造系统架构介绍

针对直升机产品协同研制、敏捷制造的需求,中航工业昌河飞机工业(集团)有限责任公司(以下简称"昌飞公司")形成了以直升机部装、总装过程为主线的生产组织模式,分别构建了旋翼系统制造、整机铆装等总厂。旋翼系统总厂在现有动部件数控加工、复材桨叶成形、动部件装配、ERP/MES 初步集成的基础上,建设线前单元、应急生产、单件流生产线、柔性制造单元、桨叶成形制造线、装配单元等实体内容,开发制造执行系统和 DNC 系统,智能仓储与物流控制系统等软件内容,搭建工业级互联网络,利用感应元件对各执行终端数据的实时采集,在系统软件的统筹指挥与管控下,实现生产现场自动物流配送及无人工调度等,以此来构建直升机旋翼系统智能工厂,适应和满足直升机旋翼系统年生产配套发展的需求,如图 4-1 所示。

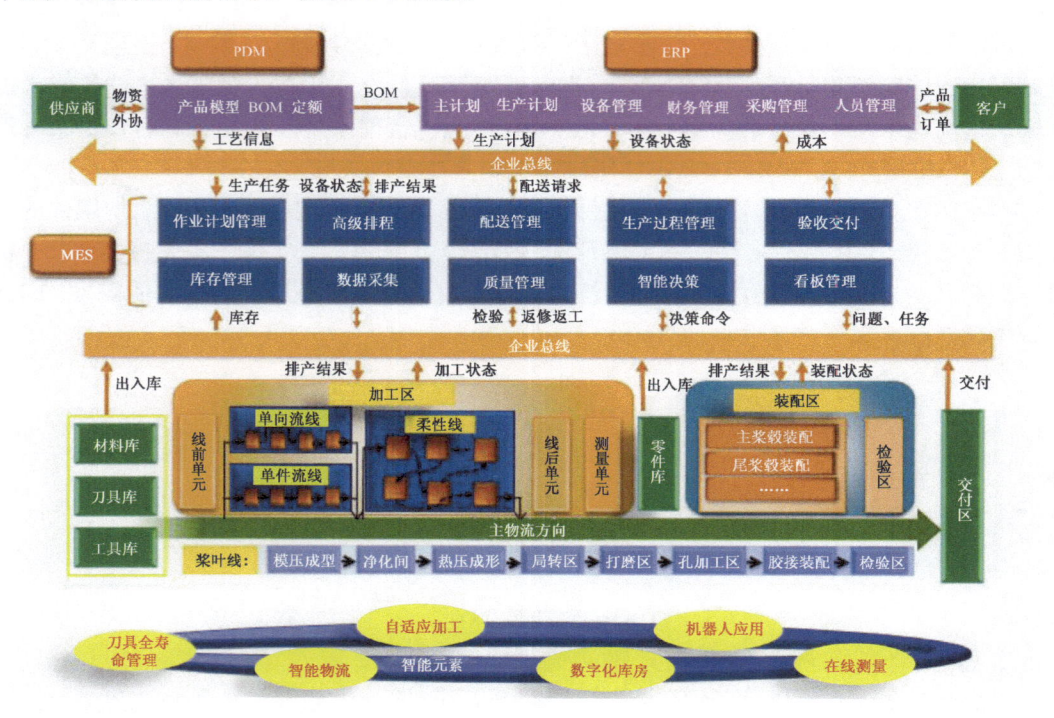

图 4-1　系统架构

4.4 智能制造关键绩效指标

旋翼系统关键绩效指标为生产设备数控化率达到 80% 以上，产品设计的数字化率达到 100%，产品研制周期缩短 20%，生产效率提高 20%，生产人力资源减少 20%，产品零部件不良品率降低 10%，实现单线年产 50 架的批生产能力。

4.5 案例特点

本案例相对于传统制造业而言，在传统信息化集成、数字化制造基础上进一步提升了制造过程的智能处理能力，在计划编制、运行调度、设备控制、工艺处理、质量分析过程中引入人工智能方法，实现基于规则、知识的决策处理。在旋翼系统制造中实现关键过程的智能化处理，极大地减轻了制造过程中人的状态分析、数据处理强度，这些方法也将在后续工作中进一步推广到其他制造过程。

本案例通过创新驱动和智能转型，构建具有国际领先水平的直升机旋翼系统智能工厂，解决旋翼系统产品高质高效制造和按需配套生产的突出问题，同时着力打造具有典型航空制造特征的智能制造工厂示范工程，与空客公司规划的未来工厂具有相似的功能。后续尚需进一步将大数据、云计算等技术结合应用在旋翼系统生产中，实现信息的协同共享。

4.6 智能制造实施步骤

直升机旋翼系统制造智能工厂的建设融入了状态感知，实时分析，自主决策，精确执行的理念，结合直升机旋翼系统核心部件制造及装配中的业务流程特征，搭建企业层、车间层、单元层的三层构架智能工厂：建设以物流配送系统、制造过程管理、工艺设计管理等高度集成的制造执行系统为企业层；以由四条单件流、一条单向流、一条柔性单元、一个线前及应急单元组构成的机加示范生产线，一条复合材料桨叶示范生产线，由四个单元构成的旋翼装配示范生产线，三个数字化库房及物流配送系统等构成为车间层；以数字化可控设备，感应元件为单元层。借助车间级的工业互联网桥梁，以业务流程来驱动各执行终端的精准执行，实现产品的制造全寿命周期，助推企业旋翼系统高效、稳定性的批量生产。

4.6.1 旋翼系统制造智能工厂机加生产线

根据旋翼系统中机加件制造特征，建设一个锻铸件基准制造执行单元，四条直升旋翼系统桨毂零件单件流示范生产线，一条直升旋翼系统难加工盘环单向流示范生产线，一个直升旋翼系统接头零件制造示范单元，一条直升旋翼系统铝合金盘环柔性制造示范单元。加工过程自动感知毛坯状态、机床状态和特征状态，对缺陷情况、受力大小、误差、偏差进行实时分析，自主决定余量分布、参数变化、参数补偿、错误追溯，驱动执行单元开展基准制作、参数调整、精确加工、信息输出等，实现加工过程的智能化。

1．制造执行单元的智能防错技术

直升机旋翼系统中钛合金桨毂零件和数控设备价值贵重，为提升产品质量，加强数控设备的安全保护：通过设计专用刀具几何参数校验装置，对刀具几何参数进行校对，开发原点、刀具、程序、装夹防错宏程序及在机测量防错软件，利用探头来自动检测、校对、判断，实现数控加工防错。

2．工序间自动快速切换技术

为实现快速切换，采用了数字化管控技术管控切换时间、自动化物流技术实现工序间快速流转、快速装夹定位技术实现零件的快速装夹。

（1）数字化管控技术管控切换时间。利用数字化管控技术中的节拍管控，通过数字化手段记录站位的开工时间。若根据节拍设定，分阶段提醒零件完工后的切换时间，若超时未进行切换，将自动记录并根据管理系统规定进行处罚性扣分。

（2）自动化物流技术实现工序间快速流转。数字化管控系统监控零件加工结束后，触发自动物流系统；物流系统收到触发站位信号后，会立即对该站位进行物流周转。这一过程迅速，达到工序间快速切换零件要求。

（3）快速装夹定位技术实现零件的快速装夹。装夹定位面采用一面两销、三点快速定位、零点定位系统等快速装夹定位模式，使用电动或液压机构进行快速压紧。

3．自适应加工技术

（1）锻件毛坯的配准加工。通过激光扫描技术，快速获取毛坯数据；借助余量分配软件，根据余量整体情况，自动调节毛坯的最佳姿态；再采用基准传递技术，将最佳姿态传递至多轴数控设备，实现锻件毛坯的基准制作。

（2）机床自适应调整。通过对数控设备切削状态的实时监控，感知切削力、主轴扭矩等，自动调节加工过程中的切削参数。充分挖掘设备、刀具的潜力，确保机床切削过程的安全可靠，提升切削效率。

4．智能刀具寿命管理技术

研究出一套刀具寿命的合理评价体系，考虑刀具磨损、刀具寿命、切削力大小、表面加工质量等几个方面，提出一种基于单位时间内创造的利润率的刀具评价方法，建立刀具切削加工经济性模型。利用射频技术，对刀具切削过程进行智能监控，结合设备实现刀具寿命管理。

5．产品检测与质量控制技术

生产线上的工序检测以预先研判的工序质量控制点为主，按照以往质量数据中存在超差风险的尺寸、高精度尺寸、需补偿加工的尺寸等识别方法，建立工序质量控制点。

应用先进的测量检测仪器，例如具备数据存储和发送功能的游标卡尺、高度尺等；开发数控设备附带的测量探头功能，实现数控设备测量探头数据的自动采集；开发检测数据采集系统，实现与检测仪器的互联采集。

通过应用在线检测数据采集技术，实现对生产线质量控制点监测数据的自动采集，对所有零件加工过程进行实时有效控制。利用 SPC（统计过程控制）技术对生产过程中的质量数据进行实时监控，从而实现对生产线的加工过程控制。

桨毂零件生产线如图 4-2 所示。

图 4-2 钛合金毂桨零件生产线

4.6.2 旋翼系统制造智能工厂部件装配生产线

引入智能化装配理念,结合桨毂、自倾仪装配特点,设计和研究自动化的孔挤压强化(见图 4-3)、温差控制、部件装配的执行终端。同时,融入数字化的装配工具、智能设备、数字化技术及传感技术,建设三条桨毂装配生产线和一条自倾仪装配线。利用成熟的工业机器人,通过智能视觉处理系统,自我分析,进行位置补偿和姿态调整后精确定位,把支臂安装槽插入弹性轴承配合面。机器人末端执行器使用自适应夹紧装置,适应不同机型零件的外形轮廓差异,提高多机型通用性。利用集成自动控制软件,实现装配过程动作标准统一、时间固定可控、出现故障或干涉进行预警并自动停止。

在制造执行系统的统筹下,依托现代化的物流仓储与物流系统,实现执行终端的精确配送,达到装配工序间节拍化生产和智能流转。

1. 大部件数字化装配仿真技术

将零件、装配的过程全部数字化,借助过程仿真软件,模拟出装配过程可能出现的干涉、不匹配等问题,提前进行规避。同时计算出装配间隙,通过一系列尺寸的选配或在装配线内设置加工单元,完成装配前准备工作,达到装配线运行的流畅。

孔挤压装配专机是将目前需多人配合的动作实现单人操作,利用机器人标准动作和时间控制,减少时间浪费,提高效率,提高产品质量的稳定性。

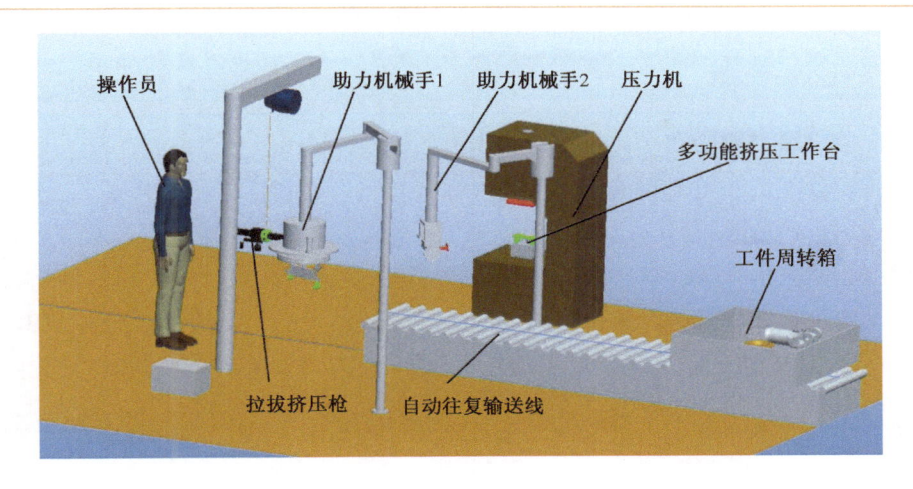

图 4-3　自动化孔挤压强化

2. 自动化温差控制技术

设计一套由高温箱、低温箱、自动门、传送链集成的高低温通道，通过感应装置实现零件自动进出；严格控制装配特殊过程的温度和时间，通过控制台预先设定温度和时间参数，升降温过程自动化控制，数据自动采集及记录。

3. 关键轴承自动装配技术

采用视觉系统对站位的准确定位，结合高精度机械装置，抓取零件准确定位后迅速插入配合孔，实现关键装配动作智能化、装配过程无卡涩和无应力。

4. 智能物料识别技术

通过射频技术对装配生产线所涉及的零组件、工具、工装和辅助材料唯一编码进行自动识别，准确记录各产品的装配工序信息和工艺操作信息；自动检测物料错装及漏装，实现生产的可追溯性。

5. 装配过程数字化测量、控制技术

通过设定装配过程控制点，保证装配间隙和累积误差的准确控制，避免强制装配的出现，可保证装配过程的稳定性和一致性。所有装配件的质量记录容易追溯，以便实现装配过程的所有测量和控制点的记录数字化管理。

4.6.3　旋翼系统制造智能工厂复材桨叶数字化生产线

基于桨叶成形制造技术，建设集成智能化数据管理系统、智能化运行与管理系统、制造过程智能控制系统等功能于一体的生产体系（见图4-4），实现桨叶产品全寿命周期的管理和控制。

建立低温储存材料的数字化、智能化管理系统，实现预浸料等材料的外置期、储存期管理及出入库管理，实现材料的预警功能，保证材料的有效性；应用铺层工艺仿真技术、数控下料技术、激光铺层定位技术、数控切边镗孔技术及激光散斑检测技术等，实现桨叶制造全过程的数字化；开展桨叶成形工艺模拟仿真技术，进行桨叶铺层和固化工艺参数的模拟验证，确定泡沫压缩量、加压压力和温度等参数；发展和应用桨叶制造MBD技术，实现桨叶图纸信息、桨叶制造工艺信息的电子化记录和存储，推进过程控制的智能化进程。

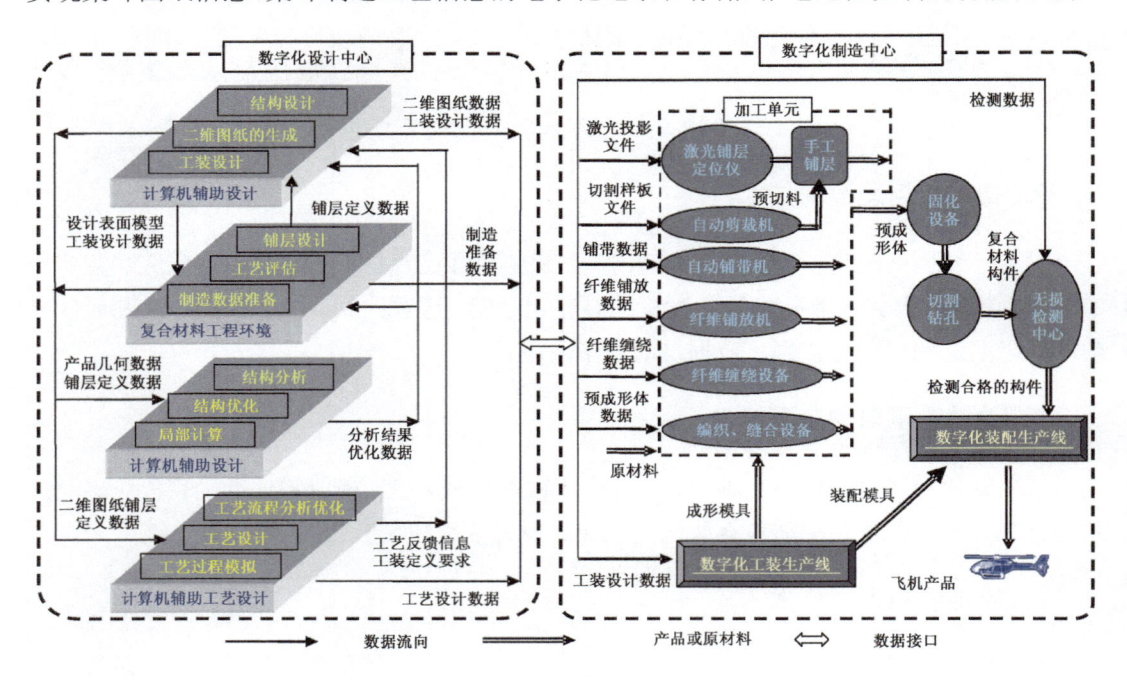

图 4-4 复材桨叶数字化生产线示意

4.6.4 旋翼系统制造智能工厂制造执行系统

建立一套基于旋翼系统部件生产及装配的智能制造生产线的五层架构数字化平台执行系统，通过与上层ERP系统、工艺系统紧密集成（见图4-5）。同时利用嵌入式、传感器等设备与操作层、现场控制层紧密集成。

生产线执行系统以整个工厂的数据集成为核心，以生产跟踪为主线，对车间的数据采集、产品数据管理、生产计划管理、流程管理、配送管理、生产过程管理、库房管理、质量管理、统计分析、看板管理、设备管理、工装及刀夹量具管理等车间生产业务实施全面管控。

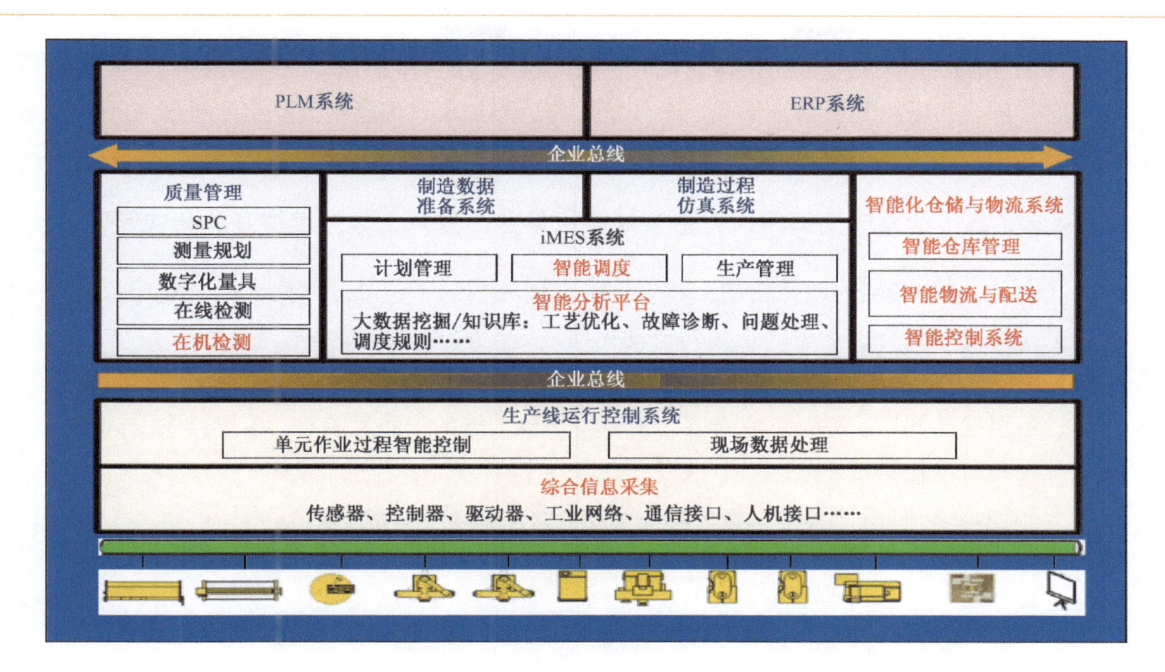

图 4-5 生产线执行系统构架

1. 利用射频、条码及传感器等技术提升工厂的数据采集、状态感知能力

（1）应用先进的软硬件采集技术，通过与数控系统、PLC 系统及机床电控部分的集成，实现对机床数据采集部分的自动化执行，无须操作人员的手动操作。这样既保证了数据的实时性，也减少了人工操作产生的失误，保证数据的真实和准确性。

（2）同时特别关注生产作业现场动态数据的自动采集，例如产品的加工状态、库存状态及工件流转状态等，这些数据可以为产品的质量控制、配套保障、计划排产提供重要依据。

2. 建立面向产品设计与制造一体化的知识库支撑体系

（1）通过对现场制造过程的监控和大量实时数据的分析，修正和完善制造工艺规范，提高工厂的制造工艺水平。

（2）通过平台实现知识的不断积累和传承，逐步形成工艺、故障诊断、现场问题处理、设备状态及生产调度等知识库。

3. 实现人机一体化方式下的制造过程的不断优化

（1）采用数学模型和智能排产优化算法，构建资源约束条件模型，实现以保护瓶颈、重要资源效率为目标的作业排产和管控,能对生产需求变动及生产提前期变动做出快速反应，编排出人工无法做好的工序排产计划。

（2）继续完善与上层 ERP 系统、工艺系统集成，同时利用嵌入式及传感器等实现设备与操作层、现场控制层紧密集成，充分发挥自适应加工、智能物流及工业机器人等智能元素的作用，替代人的部分工作，实现制造过程的不断优化。

4. 完善工业互联网网络，打造智能分析平台，提升大数据挖掘及分析决策能力

（1）工业互联网的整体构架：建立一个三层结构的工业互联网络，即企业运营协同层、工厂优化与执行层、工厂连接与自动化层。

（2）智能分析平台的构架：智能分析平台跨三层体系能够分析和监控来自运营、生产与设备层级的问题。基础平台的核心是提供基础数据的一致性管理、各层级系统间数据集成及设备自动化集成。

（3）通过实时监控生产过程和过程的统计分析，及时发现生产过程中的技术与质量问题，智能采取应对措施，实现有效控制效率、质量及成本的目的。

4.6.5 旋翼系统制造智能工厂仓储与物流

建设一个由刀具库、毛坯立体库及零件立体库构成数字化仓储、智能化的物流线（主物流和线内物流）及中央控制系统、仓储与物流系统。利用射频技术，对仓储系统各原件进行实时感知，中央控制系统对各站位反馈信息进行实时分析，自主分析各执行终端的需求，通过仓储与物流系统实现精确配送，如图 4-6 所示。

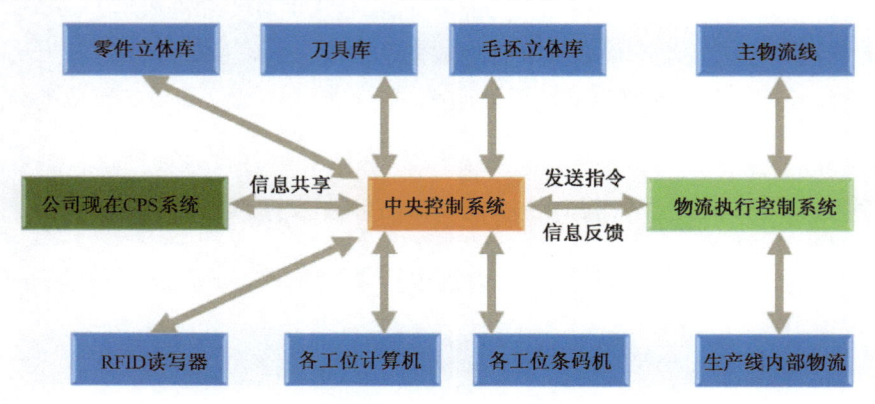

图 4-6 仓储与物流

1. 智能物资仓库管理

物资管理仓库由刀具库、毛坯立体库、零件立体库构成，仓库自主进行物资搬运、摆放、清理等作业，达到仓库空间充分合理利用、物资数据掌握及时精确、搬运工作准确高效。

2. 智能物流与配送

利用感应元件智能识别执行终端工作状况，优化排产，调整资源分配，做出智能化判断，工件和刀具在生产线内自动流转，实现工件和刀具自动配送到工位，工件在工序间智能流转。

3. 智能仓库及物流控制系统

对接生产执行及管控系统，仓库及物流控制系统自动执行中央控制系统发送的物流指令，调度主线物流和线内物流的运行；根据公司生产计划，向物流控制系统发送物流指令，并监控整个车间的生产情况，解决生产能力瓶颈，同时，系统具备智能的仓库定置、账目管理、动态监控、风险预警等功能，能对采集的数据进行逻辑判断与处理，下达科学的执行指令等功能，提升综合管理能力。

4.7 智能制造标准化现状与需求

1. 智能制造标准化总体现状与需求

具体如下：

（1）GB/T 5271—2000 信息技术词汇。
（2）GB/T 22033—2008 信息技术嵌入式系统术语。
（3）GB/T 17212—1998 工业过程测量和控制术语和定义。
（4）GB/T 25486—2010 网络化制造技术术语。
（5）GB/T 18725—2008 制造业信息化技术术语。
（6）GB/T 9387—1995 信息技术开放系统互联基本参考模型。
（7）GB/Z 32235—2015 工业过程测量、控制和自动化生产设施表示用参考模型（数字工厂）。
（8）GB/T 30269.501—2014 信息技术传感器网络第 501 部分：标识：传感节点编码规则。
（9）GB/T 15969.1～15969.8 可编程序控制器第 1 部分：通用信息。
（10）GB/T 15946—2008 可编程仪器标准数字接口的高性能协议。
（11）GB/T 30094—2013 工业以太网交换机技术规范。

（12）GB/T 29768—2013 信息技术射频识别 800～900MHz 空中接口协议。

（13）GB/T 28925—2012 信息技术射频识别 2.45GHz 空中接口协议。

（14）GB/T 28926—2012 信息技术射频识别 2.45GHz 空中接口符合性测试方法。

（15）GB/T 28282—2012 计算机辅助工艺设计（CAPP）系统功能规范。

（16）GB/T 26335—2010 工业企业信息化集成系统规范。

（17）GB/T 16656.501—2005 工业自动化系统与集成产品数据表达与交换。

2．与本案例相关的标准化需求

1）航空数字化车间参考模型

针对目前航空车间的运行现状和未来航空车间运行模式，规范数字化车间产品研制的流程、产品研制过程中的人的作用以及产品研制中的智能设备（包括机器人）运行模式等，规范未来航空研制数字化车间架构，形成航空数字化机加车间参考模型、数字化装配车间参考模型。

2）航空数字化工艺参考模型

围绕航空产品研制工艺，规范航空产品研制工艺过程，规范机械加工、装配等工艺过程中的活动描述、输入输出描述、所需资源描述及数据模型定义等。

3）航空智能装备管理标准

围绕数字化车间中的智能设备，规范智能装备的设备台账管理、设备维保管理、设备维修管理、设备变更流程管理、设备外委管理、设备检验管理等活动以及针对智能装备管理过程中产生的数据类型、数据格式和数据要求，便于智能装备管理与系统的集成与数据交换。

4）航空数字化车间生产管理集成标准

围绕数字化车间的制造执行系统，规范 MES 系统与 ERP 的集成，规范 MES 与 PDM 的集成，规范 MES 与 DNC、MDC 的集成。

5）工业大数据、工业云服务、工业互联网的应用标准

围绕新一代信息技术在航空制造中的不断应用而产生的新的制造模式，研究制定航空行业大数据、私有云服务和工业网络应用架构、功能模型等方面的标准研究验证，构建新一代信息技术应用架构框架。

6）CPPS 在航空产品制造中的应用标准

围绕航空产品制造中工艺、设备、人及工业网络等复杂系统工程，研究制定信息物理生产系统在航空产品制造中的应用标准，规范产品制造过程中的数据实时采集、网络传递、

信息分析与输出等内容。

7）数字化车间基础架构赛博安全标准

围绕信息传递过程中的信息安全问题，研究制定航空制造企业 IT 系统和网络安全模型和标准，包括多样设备控制器和设备寿命提升带来的安全问题、跨供应链的支持大数据分析的业务和工程信息的安全管理等，以防止技术数据泄露、被更改或过程控制被损害。

4.8　智能制造示范意义

本案例为航空智能工厂的建设提供了一定的借鉴意义，其中的建设系统架构、建设思路对其他航空企业智能工厂的建设具有一定的示范效应，对助推我国航空制造业的转型升级具有重要的意义。

4.9　下一步工作计划

下一步的工作计划将进一步完善智能工厂的业务路程、数据传递流程，完善软硬件集成环境建设，实现数据在软件平台、硬件之间的实时传递。

本案例解决了直升机现有的生产组织管理模式上自动排产计划不准确、生产执行数据分析不及时、库房资源与物流配送与生产需求不匹配以及生产过程自动化程度不高等问题。

采用关键工艺装备的数字控制和自适应加工、扩展车间/生产线运行和物流配送的智能管控、以产品数据模型为核心的 ERP/MES/ICS 集成等手段，形成数据驱动、自主执行的生产模式。

存在的问题：数据尚不能完全实现在软件、硬件之间的实时传递。

案例 5

液晶电视智能检测系统

5.1 案例在智能制造系统架构中所处的位置

在智能制造系统架构的三个维度中,液晶电视智能检测系统位于生命周期维度的生产环节,系统层级维度的设备层和控制层,智能功能维度的资源要素层、系统集成层、互联互通层、信息融合层和新兴业态层。图 5-1 为本智能检测系统在智能制造系统架构中的位置示意。

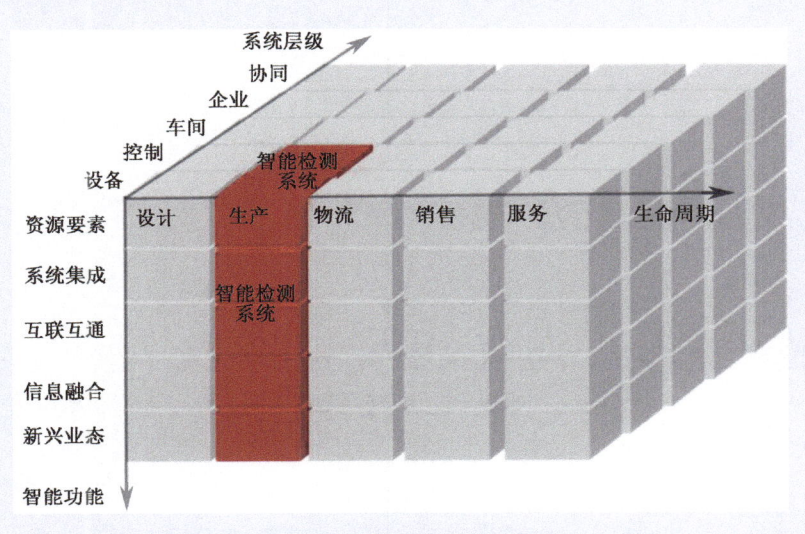

图 5-1 液晶电视智能检测系统在智能制造系统架构中的位置

5.2 智能制造案例基本情况

本案例为电视生产线提供液晶屏来料和电视整机产品智能化检测。液晶屏来料检测目的是把不合格的液晶屏筛选掉,避免流到下一道工序,造成人力物力和时间浪费,因此液晶屏来料检测是在电视装配前进行的。液晶屏幕来料检测主要包括划痕、亮点、黑点、亮斑、污点、尘埃、亮度、对比度和有效显示尺寸等缺陷。而电视整机产品检测需要同时对屏幕缺陷和功能进行检测。通过条形码或 RFID,检测系统具有自动识别电视型号的能力,不同型号的电视功能是不一样的,所要测试的项目和测试内容也不一样,这些测试项目和内容需要通过测试系统的配置功能进行预先设置。智能电视功能的检测往往包括自动识别和检测所有音视频输入/输出接口功能,以太网、WiFi、蓝牙和红外通信功能,USB 和 SD 接口存储功能等。这些检测项目都是由检测系统自主完成的。

根据生产线节拍快慢的需要,智能检测设备可以多台串联使用,还可以集成多条生产线的检测设备组成检测设备网络,通过异构系统数据交换技术实现产品信息、检测数据与 MES 和 ERP 系统实现互连互通,通过对产品检测大数据进行分析,实时监控电视产品生产质量,也可对任意阶段的电视产品质量进行分析,并提出改进措施。

本案例的检测系统所用到的技术主要有嵌入式系统技术、物联网技术、计算机视觉技术、运动控制技术、异构系统信息交换技术和大数据分析挖掘技术。

5.3 智能制造系统架构介绍

本案例的智能检测系统安装在电视机生产线的检测环节,属于整个生产控制系统的设备层和控制层,如图 5-2 所示,通过异构系统数据交换技术,智能检测系统可以实现与 MES、ERP 系统的数据交换,接收产品和设备配置等信息,系统配备机器人手臂以实现检测系统与被检测电视的信号连接,整个检测过程是全自动化和智能化的,无须人工介入。检测系统通过条形码或 RFID 自动识别电视型号,根据测试设置,智能检测设备与被测试电视实现智能互动,能自动对每项测试选择对应的方法完成测试,并根据对应的测试标准自动判定测试结果。

在电视生产线上,检测系统分两部分部署:第一部分在整机装配前部署液晶屏幕的缺陷检测,提前把不合格的液晶屏幕筛选出去,以免流到下道工序;第二部分就是在整机装配完成后部署对电视整机产品的缺陷和功能检测。

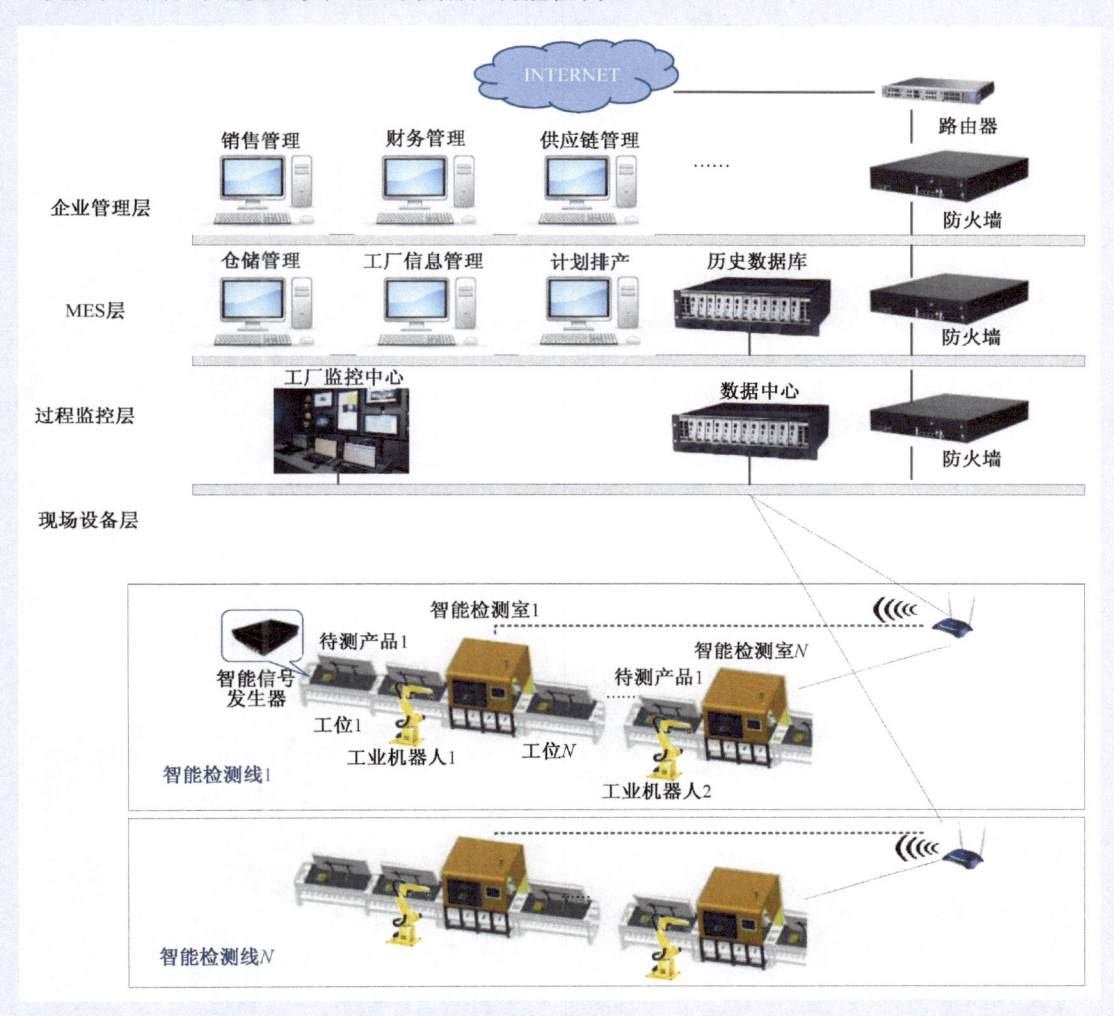

图 5-2 电视机智能制造系统架构

检测设备与电视装配流水线的一部分,共用同一流水线。检测系统自动控制被检测液晶屏幕或者电视整机的停留或者流动到下一单元。被测电视整机所需的信号由智能检测系统内的信号发生器提供,信号发生器何时输出何种信号,或者接收何种信号,维持多长时间等均由智能检测系统进行控制。后台服务器通过生产线检测节拍,计算好单个待测产品检测任务的运行时间。

如图 5-3 所示，待检测的电视整机沿流水线方向经过多个检测室（检测室数量根据生产线节拍快慢需要进行配置），完成对不同功能的检测。在进入智能检测室之前，工业机器人需要将待测电视的所有接口与信号发生器连接起来。进入智能检测室之后，通过嵌入式计算机系统、工业相机、计算机视觉等技术手段对电视外观缺陷和各种功能进行检测和分析，同时通过工业通信网络将检测数据自动上传至后台数据库。再利用异构系统数据交换技术，检测系统与 MES、ERP、PLM 等系统可实现数据交换，实时获得所需的产品信息或者设备配置参数等数据，或者将检测结果传送给 MES 系统和 ERP 系统，以便存储和进一步分析。自动流水线能够根据检测结果将合格品和不良品进行自动分类。

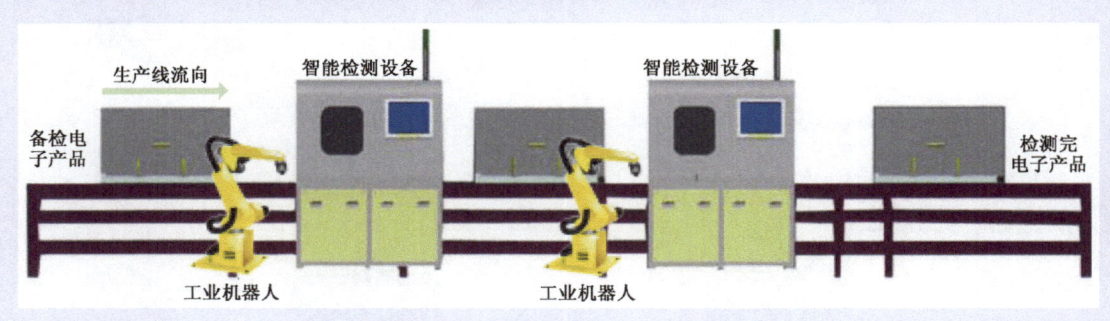

图 5-3　电子产品智能检测线

图 5-4 为智能检测系统在生产线现场的工作场景。检测系统的检测速度必须跟上生产线的节拍。照片中的生产线设置了两个检测室。被检测的电视从检测室左侧进去，经停留完成相应的检测后从检测室右侧进入下一环节。由于有很多检测项目依赖电视显示图像识别，检测室的设计需满足高质量的成像环境要求。

(a)　　　　　　　　　　　　(b)

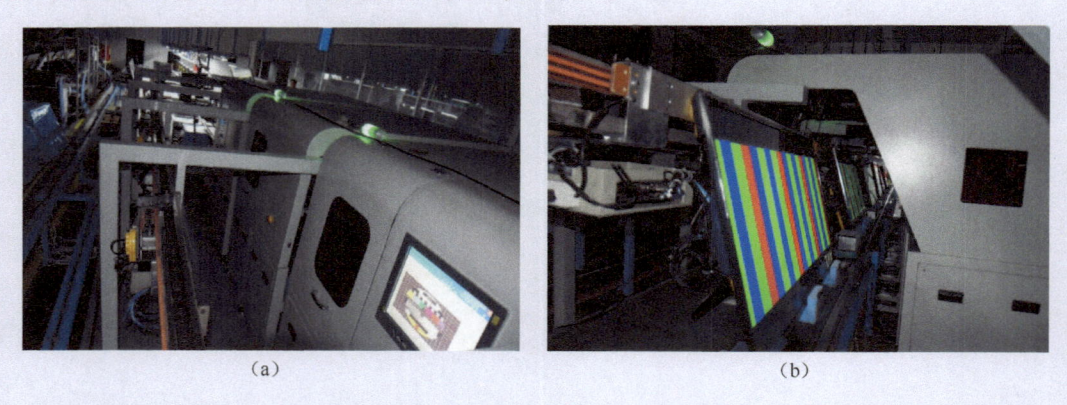

图 5-4　智能检测系统工作现场

图 5-5 展示的是电视功能测试模板。根据不同的电视型号、不同的功能和接口，智能检测系统可选择相应的测试模板。

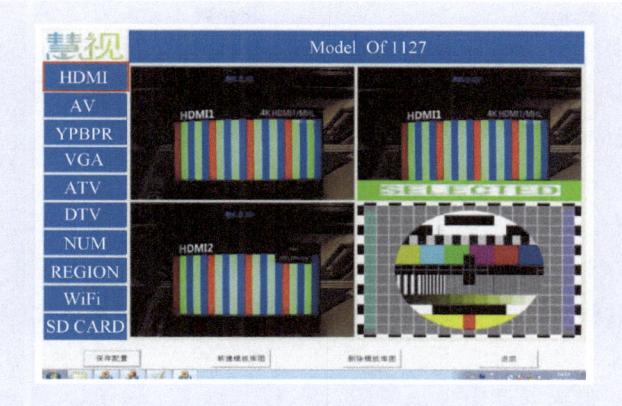

图 5-5 智能检测系统的系统配置页面和检测结果

图 5-6 展示的是智能检测系统的单台检测结果。这些检测结果可上传保存到管理数据库中,以便后续做进一步的分析处理。

(a)　　　　　　　　　　　　(b)

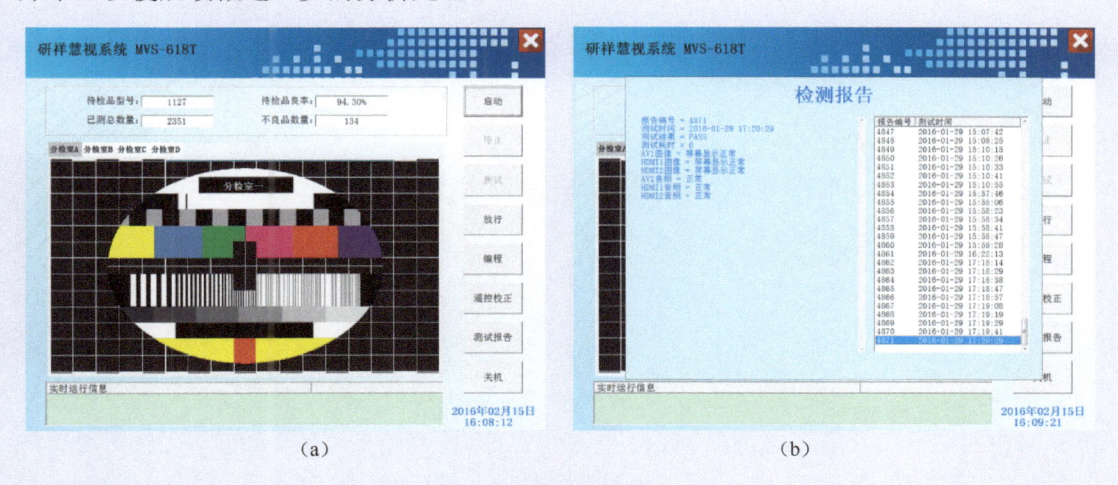

图 5-6　智能检测系统检测报告

5.4　智能制造关键绩效指标

采用液晶电视智能检测系统,可使电视生产线的屏幕来料检测和电视整机检测完全实现了自动化、智能化,节省了检测人力成本,提交了检测效率和一次性检出正确率,具体指标如下。

（1）产品研制周期：3年。

（2）与现有基于人工的产品检测方式相比，检测效率提高200%以上。

（3）节约人力成本：一条检测线可节省4～6名检测人员。

（4）一次性检出正确率：99%以上。

（5）检测时间（包括外观和功能检测）：12～13秒/台；外观检测和单项功能检测所花费的时间都能够在100ms以内完成，但切换电视机功能时，由于电视机输入/输出稳定的时间较长，因此根据不同的电视机的功能差别，导致单台电视机的总体实际检测产生时间差距。例如，检测HDMI接口功能时，从视频信号输入到目标HDMI接口，再到HDMI输入的图像和音频稳定出现在电视屏幕，一般需要3～5s，然后还需要大约100ms的检测时间。但检测USB和以太网这样的功能只需要100ms左右。

（6）检测效率：平均提高3倍以上。

根据实际应用情况，本智能检测系统达到了原定的成本、效率、质量监控等设计目标要求。

5.5 案例特点

长期以来，传统电视生产线不管是装配前的屏幕来料检测还是装配完成后的电视整机产品的检测都是由人工完成的，存在检测效率低下、检测结果一致性较差、无法对现场产品品质实行实时监控、对性能检测无法量化等缺点。采用智能检测系统代替人工检测，主要优点如下。

1. 产品检测结果不受人为因素影响，一致性高

如果是人工检测，检测质量严重依赖于检测工人的素质、检测技能、工作态度和工作状态。不同的检测人员，素质、技能有差异，工作质量、工作效率不同。同一个检测人员，不同的工作态度和工作状态也会影响产品检测质量。尤其像屏幕检测，需要检测人员长期盯着屏幕看，很容易疲劳，不能长时间保持在最佳工作状态。这样就很容易造成错检、漏检。机器检测则不同，检测方法、检测标准都是经过严格测试进行统一的，执行上不会有任何偏差，可以7×24小时连续工作而丝毫不影响工作质量。

2. 大幅降低人工成本，提高检测效率

采用人工检测，每条生产线的检测岗位按照不同的生产线节拍，大约需要 4~6 名工人。随着中国政府不断上调最低工资标准，工厂用工成本逐年上升。目前电视的发展趋势是大屏和智能化。屏幕越大，人工检测所花费的时间就会越多。智能电视功能也是日益增多。这些因素使得人工检测的效率会越来越低。一旦改用智能系统检测后，这些问题就迎刃而解了；检测时间也大大缩短，还可根据不同生产线节拍，配置不同数量的检测室。

3. 可以对生产线电视生产质量进行实时监控

人工产品检测需要人工处理检测结果数据，不但容易出现错漏，而且最主要的是无法实时监控在线生产的产品质量，事后分析也费时费力。采用机器检测代替人工检测后，所有的检测数据都在做实时分析处理，也可对任意阶段的历史数据进行分析。

4. 自动化、智能化测试，直接量化检测结果

凭肉眼可以观测到电视外观缺陷，但要量化检测必须靠仪器设备。凭人的听觉可以判断电视的音频系统能否工作，但是声音的质量是无法听出来的。对于音视频输入/输出接口、以太网通讯接口、USB 接口等，必须借助相应的仪器设备对其进行检测才能判断其功能是否正常、是否符合相应标准。本智能检测系统集成是目前几乎所有类型智能电视的功能接口的测试方案，从电缆连接到测试全部实现自动化、智能化。

5. 检测系统应用模式可推广到其他行业

产品在线智能检测在任何一条现代化生产线都是不可或缺的，对智能生产线更是如此。本智能检测系统可推广为任何设计外观检测、计算机接口和通信接口功能检测以及其他功能检测，只须修改检测方法和检测标准即可。例如，模具检测、PCB 检测、整机螺丝检测、手机检测、机顶盒检测等。

6. 国内外领先的电视智能检测解决方案

目前针对液晶电视的智能检测在国内还属于空白，各大电视机生产企业都采用人工检测，研祥智能是第一家成功研制智能电视检测系统的企业，并在创维、康佳、TCL 等公司实施了应用示范。中国目前已经是电视机制造大国，日本、韩国的国际品牌电视机一般也只是采用机器视觉技术检测电视外观，无法同时进行全功能检测。因此，本案例的彩色电视智能检测解决方案是国内外领先的。

5.6　智能制造实施步骤

好的实施方案是项目成功的关键。由于本智能检测系统只是智能生产线的一部分，为保证本智能检测系统的成功实施，需要采取以下步骤。

1．做好系统实施规划

在检测系统实施前，先做好实施规划。

1）系统投入和效益评估

根据现在和未来的生产需求，预算资金投入，对比检测系统性能和绩效分析，提出希望改进的问题，评估期望的目标和绩效，能达到则投入。

2）检测系统如何适应生产线节拍

必须考虑的是检测系统如何与生产线的连接，包括被测电视的运动控制以及检测速度适应生产线节拍。被测电视在生产线是连续运动的，需要在检测系统的检测室设置启停装置，以控制被测电视的运动。通过配置检测系统检测室的数量和检测功能，来满足不同生产线节拍的要求。

3）被测电视如何连接测试信号源

由于检测系统需给被测电视施加测试信号才能进行功能检测，必须在检测之前将测试信号源与被测电视机用电缆连起来。因此，需要考虑检测系统与被测电视的信号连接在什么时点进行，是否需要配置多个信号源，是一次到位用机械手臂完成连接还是先用人工接线过渡。此外，检测完成后，需要将测试信号源与被测电视机分开。一个检测系统可以配多个测试信号源，检测系统与信号源之间通过 WiFi 连接。因此，需要建一条测试信号源回收利用的循环线。

4）确定检测室尺寸大小

由于检测室需要一个良好的拍摄环境以获得高质量的图像，因此检测室需要一个外壳，外壳的大小根据生产线电视机的最大尺寸进行确定。

5）如何实现与其他系统互连互通

考虑系统的互连互通问题，即实现检测系统与 MES、ERP 系统的互连互通。被测电视产品信息可以直接通过 ERP 获得，而检测结果也可实时上传给 MES 进行储存或分析处理。

2. 建立示范智能检测线

现有大多数电视生产线都是传统的生产线，实行的是人工电视检测。不管是新建的智能生产线，还是改建的传统生产线，可以考虑先建一条示范生产线，测试生产线与智能检测系统的配合情况，检测正确率是否满足要求，发现存在的问题并加以改进。

检测系统运行前，需要预先输入电视机产品参数，输入样板声频文件和图像文件，配置测试参数等。

试运行阶段，需要积累一段时间的检测数据与人工检测数据做比较，以验证智能检测系统的检测结果是否正确无误。

3. 系统培训

由于新建的智能检测系统操作方式与传统的人工检测不同，除了培训检测系统的使用方法外，还要培训系统故障排除方法以及可采取的应急措施。

4. 确认实施

当示范线系统经过一段时间试运行并加以完善，获得满意的整体效果后，可以考虑全面实施整体方案，并为提升企业质量体系设计一整套规划图。整体方案包括数据库的建立、统计工具的正确选择、项目的开发设置、服务器与现有系统的互连等。

5. 整合既有系统

智能检测系统属于生产环节，通过检测数据可实施监控生产线的产品品质。通过 Web Service 服务，将检测系统与企业原有的 MES 系统、ERP 系统和 SCM 系统整合，实现信息共享。

6. 系统实施注意事项

为保证本智能检测系统的顺利实施，需要注意以下事项。

（1）智能检测室：智能检测室通过计算机技术、自动控制技术、先进的机器视觉技术、信息处理技术和网络技术，对检测产品进行全自动的信息标识、获取、传输、处理、识别和控制。它由控制中心、工业相机、人机界面、传感器、通信装置及机电结构等构成。该智能设备主要固定在产线的检测位，根据产品检测的需要可以设置单个或多个。对智能检测室的研发,需要解决对捕获的图像进行处理和优化的问题,解决与多功能信号源、数据中心等的通信问题,解决与流水线、工业机器人的协作问题;同一生产线的多个智能检测室还需要根据生产任务,协同分配检测任务,构建高效率的检测方案。

(2)多功能信号源:是一种随待检品移动的信号装置。其通过与待检测的电视整机连接,提供信号源,可回流复用,主要提供 HDMI、AV、YPbPr、VGA、视频输出、SPDIF、Audio、USB、Ethernet 以及 MIC 等信号的输出。对该设备的研发,需要解决其与智能检测室的通信问题,多功能信号源通过接收智能检测室对检测信号的需求,提供符合的正确信号。

(3)工业机器人:以运动控制和软件编程的方法,替代人工插线的工作。需要解决待测产品在进入智能检测室前,按检测需要完成对应信号源和待测产品的不同接口和线材的插接问题。主要难点为信号源线材与电视接口的针脚较小,对工业机器人的运动控制速度与精度要求较高。

(4)数据中心:实现检测数据的处理和分析。将智能检测室采集到的现场数据进行数据分析与对比,按质量允许标准给出被检产品的测试通过性结论,并可按需求提供生产测试统计报表,报表可通过网络通信传输给上一级生产管理层和智能检测室。数据中心提供云存储、云计算的服务,能够将单个智能检测室的运算集中处理,降低其运算工作,从而降低整个生产线设备的制造成本。

(5)智能遥控器:受智能检测室控制,智能遥控器根据检测流程把待测产品切换到制定的模式或画面。该装置需要兼容所有不同电视型号的红外编码格式。

(6)流水线:以机电控制为主,配合智能检测室的工作节拍用以传输待检测的产品。

(7)工业控制网络:所有设备之间可通过无线或有线的方式进行通信和连接,设备之间的数据、命令交互,需要定义标准的通信协议和格式。

5.7 智能制造标准化现状与需求

目前还没有专门针对电视智能检测的相关标准,但依赖人工检测的电视检测标准主要有以下两个:《SJT 11343—2006 数字电视液晶显示器通用规范》和《SJ/T 11348—2006 数字电视平板显示器测量方法》。

图 5-7 是智能检测系统各功能模块在整个智能制造系统中的连接关系，反映的是智能检测系统在工作过程中需要信息交互的产品或者设备。其中，测试信号发生器与智能检测设备之间的连接属于智能检测系统内部连接，可以不制定统一标准。

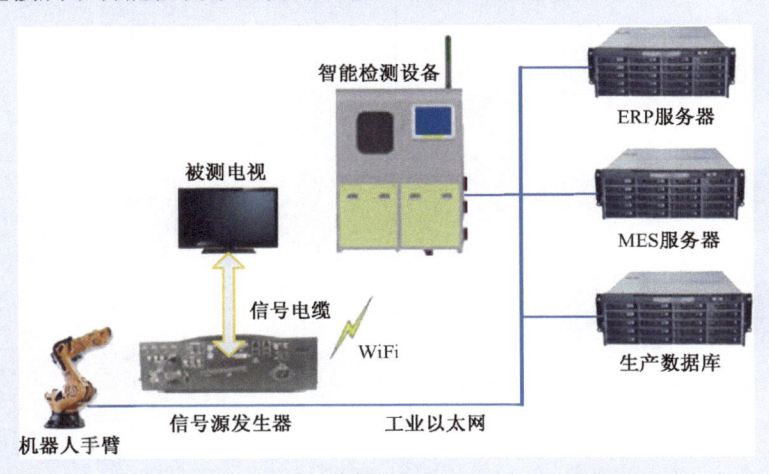

图 5-7 智能检测系统连接关系模型

表 5-1 分析了电视智能检测系统的智能制造标准化需求，要解决的问题和实现的目标。

表 5-1 智能检测系统标准化需求表

标准类别		智能制造标准化需求	解决的问题和实现目标
A 基础共性	AD 检测评价	《SJT 11343—2006 数字电视液晶显示器通用规范》和《SJ/T 11348—2006 数字电视平板显示器测量方法》主要针对人工检测，智能检测所采用的检测方法和标准目前还没有标准	智能检测设备标准，检测内容，检测方法和手段，技术指标和要求
BA 智能装备	BAA 嵌入式系统	嵌入式系统作为智能检测系统的核心，需要与工业相机、应急开关按钮、人机界面显示器、运动控制模块等组成整个检测系统，也需要与智能制造系统的其他智能设备通信，这些接口都必须有相应的标准和协议支持	实现嵌入式系统性能要求，与其他外围设备互连接口和通信协议的标准化
	BAC 控制系统	针对不同型号的电视、不同的生产线配置，需要对智能检测设备做相应的调整；除了在检测系统本机支持检测设备控制和系统配置，还需要通过编程语言和控制命令对检测设备进行智能化控制和系统配置	通过标准编程语言和命令实现对智能检测设备的智能控制
BB 智能工厂	BBB 系统集成	智能检测设备需要与 MES、ERP 系统集成，也需要与机器人手臂集成，需要定义相应的服务接口标准	实现与智能制造系统其他软硬件和数据的集成
	BBD 智能生产	智能检测系统的检测能力评估、系统诊断/维护及检测控制优化等标准	实现智能生产所要求的智能检测
	BBE 智能管理	智能检测系统数据交换报文规范、电视产品检测结果可视化、设备状态信息可视化等管理标准	实现车间、工厂的智能化管理

续表

标准类别		智能制造标准化需求	解决的问题和实现目标
BC 智能服务	BCB 远程服务	需要制定一套协议，允许远程客户端可通过智能制造系统网络系统访问智能检测设备，并定义可允许的操作	设备制造商可远程对智能检测设备进行系统升级、故障诊断、设备健康状态监控，以保证设备的正常运行
BD 工业软件和大数据	BDA 工业大数据	检测大数据的数据建模、分析处理技术标准以及数据共享标准	实现电视生产过程的智能化
	BDB 产品与系统	智能检测系统软件的功能定义、技术要求、接口规范需要标准化，以便与其他系统互联互通	实现设备之间的互操作
BE 工业互联网	BEB 网联技术	网络通信接口、协议的标准化	实现检测设备与被检测智能产品、检测设备之间、检测设备与其他协同工作的智能设备的互联
C 重点行业	CA 新一代信息技术	制定专门针对电视智能生产的行业标准	实现电视智能制造，开创电视行业新业态

5.8 智能制造示范意义

智能制造牵涉技术广泛，标准体系正在建设中，再加上每个行业有各自的特点，实施方案也不尽相同，因此，示范应用具有以下重大意义。

（1）通过示范应用，建立智能制造技术测试验证平台，验证智能制造架构体系和技术标准的有效性，发现新的标准化需求，可初步评估智能制造的实施效果。

（2）通过示范应用，可把智能制造风险局限在示范区，降低试错成本，待智能制造方案成熟并取得经验后，再全面推广。

（3）建立示范应用更有利于加快智能制造技术的成熟，更有利于由点到面向更大范围推广。类似的智能检测可应用于电子产品、饮料、酒、药品以及模具等不同行业。

5.9　下一步工作计划

目前的智能电视检测方案经过多条生产线的试运行验证,虽达到了预期的设计目标要求,但也有不少需要改进的地方,主要有以下几点。

(1)电视检测大数据模型需要完善。下一步需要不断利用生产积累的电视检测大数据,完善电视质量大数据模型,对电视生产质量实施更有效的监控。

(2)检测系统和 MES、ERP 系统等某些功能布局不合理。需要更有效地配置智能检测系统和 MES、ERP 的功能,使得智能检测系统操作更便捷,使产品参数、设备设置在整个智能制造系统中做到完全共享及不冗余。

(3)检测正确率还有提升空间。通过改进图像拍摄质量,改进电视图像缺陷识别算法,不断提高检测系统的缺陷识别能力,减少漏判、误判。

(4)测试信号源与被测电视机的连接时间和方法有待改进。下一步需要改进测试信号源与被测电视机的接线手段,提高接线速度和接线可靠性。未来,测试信号源与被测电视要实现无线连接,大大节省接线的成本和时间,提高检测速度。

为保证检测系统的稳定运行、测试指标的精准可靠以及测试结果的权威性和一致性,下一步还要制定以下三项标准。

(1)《平板电视智能检测设备技术规范》:此规范内容为平板电视智能检测设备的系统架构、功能和性能要求、工作环境条件等。这些要求包括但不限于检测平板电视外观缺陷,电视装置的所有功能,应配备的接口以及接口标准,与生产线上其他设备的互联互通等。

(2)《平板电视智能检测设备测试标准》:此标准规定平板电视的测试项目内容和应达到的标准。

(3)《平板电视智能检测设备性能检测方法》:为保证平板电视智能检测设备检测结果准确无误,制定相应的试验内容、试验方式、试验步骤、过程和计算分析方法等,对设备的每项测试项目进行比对、验证,确保检测结果符合产品质量标准要求。

相信经过不断完善,智能检测系统会更加完善,更加成熟,并能在更多智能制造领域中推广应用。

案例 6

天津大学三维模型检索系统

6.1 案例在智能制造系统架构中所处的位置

本案例处在生命周期的设计阶段，如图 6-1 所示。这一阶段是利用计算机视觉和人工智能理论解决企业产品设计过程中的三维建模，通过解决多源信息融合的信息检索和个性化推荐等关键问题，从而在设计阶段快速为工作人员提供丰富的设计资料。

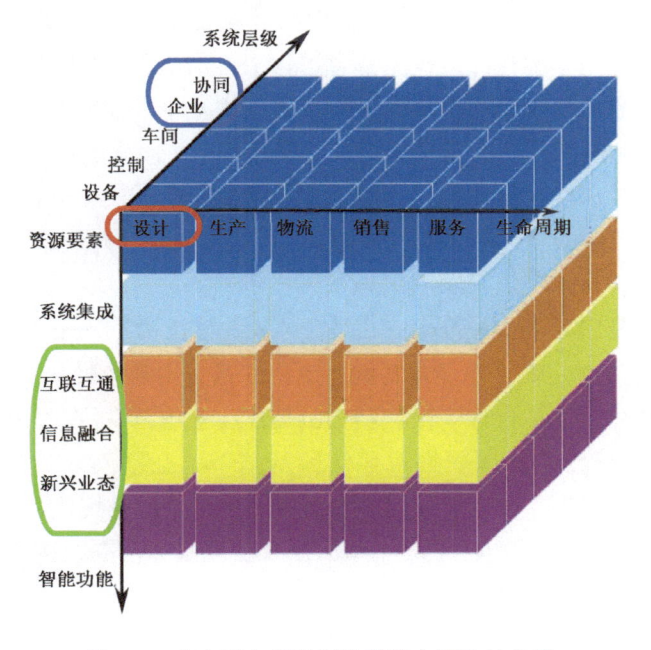

图 6-1 本案例在智能制造系统中所处的位置

在智能功能中，本案例涉及互联互通、信息融合、新兴业态三个部位。

（1）本案例所构建跨领域的三维模型数据库，可以充分提高三维模型在不同企业生产中的利用率，从而实现企业之间的互联互通和信息融合。

（2）本案例所构建的三维模型检索系统可以借助互联网实现有效的信息整合和共享，从而促进新兴业态（如个性化定制）发展。

在系统层级中，本案例涉及企业协同。一方面，所开发的三维模型检索系统有利于实现企业海量数据管理；另一方面，因为该系统是个独立于特定领域的通用系统，因此可以同时实现相同领域或跨领域的数据共享，实现企业间的信息交互和协同发展。

6.2 智能制造案例基本情况

智能服务借助于智能信息处理和人工智能的理论和方法，针对多媒体信息理解和检索进行关键技术研究和系统研发。所构建跨域异构三维模型检索系统可以以结构化存储模式进行相同模型多模态异构数据关联，采用结构化稀疏谱哈希建立索引体系，并引入数字水印技术对三维模型数据进行版权标注和保护，为终端用户高效利用各种三维模型提供一个智能化的分析、检索、虚拟合成基础平台。用户可以通过互联网、移动终端等多种模式将所关注的真实三维模型和虚拟三维模型信息进行上传，从通用或专用数据库实现基于多视角和多模态视觉信息的三维模型检索分析，并根据用户个性化需求进行检索结果的选择、推荐和重组，为快速模型开发和可视化提供必要的基础。该系统不受行业背景约束，具有很强的扩展性，可以成功实现多样化工业三维模型海量数据的整合，并以"互联网+"模式实现虚拟和真实三维模型异构数据的关联，从而成功实现个性化模型的高效设计和可视化，促进产品信息共享并缩短开发周期。

本案例在智能制造标准体系框架中隶属于"B 关键技术"——"BC 智能服务"。具体来讲，在"BCA 个性化定制"中，本案例所支持的基于用户个性化需求的三维模型检索、合成及可视化涉及"BCAA 设计规范"和"BCAB 交互规范"；在"BCB 远程服务"中，本案例所支持的跨域异构信息采集与存储以及基于"互联网+"模式的信息整合涉及"BCBA 平台接口规范"、"BCBB 通用要求"和"BCBC 安全规范"；在"BCC 工业云"中，本案例支持跨领域信息集成和共享，从而提升智能服务范围和质量，因此涉及"BCCA 资源共享"和"BCCB 服务能力"。

6.3 智能制造系统架构介绍

面向智能服务的三维模型检索系统架构（见图 6-2），主要包括系统层和应用层两个方面，以下将对该系统的各层进行具体介绍。

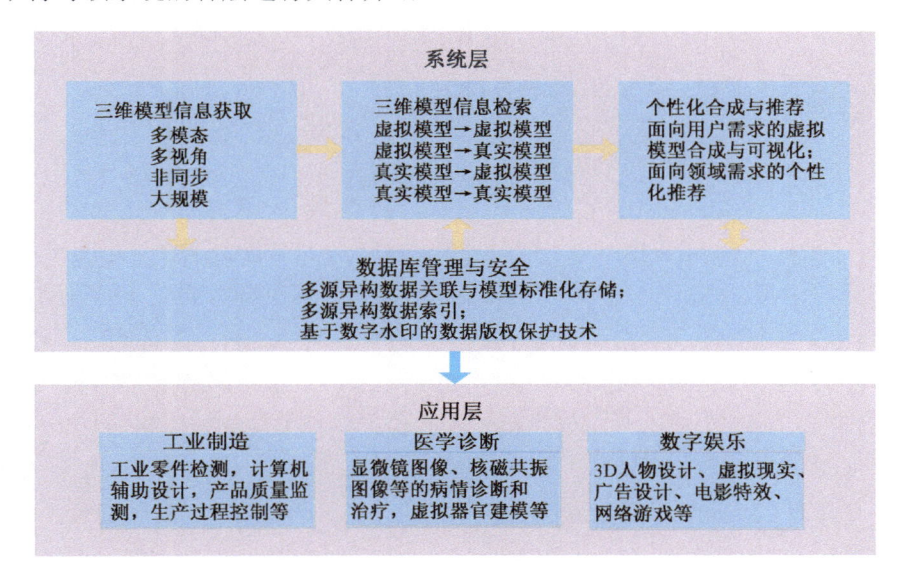

图 6-2 面向智能服务的三维模型检索系统架构图

该系统的系统层主要由支撑不同服务的关键技术模块组成。根据各模块功能差异，系统层主要包括如下四个模块。

（1）三维模型信息获取：该系统支持彩色摄像机、深度摄像机、双目摄像机、激光扫描仪等设备采集的大规模多视角和多模态数据，并将同一模型非同步采集的多源数据进行有效关联，为多模态信息融合和特征提取提供基础。

（2）三维模型信息检索：该系统支持计算机设计的虚拟三维模型和工业生产中真实三维模型的相互检索，该功能不依赖于人工数据标注、领域先验知识等前提条件，可以有效实现海量数据条件下便捷信息的获取和有效管理。

（3）个性化合成与推荐：该系统支持用户对数据库中的模型信息根据不同需求进行选择和重组，该系统可以根据个性化重建的模型进行动态的检索和推荐。

（4）数据库管理与安全：该系统可以对多源的三维模型信息进行有效的数据关联，

从而实现结构化数据存储和索引，支持快速检索信息。此外，该系统引入数字水印技术对数据进行版权标注和保护，为数据管理和共享提供技术基础。

该系统支持台式机、移动终端等多种方式访问，并可以根据用户需求构建网络版或单机版系统，通过人性化的操作界面设计实现友好人机交互。此外，该系统不依赖于特定领域先验知识，所以该系统的应用层可以支持多样化应用，如：工业制造中的零件检测、计算机辅助设计、产品质量检测等；医学领域的医学图像分析和诊断、虚拟器官建模等；数字娱乐中的3D人物设计、电影特效、网络游戏等。

6.4 智能制造关键绩效指标

著名学者耿氏（Gunn）指出，"在工业设计中只有20%的设计原创性设计，40%的设计通过结合现有的设计实现，而剩下的40%的设计通过修改现有的设计而得到。"在工业设计中，实现现有资源重用，从而缩短工业设计的开发周期是智能制造领域亟待解决的问题。因此，需要量化评测所构建的三维模型检索平台。常用的评测指标如下。

（1）查准率（Precision）：主要指检索出的结果中相关结果的比率。P是一个分布在0到1之间的数，其值越接近1表示性能越优。

（2）查全率（Recall）：又称为召回率，R是一个分布在0到1之间的数，当$R=1$时，表示相关信息全部从数据库中被检索出来。

（3）查准-查全曲线（Precision-recall curve）：其主要是根据排名列表描述查全率与查准率的动态关系。一个好的PR曲线应该尽可能地靠近坐标轴的右上侧。

（4）最近邻准确性（Nearest Neighbor Precision）：用于评价返回的第一个结果的准确率。

（5）F分值（F-measure）：主要是对一个检索的前固定数目k的结果的查全率和查准率进行衡量的标准。

（6）第一层（First Tier）：是衡量前τ个结果的召回率的指标。τ指的是检索模型所属类别在数据库中的模型数目。

6.5 案例特点

本案例特点包括五个方面——信息感知,人工智能与知识发现,面向制造的综合推理,数据存储及人机交互。以下针对所开发的三维模型检索系统对这五方面特点进行具体介绍。

(1) 多源异构模型数据获取:该系统可以汇集专用数据采集设备、移动终端等多种形式获取的多模态数据(如彩色数据、深度数据、激光扫描数据等),并将同一模型数据进行有效的关联,为多模态信息融合和特征提取提供基础。

(2) 跨域三维模型检索:该系统可以实现虚拟三维模型和真实三维模型基于视觉内容的跨域检索,并且不依赖于人工数据标注、领域先验知识等前提条件,有效实现海量数据条件下的便捷信息获取和有效管理。

(3) 个性化三维模型合成与推荐:该系统支持用户对检索反馈的虚拟模型根据个性化需求进行局部结构选择和新模型合成,并通过检索系统进一步进行模型检索,从而面向个性化需求进行新模型推荐。在此基础上,通过多样化的视觉效果渲染,实现三维模型的快速开发和可视化。

(4) 结构化数据存储与安全:该系统可以对无结构的三维模型进行同模态、同模型、相同视觉子空间等多种需求的数据关联,从而实现结构化数据存储,并通过结构化稀疏谱哈希构建索引体系。此外,还将引入不可感知的数字水印技术,对各级用户所提供的三维模型数据进行版权标注和保护,并构建相应的模型数据使用用户追踪系统,使得对模型数据的使用更加合理合法,管理更为智能。

(5) 多样化自然人机交互:该系统支持台式机、移动终端等多种方式访问,并可以根据用户需求构建网络版或单机版系统,通过人性化的操作界面设计实现友好人机交互。此外,该系统具有很强的扩展性,在不影响操作的前提下可以面向不同应用领域进行扩展。

6.6 智能制造实施步骤

6.6.1 三维模型检索相关关键问题

（1）三维模型数据的采集及数字化：随着计算机视觉技术的快速发展，三维模型数据呈现快速增长的趋势，随之而来的是种类繁多的三维模型数据格式，例如，.obj、.off、.ply等。纷繁复杂的文件格式也为三维模型的应用带来了困难。如何统一三维模型采集的方式和存储的数据格式，从而促进三维模型在我国加工制造业的应用并促进其向智能制造业转变，是如今业内亟待解决的关键问题。

（2）三维模型信息检索：如何有效地表征三维模型并准确计算三维模型彼此的相似度是三维模型检索面临的主要问题。当前三维模型检索算法可以分为基于模型的三维模型检索和基于视图的三维模型检索两类。在实际应用中，往往需要针对不同的三维模型数据采取对应的检索策略。制定标准化的检索流程和检索结果评测标准已成为亟待解决的问题。

（3）模型数据库构建：数据库的构建是三维模型检索应用的关键，但不同领域或不同应用场景下，三维模型数据的种类多种多样。如何使数据库中规范化的三维模型数据适合各行各业的使用是解决跨领域合作，以及全面推进智能制造的关键。

（4）三维模型的合成与推荐：三维模型的使用往往不是"拿来主义"，适当地修改、合并是智能制造的开始，如何根据用户需要，推荐适合的产品/模型，并提供良好的人机交互界面是目前推进三维模型检索应用以及智能制造的主要问题。

6.6.2 三维模型检索系统框图

针对以上问题，本案例所提出的三维模型检索应用的系统流程如图6-3所示。

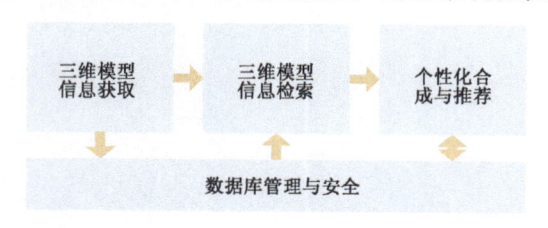

图6-3 三维模型检索系统流程

以下将对该流程图各模块分别进行详细介绍。

1. 三维模型信息获取

三维模型的多视角多模态特性决定了数据源来源的多样性。常见的三维模型信息获取方法包括摄像机阵列（见图 6-4）、激光扫描仪（见图 6-5）、分布式的移动终端等；手工绘制模型缩略图（见图 6-6）；计算机软件生成的虚拟模型（见图 6-7）。

数据采集的过程中需要规范不同模态的数据格式。例如，规范摄像机阵列采集模式下摄像机的个数，摄像机彼此之间的夹角，摄像机的分辨率，图像清晰度等；使用三维模型扫描仪采集数据的过程中，需要使用规定的三维模型扫描设备，从而保证数据采集精度和文件存储格式的一致性。

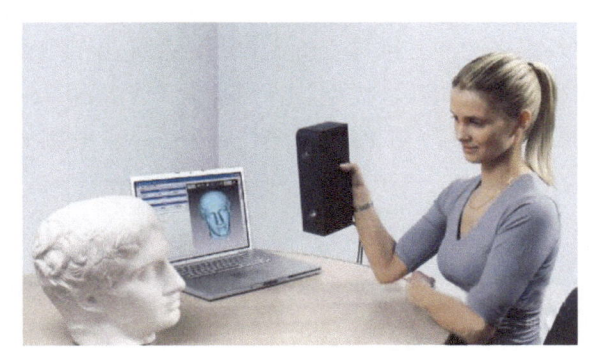

图 6-4　摄像机阵列　　　　　图 6-5　模型参数扫描仪

图 6-6　手绘模型

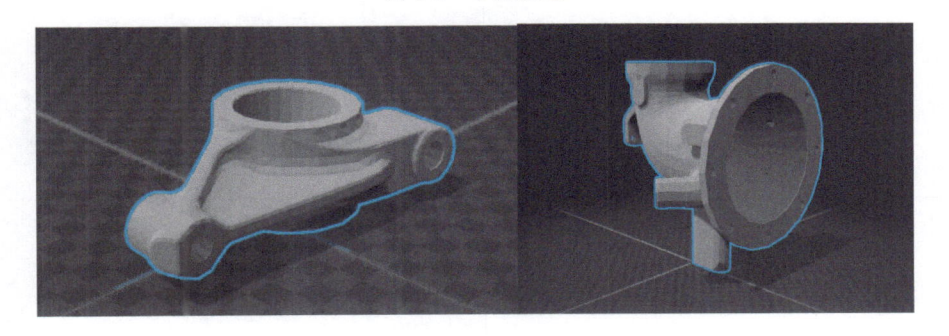

图 6-7　工程零件三维模型

2. 三维模型信息检索算法

本案例所构建三维模型检索系统（见图6-8）同时支持基于模型的三维模型检索和基于视图的三维模型检索。

基于模型的三维模型检索最大的优势是其充分利用了三维模型的所有信息。本案例提出了一种基于三维模型几何形状的距离度量方法。首先，计算三维模型表面每个点到模型中心点的距离；然后，利用该距离计算形状直方图描述子；最后，利用该描述子来计算不同三维模型之间的相似度，从而实现三维模型检索。

基于视图的三维模型往往由一系列多视角二维图像组成，相应的三维模型特征也从这些二维图像中提取。不同于基于模型的三维目标检索算法，基于视图的检索算法更加灵活，往往可以利用现有成熟的二维图像处理技术解决问题，提高整体检索算法的效率。本案例在基于视图的三维模型检索算法方面提出了三维模型多视角描述子，该描述子对每个三维模型从多视角获取模型的二维视觉信息和深度信息，通过不同视图空域和特征空间中图结构的构建实现对三维模型结构化表征，并利用多种图匹配技术实现三维模型检索问题。

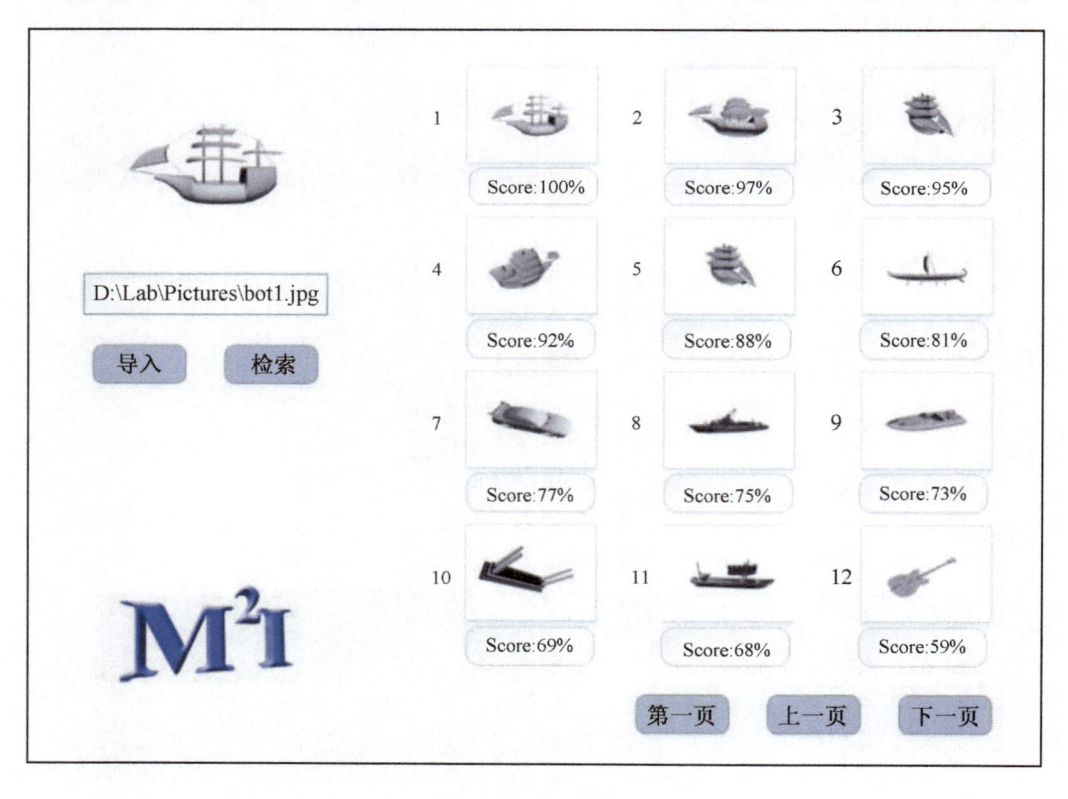

图6-8 三维模型检索系统界面

3. 三维模型数据库构建

数据库的构建是三维模型检索应用的重中之重。一方面，对不同物体的采集涉及多模态多视角信息；另一方面，在数据库构建中，要对数据的专业性和通用性进行区分，方便个人用户和企业用户的使用。最后，在数据库构建中，需要对模型数据进行压缩编码和加密编码，以实现数据版权的保护。此外，还需要对数据库中数据的大小、图片的分辨率、虚拟模型数据的存储格式进行规范，从而形成标准，为提高平台的扩展性提供基础。

4. 三维模型的合成与推荐

搭建跨领域、面向多对象的软件使用平台，是促进我国加工制造业向智能制造转变的关键。三维模型检索平台的应用主要有如下三个方面。

（1）产品检索（专用、通用）：可以根据用户提供的不同模态的数据，在数据库中进行相应产品的检索，所检索出来的结果同样呈现不同模态，从而满足不同用户的不同需求。

（2）产品推荐（用户需求的智能化分析，产品模糊搜索）：可以根据用户提出的要求进行模糊化的搜索，从而做到系统的智能分析和个性化推荐。（例如：用户想要一个可以喝水的杯子，但需要一个长相怪异一点的，而用户又说不出怪在哪里，那么平台就可以根据这个"怪"，在系统中检索跟一般杯子不一样的产品推荐给用户，让用户去进行选择。）

（3）个性化需求合成（可以根据用户的需求，以已有产品为模板进行重建或修改，从而生成用户需要的产品）：现代化的工业设计已经不单单是从零开始的设计，而经常是对已有设计的改进和变形，因此平台可以根据需求向用户提供多个解决方案，进而对不同解决方案进行融合，得到最终的方案设计。图6-9表示用户可以借助本系统，从多个虚拟模型中选择感兴趣的区域进行个性化合成的过程。

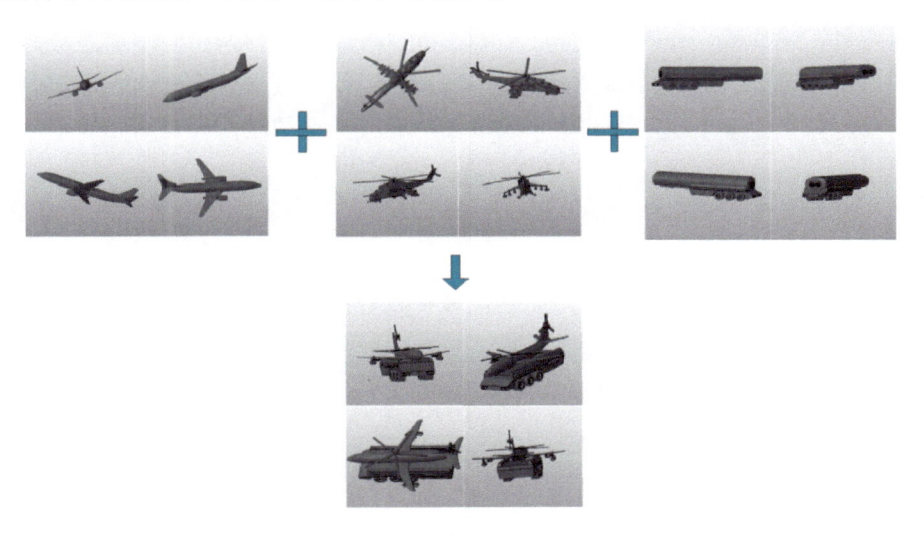

图6-9　三维模型个性化合成

6.7 智能制造标准化现状与需求

该领域目前尚未出台相关标准，实际使用中仍然存在不少亟待解决的问题。一方面，相对于大规模生产相关领域的技术和设备而言，三维模型检索相关技术和产品受到实际应用场景和需求制约，导致用户个性化需求多，产业化规模有限，单一形态产品的市场需求量较小，给统一的权威标准制定带来极大困难；另一方面，三维模型检索是一门多学科交叉和融合的综合性应用科学技术，所涉及的基础理论和应用领域具有很强的多样性，其他领域技术的发展对三维模型检索技术的发展也有着重大的影响，相关技术的不断更新发展使得可重复和普遍应用的规范性文件难度加大，这也限制了统一的行业权威产品标准建设。这些标准制定中的问题都在无形中影响三维模型检索技术的迅速发展。根据对近年来该领域技术发展现状调研，相关标准的制定在如下方面具有强烈的需求。

（1）数据采集标准化：该领域迫切需要数据采集设备和数据格式的标准化。计算机视觉领域常见相关数据采集设备主要包括彩色摄像机、深度摄像机与三维扫描仪等，因此可获得的数据往往呈现多模态特性。并且，这些数据采集设备又因为是否需要经过小型化安装在移动终端而在具体技术和参数上有所差异，因此相同模态数据也往往呈现出异构特性。因此，为了便于实现计算机视觉领域技术和产品的高度一体化，迫切需要规范不同类型数据采集的设备及参数，例如：三维模型检索中彩色图像和深度图像的分辨率、相关摄像机的内参数和外参数、视图采集的角度和密度以及摄像机阵列空间布局等。

（2）数据库构建标准化：从当前可获得的数据模态角度来讲，图像和视频领域标准具有多样性，并且更新迅速，而其他模态数据的相关标准的制定和更新相对落后。此外，随着新型视觉传感器和设备的开发，我们往往可以同步获得多模态数据，而不再是单一模态的视觉数据。比如，利用美国微软公司开发的 Kinect 摄像头，我们可以同步获得彩色和深度图像。因此，日益增多的新型数据及数据组合导致我们需要综合考虑多模态数据特性进行合理的压缩等标准的制定，从而实现多模态数据融合、联合视觉表征和实时传输。从数据存储的角度来讲，对于不同类别视觉数据库的规模和存储方法需要提出具体方案。例如：对于三维模型检索中每个模型存在重建后实物三维模型、计算机生成的虚拟模型、面向三维模型采集的多视角视图集等数据形式，在数据库构建中到底采用单一还是多种数据形式、每类数据形式的具体参数、多类数据形式的关联方法等因素往往对高效的模型检索具有直接的影响，因此需要结合多应用背景制定相应标准细则。

（3）三维模型检索关键技术标准化：特征提取和模型构建是与三维模型检索所涉

的多种应用密切相关的两个关键技术,并在学术界和工业界发展迅速。为了面向多样化的应用需求,需要对特征提取和模型构建等关键技术构建标准化方法,为合理的测试平台提供技术基础。例如:对于三维模型检索,由于不同模态视觉数据的特征具有多样性,相同模态数据视觉特征也具有多样性(比如:彩色图像往往具有多样化的颜色、纹理、形状等特征),因此探索哪些特征更具有普适性,以此构建标准视觉特征的提取方案对于特征提取方法评测具有重要意义;对于模型构建,不同模型因原理不同自然存在多种参数设置,从而导致相同模型因细节设置的差异而存在性能差异,因此迫切需要构建标准的模型构建方法和相似性度量方法,为公平的方法评测提供基础。

(4)评测机制标准化:当前领域中,不同的技术和产品评价机制具有多样性,如检索应用通常采用查全率和查准率进行算法的综合评价。为了客观评测技术和产品性能,急需构建全面的评测机制。例如:对于三维模型检索领域,目前常用采用查全-查准曲线、F分值等客观指标进行性能评测。

6.8　智能制造示范意义

　　智能设计是智能制造的一个关键环节,同时也是每个产业创新发展的起始点。目前,各种类型的工业设计已从简单平面化设计阶段步入到多维立体设计阶段,各种三维模型合成技术和可视化技术使得工业设计环节更趋高效智能。 针对每一个具体产业,面对各种不同来源、不同类型的三维模型数据,构建统一的三维模型数据库是所要面临的一个共性问题,也是不同产业真正走向智能化设计的必由之路,而智能化的三维模型分析检索技术,作为支撑这一数据平台高效运作的必要基础,是解决这个产业共性问题的一个重要工具。因此,本案例的顺利实施对于面临使用同样三维模型数据的行业和企业都有很好的示范作用。例如:服装加工企业可以针对不同的用户,充分利用三维模型设计出满足用户实际需求的产品,真正的实现个性化产品个性化生产的目的;铸造企业可以充分利用现有三维模型数据,在已有结构的基础上进行修改,从而缩短产品的设计周期,提升企业生产效率。同时,本案例的核心技术并不面向特定的三维数据模型,而是更加通用化的技术体系,这使得它能够很好地与不同的数据应用进行结合,实现面向不同行业和企业的创新性应用模式。

6.9 下一步工作计划

6.9.1 整合三维模型特征提取方法

拟集成当前常见的三维模型特征提取方法（如颜色特征、纹理特征、形状特征、深度学习特征及时空显著点特征等），构建三维模型视觉特征库。

6.9.2 整合三维模型相似性度量方法

拟整合现有三维模型相似度计算方法，包括以下几项。
（1）统计模型：高斯混合模型、狄利克雷分布模型等。
（2）空间距离计算：欧氏距离、豪斯多夫距离等。
（3）图匹配算法：基于加权随机游走的图匹配算法、基于张量分解的图匹配算法、基于子图匹配的图匹配算法等。

6.9.3 整合现有数据库

拟整合现有流行三维模型数据库，构建跨域数据库，具体包括如下几个数据库。

1. 天津大学多视角多模态数据集（MVRED）

MVRED 数据库（media.tju.edu.cn）包括两个部分。第一个部分包括 202 个模型数据，使用 Kinect 摄像头从三个角度录制（0°、45°、90°），其中摄像头在 0°和 45°两个角度下，围绕模型一圈（360°），每隔 1°采集一张彩色试图和一张深度视图。在 90°的情况下，只采集一张彩色视图和深度视图；第二部分包括 303 个模型数据，同样使用 Kinect 摄像头从 45°、60°和 90°三个角度录制。其中，在 45°、60°情况下，摄像头围绕模型转一圈，每隔 1°采集一张彩色视图和深度视图，在 90°情况下仍只采集一张彩色视图和深度视图。数据库如图 6-10 所示。

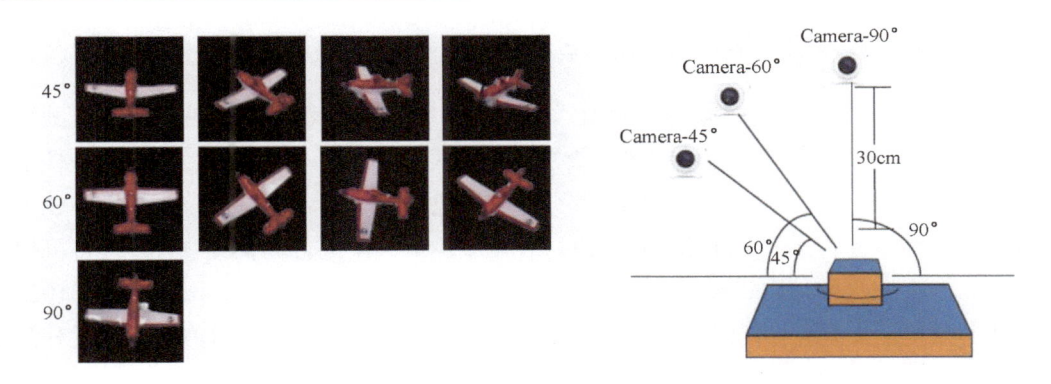

图 6-10 天津大学多视角多模态三维模型数据库举例

2. 普林斯顿三维模型数据库（PSB）

PSB 由普林斯顿大学采集得到。PSB 包括从万维网中 293 个不同网域采集到的 1814 个多边形三维模型，并基于所有这些模型的功能和形式，对它们进行手工分类，并为每个三维模型注释多语义标签。这些标签属于分层结构，可以在不同层次上体现语义。例如，注释为"飞机"的三维模型可以进一步分为亚类，如"气翼船飞机"、"气球车辆飞机"和"直升机"等。PSB 分为训练集和测试集，训练集包括 907 个模型，测试集包括另外 907 个模型。PSB 中三维模型的示例如图 6-11 所示。

图 6-11 普林斯顿三维模型数据库举例

3. 苏黎世联邦理工学院数据集（ETH）

ETH 基准分为八大类，每类包括 10 个物体，共计 80 个物体。涵盖了水果与蔬菜、动物、小型人造物体和大型人造物体等类别，包括苹果、梨、番茄、牛、狗、马、杯子和汽车等物体，ETH 数据集为每个物体记录下 41 个视图。获取这些视图时，将物体放置在带有蓝色色度键控背景的桌子上，从超过可视上半球等间隔的方向捕捉视图，再将可视上半球分为一个八面体，至第三递归级别。Sony DFW-X700 逐行扫描数字化相机以 1024×786 的分辨率记录下这些视图，使每个视图有对应的原始彩色图像和相关的高质量分割掩码。ETH 基准中物体的示例如图 6-12 所示。

图 6-12 苏黎世联邦理工学院数据集举例

4. 中国台湾国立大学数据集（NTU）

NTU 包括两部分：NTU 三维模型基准和 NTU 三维模型数据库。NTU 三维模型基准包括 1833 个三维模型，NTU 三维模型数据库包括 10911 个三维模型。所有这些三维模型是在 2002 年 7 月从互联网上下载的，为 obj 文件格式。数据集为每个模型提供一个缩略图。NTU 三维模型基准有 47 类，包括 549 个三维模型和 1284 个杂项。NTU 三维模型的部分模型如图 6-13 所示。

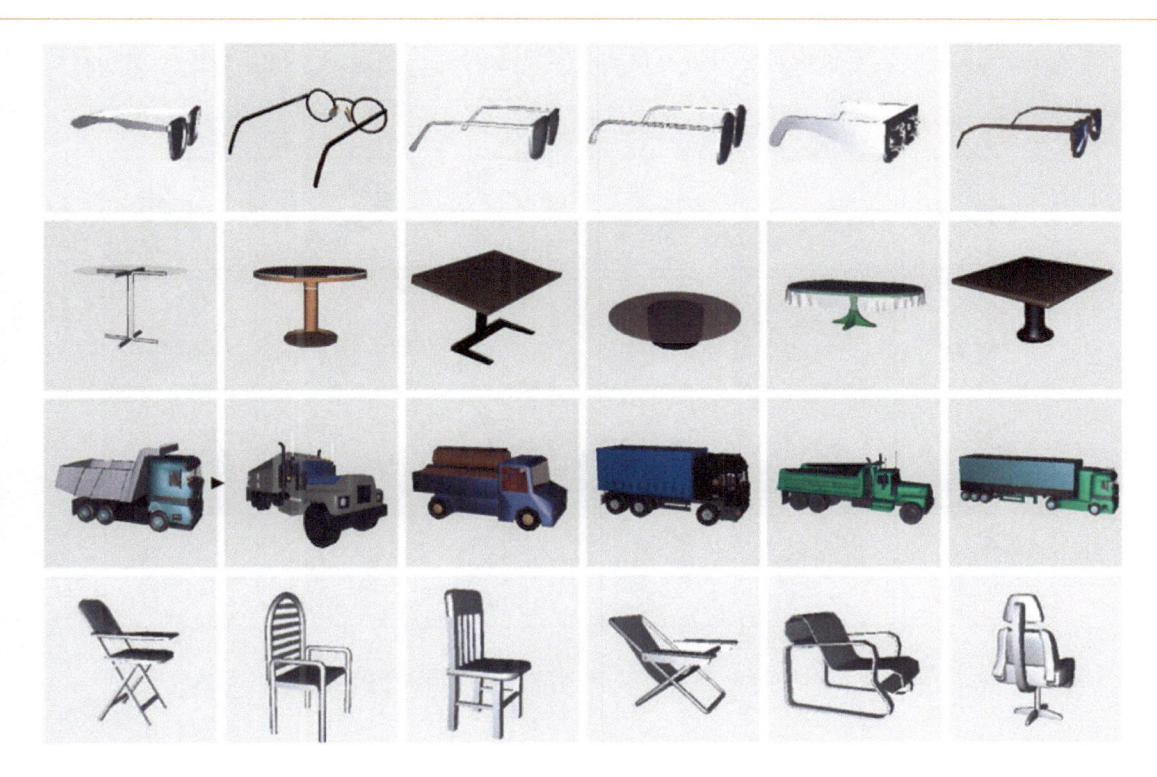

图 6-13　中国台湾国立大学三维模型数据集举例

5. 普渡大学工程机械模型数据库（ESP）

ESP 数据库主要用于研究工程零件的形状描述。智能加工/设计中，计算机辅助设计是一个费时耗力的工作，如果能够在设计初始，提供一个高质量的粗模型，那么将极大地提高产品设计的效率。构建 ESB 数据库的初衷就是致力于研究工程零件中三维模型的形状表征，从而提供高速有效的模型检索算法。ESB 数据库包含了 867 个由 CAD 制作的三维模型。每个模型被储存为两种常见的三维模型数据格式（.obj 和.stl）。模型被分为三个高级类。

（1）平薄的墙体元件（Flat-Thin Wallcomponents）：包括薄壁截面和贝壳式的构件。

（2）矩形立方棱镜（Rectangular-Cubic Prism）：这部分的外形很大程度上是矩形或立方棱镜。

（3）旋转体（Solid Of Revolution）：这部分的外形基本上是旋转体。

三个大类又进一步被分为 45 个小类。ESB 三维模型的部分模型如图 6-14 所示。

6.9.4　面向领域的平台构建及拓展

拟联合相关部门和企业共同制定三维模型检索标准和数据库，并综合不同领域的信息，构建三维模型检索系统，从而更好地为智能服务提供技术基础，推动我国制造业智能化的转变。

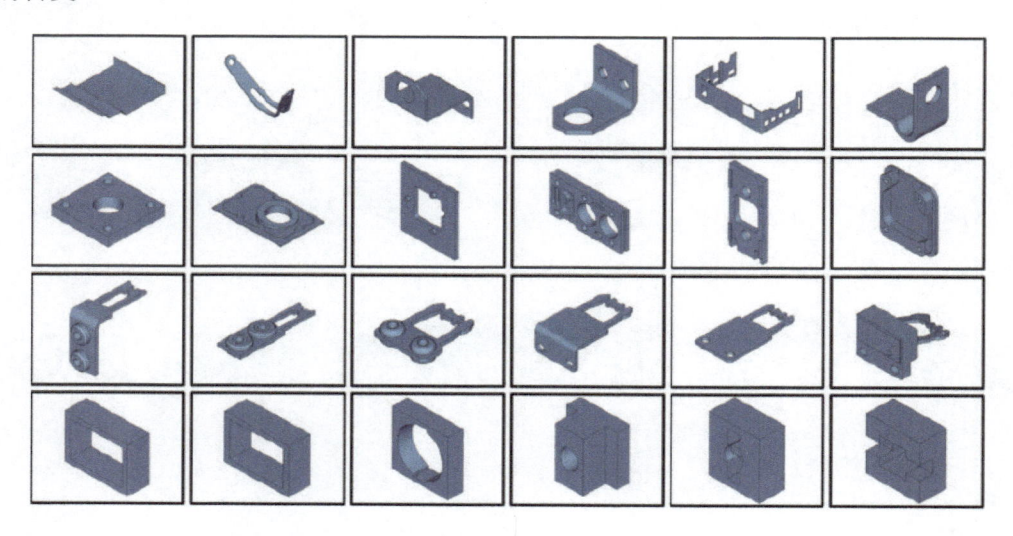

图 6-14　普渡大学工程机械模型数据库举例

6.9.5　三维模型检索相关标准制定

对该领域相关标准制定建议如下。

（1）数据采集标准化：为了便于实现计算机视觉领域技术和产品的高度一体化，迫切需要规范不同类型数据采集的设备及参数。如对三维模型检索中彩色图像和深度图像的分辨率、相关摄像机的内参数和外参数、视图采集角度和密度、摄像机阵列空间布局等进行标准化制定。

（2）数据库构建标准化：需要综合考虑多模态数据特性，进行合理的压缩等标准制定，从而实现多模态数据融合、联合视觉表征和实时传输。

（3）计算机视觉关键技术标准化：需要对特征提取和模型构建等关键技术构建标准化方法，为构建合理的测试平台提供技术基础。

（4）评测机制标准化：为了客观评测技术和产品性能，急需构建客观、公平的评测机制。

6.9.6　三维模型检索相关专利申请

拟在多模态三维模型信息融合、三维模型重构、三维模型检索算法等方面进行创新性研发，以期获取具有自主知识产权的专利技术，为三维模型检索领域构建专利池。

案例 7

传统钢结构制造业柔性制造技术转型升级

7.1 案例在智能制造系统架构中所处的位置

参考《国家智能制造标准体系建设指南》第二章的智能制造系统架构部分,本案例在生命周期、系统层级和智能功能等三个维度上所处的位置如下。

(1)生命周期:本案例在生命周期维度所处的位置为设计、生产、物料、服务。

(2)系统层级:本案例在系统层级维度所处的位置为设备、控制、车间、企业、系统。

(3)智能功能:本案例在智能功能维度所处的位置为资源要素、系统集成、互联互通、信息融合。

7.2 智能制造案例基本情况

随着市场结构和人口结构发生变化,传统制造业正在向小批量多品种定制化的制造服务业转型;之前大量依赖非数字化设计、人工排产、人工物流、人工焊接、人工装配、仓库与现场物料混乱，无法满足客户不断变化的产品需求；设计环节与制造环节完全脱离，造成生产效率低下、原材料浪费严重、产品交付周期延迟、产品质量不稳定等问题，导致客户投诉不断，最终丧失市场。

根据制造业实际问题，明匠智能结合新一代的信息技术实现智能工厂改造，客户需求通过建筑信息模型（Building Information Modeling，BIM）设计软件得到数字化体现，客户资产在工厂流转情况通过 VR 虚拟仿真系统得到映射体现，制造过程、物流过程和交付过程产生的数据都将被采集、存储和分析；客户在得到实体资产的同时，也收获相对应映射的虚拟数字资产；客户的需求在设计、制造、服务过程中到无缝的数字化、可视化的满足，形成全数字产品生命周期管理系统（Product Lifecycle Management，PLM）。

7.3　智能制造系统架构介绍

传统制造业的智能制造系统构架如图 7-1 所示。

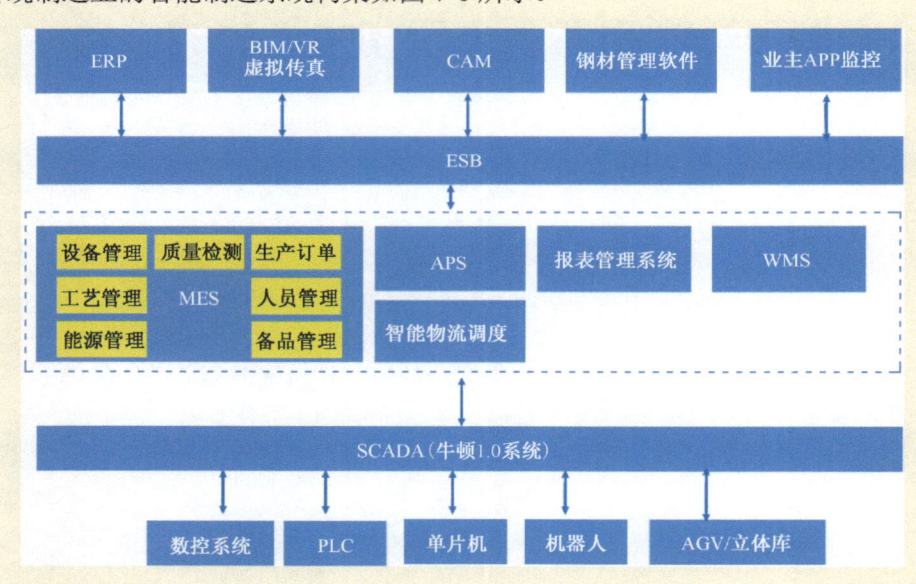

图 7-1　传统制造业智能制造系统架构

通过建筑信息模型 BIM 系统、企业资源计划管理系统（Enterprise Resource Planning，ERP）、虚拟仿真系统，通过企业服务总线（Enterprise Service Bus，ESB）与制造执行系统（Manufacturing Execution System，MES）、高级计划排程系统（Advanced Planning and Scheduling，APS）、交通管理系统（Traffic Control System，TCS）、仓库管理系统（Warehouse

Management System，WMS）实现信息共享，MES 与现场数字化设备（工业机器人、立体仓库，数字化高精度专用设备等）使用工业以太网进行数据传输，明匠智能自主研发的工业智能网关（运行牛顿 1.0 系统）作为连接嵌入式硬件及协议标准化。车间设备通过网络物理连接后，牛顿 1.0 系统作为监控与数据采集系统（Supervisory Control and Data Acquisition，SCADA）采集节点，进行第一层语义转化；使用推送或读取的方式，将数据上传到部署在数据中心的 MES 系统，MES 系统执行数学模型分析；进行第二次语义转化生成决策，再将生产指令通过网络发给 SCADA 节点，进行语义转化后控制现场的数字化设备执行操作。

智能制造规划拓扑结构如图 7-2 所示。

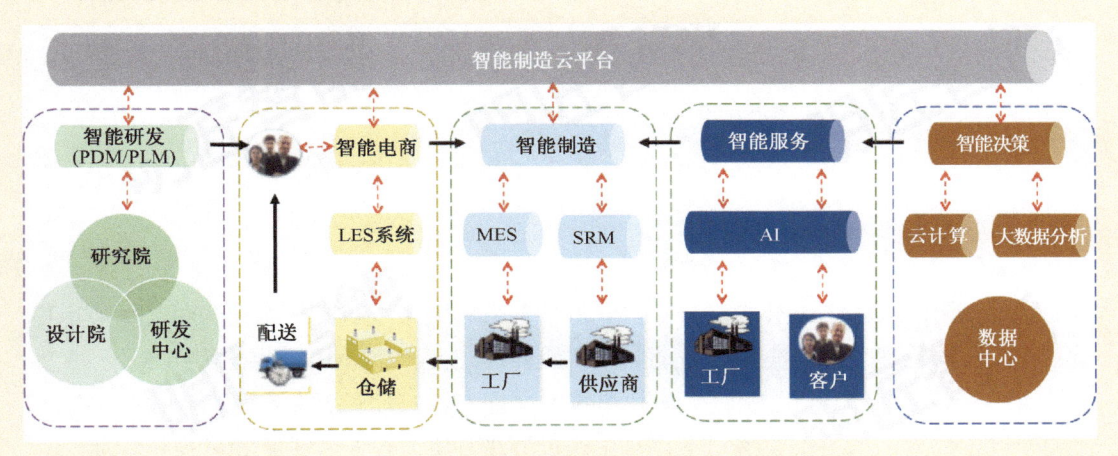

图 7-2 智能制造规划拓扑结构

智能制造的核心就是数据，它们会渗透到企业运营、价值链乃至产品的整个生命周期，是智能制造和制造革命的基石。其中，数据的分析、预测和展现尤为重要。

智能电商：根据客户订单的内容分析客户的偏好，了解客户的习惯；根据大量订单的商品信息及时补充商品的库存，预测商品的市场供应趋势，调控商品的营销策略，开发新的与销售商品有关联的产品，以便开拓新的市场空间。

智能研发：以缩短研发设计周期及设计自动化为目标，以计算机辅助设计（Computer Aided Design，CAD）技术为主体，构建研发设计环境，以 PLM 及知识管理为主体，构建研发设计知识辅助环境。

定制化产品研发和新产品研发，包含产品设计全过程，通过 CAD 生成物料清单（Bill of Material，BOM），提交给计算机辅助工艺设计系统（Computer Aided Process Planning，CAPP）生成工艺路线。使用 CAD、CAPP 设计和工艺路线仿真、可靠性评价等先进技术。产品信息能够贯穿于设计、制造、质量、物流等环节，实现产品的全生命周期管理（PLM）。

智能制造：以数字化技术为主体，强调 3D 技术等在生产过程中的应用，企业将融合所有方面的制造，从工厂运营到供应链，并且使得对固定资产、过程和资源的虚拟追踪横跨整个产品的生命周期。最终结果将是在一个柔性的、敏捷的、创新的制造环境中,优化性能和效率,并且使业务与制造过程有效地串联在一起。

智能服务:利用赛博物理系统(Cyber-Physical System,CPS),全面地监管产品的使用及维护,以保证客户对产品的正常使用,通过产品运行数据的收集、汇总、分析改进产品的设计和制造。典型如劳斯莱斯的航空发动机产品。

智能决策:利用云计算、大数据等新一代信息技术能够实现数据分析及决策,并不断优化制造过程,实现感知、执行、决策、反馈的闭环。

7.4 智能制造关键绩效指标

本案例使用智能制造技术可实现以下目标:

(1)使用 CAD、CAE、CAM、CAPP 等计算机辅助系统对产品设计全面采用数字化,建立产品数据管理系统,实现产品全生命周期管理,使产品研发周期缩短 30%。

(2)采用多轴机器人技术、多轴联动数控设备、3D 打印增材制造等自动化数字技术,使生产设备数控化率达到 80%以上,对生产过程进行实时控制、预警和可视化管理。

(3)使用多源传感和影像在线尺寸检测技术、力学性能/电性能等功能性在线检测技术,使工序在线检测和成品检测数据自动上传率超过 90%。

(4)通过实时采集的制造过程数据,建立产品质量追溯系统,使产品不良品率降低 30%。

(5)通过设备互联互通,利用云计算、大数据等新一代技术,建立生产过程数据库,深度采集制造进度、现场操作、设备状态等生产现场信息,使生产效率提高 20%以上。

(6)采用面向多品种、小批量的制造执行系统实现 10 种以上产品/规格混合生产的排产和生产管理。

(7)通过企业资源计划管理系统(ERP),实现供应资源(SCM)、客户资源(CRM)、物流的管理与优化。利用云计算、大数据等新一代信息技术,在保障信息安全的前提下,实现经营、管理和决策的智能优化。最终绩效指标体现为生产效率提高 20%以上,运营成本降低 20%,产品研制周期缩短 30%,产品不良品率降低 30%,能源利用率提高 10%。

本案例关键绩效指标如表 12-1 所示。

表 7-1　智能制造关键效益指标

效益	KPI	内容	绩效目标
作业效益	减少人工	减少车间工人数量	减少人工数量 80%
	减少人工操作	减少人工数据重复输入的时间	减少人工操作时间 20%
	降低损耗	透过自动排版及余料再使用	减少余料损耗 30%
	缩短工期	整合工地计划与生产进度提升调度能力	减少工期延误的损失 50%
管理效益	变更追踪管理	管理设变版本及内容	增加项目设计变更收入 30%
	管理成本控管	管理成本控管	减少管理费用支出 30%
	落实库存管理	有效掌握库存现况及工程用料	减少库存呆料 80%
信息透明	工程进度能见度	工程进度掌握时效	每日进度实时统计
	预警通知管理	各项时程、费用、人力异常预警通知	落实数据管理能力
	产能协调优化	材料、人工调度优化	减少工程延迟时间

7.5　案例特点

本案例具有以下特点。

（1）智能装备化。制造过程自动化及数字化达到 80% 以上；以创新设计研发高端智能装备迭代传统工艺。

（2）实时数据采集。数字化设备通过牛顿 1.0 系统组网，并采集和上传设备运行过程中的实时数据。

（3）车间网络化。通过工业互联网络，将采集数据实时传送至工业云，用于 MES 系统中布置的各种数学模型进行数据分析计算储存。经过计算后，将结果通过工业互联网传送至设备，从而反控现场设备执行相应程序。

（4）制造柔性化。使用柔性制造系统，通过数字化自动化设备、数据采集系统、数据处理系统、算法模型及离线编程系统；使生产制造五要素"人、机、料、法、环"进行数字化转化与语义转化，并实施标签化，例如 RFID，设备 MAC 码（IP 地址唯一性）员工工作卡（数据库中含有技能矩阵）；使用能源管理系统与传感器，可以对能源消耗进行有效管理。

（5）过程信息化。客户需求的输入采用数字化设备、数字化工程、数字化虚拟仿真系统；在制造开始之前，先通过数学模型进行试错过程，并尽量在实施过程中减少计算错误的发生。实现 PLM 产品全生命周期管理，从客户输入产品要求到数字化设计、数字化模拟仿真验证、数字化加工、在线数字化检测、产品标签化，最后入库发货至客户端。客户使用过程中的数据监控，为客户提供及时服务；从传统制造业向制造服务业转型。提高产品质量稳定性，提升产品品位与精度，在制造一件物品的同时，也制造出了一件数字化产品。

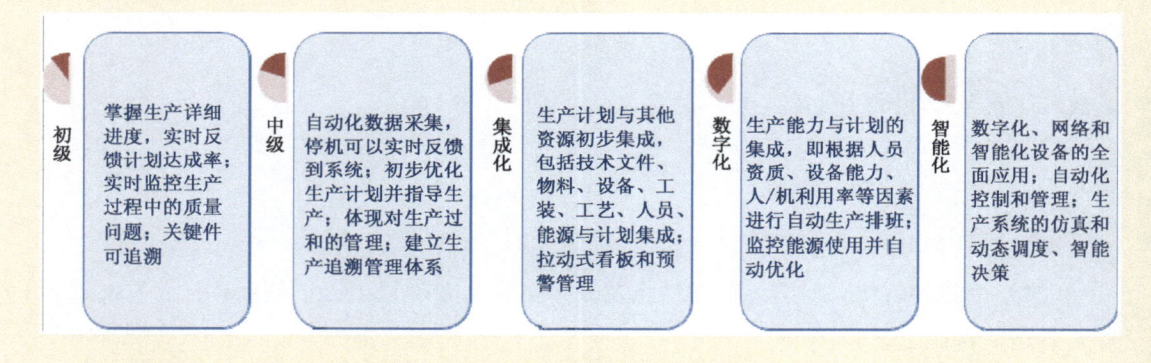

7.6 智能制造实施步骤

智能制造实施步骤如图 7-3 所示。

初级	中级	集成化	数字化	智能化
掌握生产详细进度，实时反馈计划达成率；实时监控生产过程中的质量问题；关键件可追溯	自动化数据采集，停机可以实时反馈到系统；初步优化生产计划并指导生产；体现对生产过程的管理；建立生产追溯管理体系	生产计划与其他资源初步集成，包括技术文件、物料、设备、工装、工艺、人员、能源与计划集成；拉动式看板和预警管理	生产能力与计划的集成，即根据人员资质、设备能力、人/机利用率等因素进行自动生产排班；监控能源使用并自动优化	数字化、网络和智能化设备的全面应用；自动化控制和管理；生产系统的仿真和动态调度、智能决策

图 7-3　智能制造实施步骤

由于国内制造业水平良莠不齐，企业在智能制造项目实施过程中，分成初级、中级、集成化、数字化、智能化五个阶段，根据企业不同的制造水平执行不同的实时步骤和策略，实施步骤流程如图 7-4 所示。

7.6.1 梳理离散制造业生产过程中的痛点问题

对离散制造业的制造工艺进行调研、分析和梳理产品在制造过程中的痛点问题，这项工作需要工艺专家、产品专家、最终客户和方案解决商共同参与。经过梳理分析，客户现有问题有以下几点。

(1)生产计划。在当前的流程中,生产计划由厂生产部根据总体生产计划制定。生产计划管理颗粒度较粗,且采取人工根据订单和经验制订生产计划,计划管理员无法制定可执行的详细生产排程。

(2)设备管理。当前设备管理缺少设备状态监控、设备运行情况统计和设备 OEE 分析功能,造成无法实现查询工位实时信息、设备损坏和工作效率降低的预警等功能。

(3)纸质文档。与生产相关的交流和归档仍然使用纸质文档的方式。存在沟通效率较低、归档较繁琐、不易于查找等问题,造成统计工作耗时耗力和效率低等问题。

(4)报表管理。生产过程中的数据采集点较少,导致报表系统只能统计部分生产报表,且时效性差,不利于生产管理人员对整个生产过程进行监控和分析。

图 7-4 实施步骤流程

(5)生产跟踪。管理人员无法实时查看设备的生产状态信息,生产具体过程不可控;无法实时监控生产计划的执行进度和完成情况;无法直观明确地感知生产线实时的生产情况。

(6)生产过程材料管理。无法有效地对生产过程中的零件、辅件、辅料进行管理。

(7)质量管理。工艺人员无法对工艺参数的变更进行跟踪和监督,从而导致产品出现质量问题。产品质量问题无法提前预警,也无法进行质量追溯;无法做到对生产线上的关键设备进行防错管理。

(8)能源管理。无能源的管理功能,设备能耗信息无法统计,导致无法进行能耗的有效控制、设备使用率提高、降低空转率等问题。

7.6.2 离散制造工业互联网顶层架构设计

根据智能制造数字化、网络化、智能化要求,数据网络将成为企业智能制造规划中首要任务,需要设计智能制造内外部网络架构(见图7-5),包括园区网络、车间网络、数据中心网络三部分,园区网络与研发区、非研发区隔离,业务系统在数据中心中构建,改造和增强现有的车间网络,实现车间现场设备的全连接,单独构建专用的园区网络承载车间网络与数据中心网络间的通信,出口网络实现不同办公区逻辑隔离,广域网安全访问等问题。

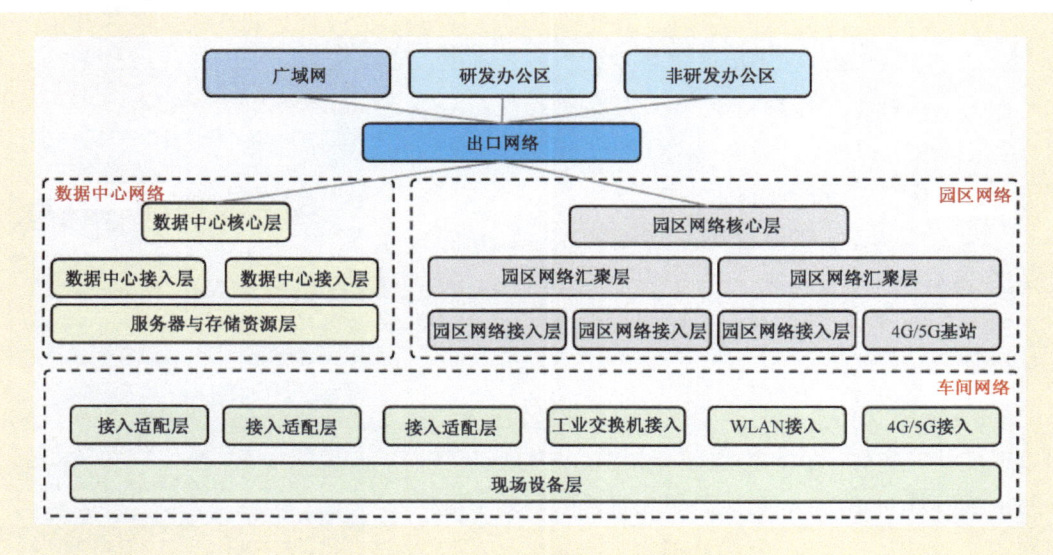

图 7-5　内外部网络架构顶层设计

7.6.3　业务流程梳理

根据自动化、数字化、网络化、信息化、智能化传感器技术手段，设计工艺流程（见图 7-6）。通过以上技术手段，优化制造工艺，使得制造过程更加智能。制造过程中采用大量数学模型进行广义闭环控制：APS（高级排程系统）和 TCS（智能物流交通管理系统）。

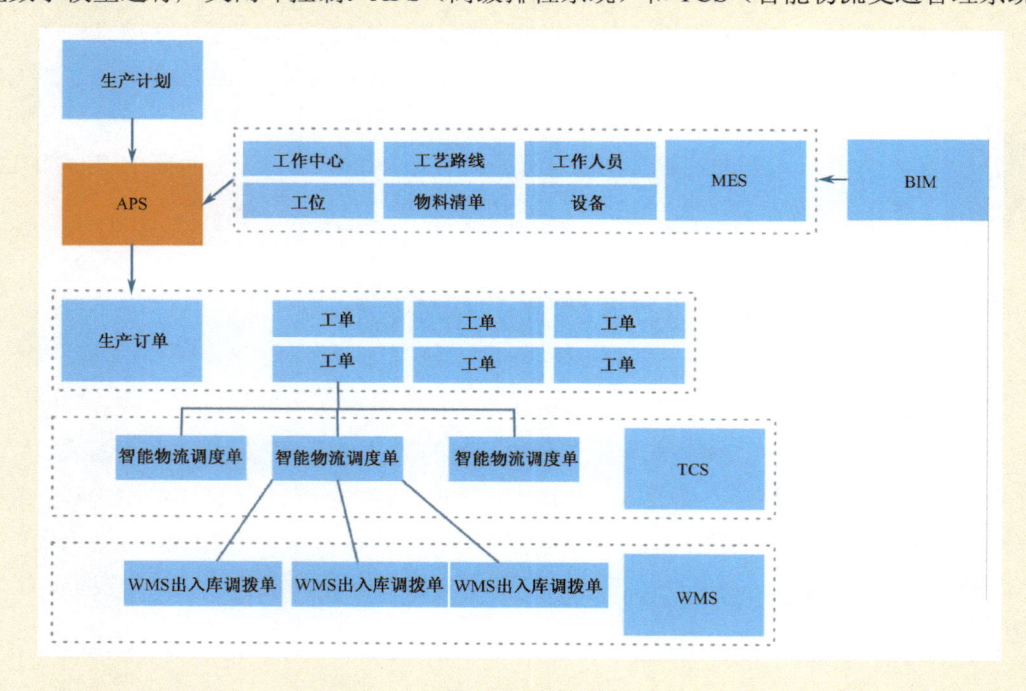

图 7-6　工艺流程

1. 智能物流管理系统（TCS）

智能物流管理系统是利用二维码、射频识别技术等先进的物联网技术，通过信息处理和网络通信技术平台，实现生产线的自动化运作和高效率优化管理，降低成本，减少线边库存，实现柔性生产和以主线订单拉动生产的精益化生产管理。物联网为物流业将传统物流技术与智能化系统运作管理相结合提供了一个很好的平台，进而能够更好更快地实现智能物流的信息化、智能化、自动化、透明化、系统的运作模式。智能物流在实施的过程中强调的是物流过程数据智慧化、网络协同化和决策智慧化。智能物流在功能上要实现5个"准确"，即准确的物料、准确的数量、准确的地点、准确的质量、准确的时间，在技术上要实现物品识别、地点跟踪、物品溯源、物品监控、实时响应。

明匠智能物流管理系统根据工艺流程和生产计划实际情况，使用近似算法（NPC）实现智能物流配送。智能物流系统分为三个子系统：交通管理系统（MJ-TCS：Traffic Control System）、智能调度系统（MJ-IDS：Intelligent Dispatching System）和智能物料分拣系统（MJ-MAS: Multi-agent System）。

根据工艺流程和生产计划实际情况使用近似算法（NPC），实现自动引导小车（AGV）实时调度（AGV 路径算法、AGV 调度算法、物料分拣算法）。

1）影响因素

（1）生产：物料属性（重量、体积、共用或专用）、工艺流程（工位布局、工位装配所需物料、使用数量）、生产节拍。

（2）AGV：运行时间、配料时间、下料时间。

2）实现方式

（1）分拣算法。
①根据工艺流程设计物料区料架布局和料架储物架。
②物料分拣人员方便快捷配送一辆 AGV 所需的物料。
③实现 AGV 一次承载量最大化。

（2）AGV 路径算法。
①根据生产计划和工艺流程及 AGV 各个时间实时调度 AGV 运行路线和启停时间；
②设计抢占机制，优先级大于系统自动调度。

（3）AGV 分配。
①现场使用磁钉和陀螺仪/激光/磁条 AGV 小车的运行导航方式。
②专用物料和大件（涉及专用运输货架）专车配送。
③AGV 使用无线 WiFi 技术与服务器进行交互，AGV 到达指定工位后由语音提示工人取件和放置空料架。

3）最短路问题

MJ-TCS 系统通过 Dijkstra 算法实现总费用最低的最短路线，实现在智能物流配送过程中 AGV 耗电和时间最优路径规划。MJ-TCS 通过队列方式合理调度，解决 AGV 智能配送过程中小车路线冲突问题，可视化界面如图 7-7 所示。

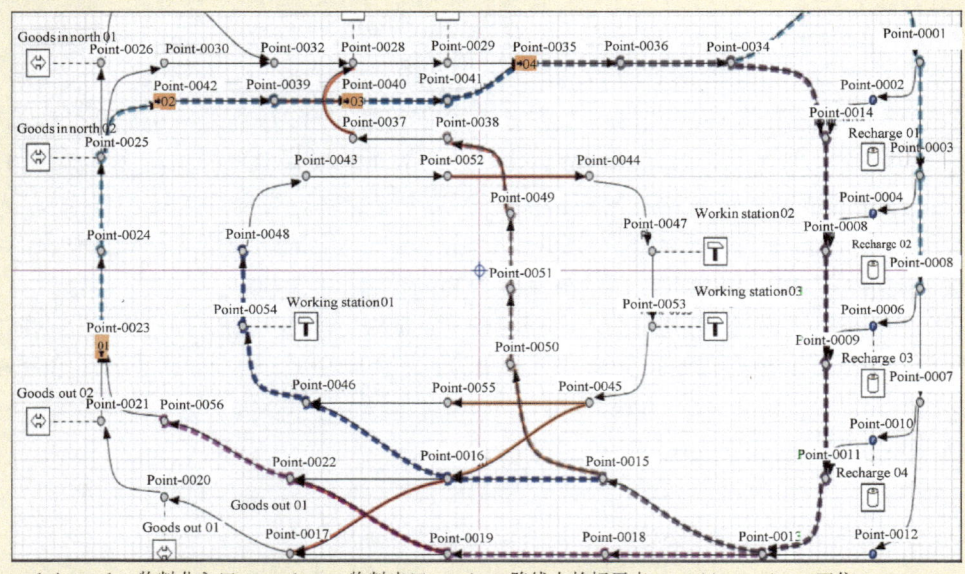

goods in north：物料北入口；good out：物料出口；point：路线上的标示点；working station：工位；recharge：AGV 充电桩或充电工位

图 7-7　交通管理系统（MJ-TCS）

2. 高级排程系统（APS）

获取生产计划后根据物料约束、生产资源有限能力约束等条件，实现系统自动排程，形成生产作业计划，有效提高资源利用率；实现快速插单，减少计划排程工作量；实现生产计划可视化和跟踪调度管理。APS 高级排程系统模型如图 7-8 所示。

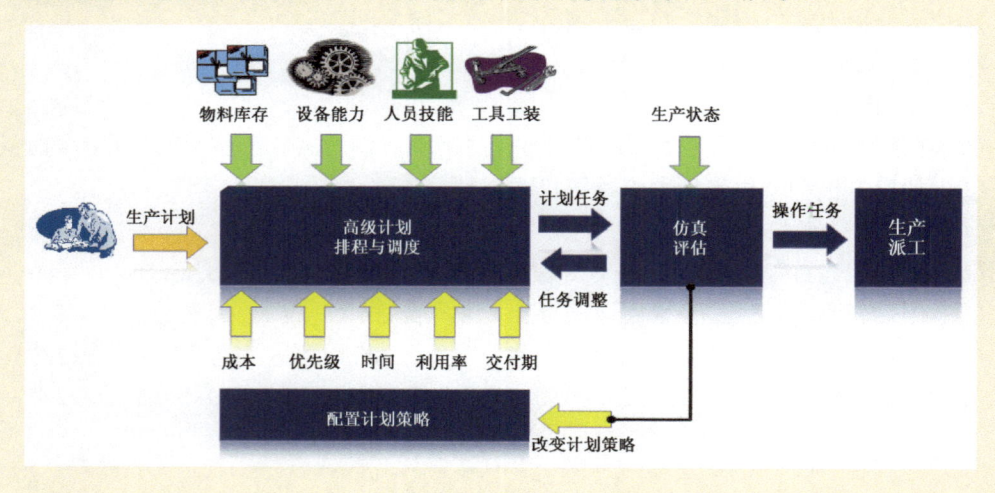

图 7-8　APS 高级排程系统模型

计划排产基于约束理论,将整个产线的瓶颈工序产能最大化,最终达到生产线节拍等于瓶颈工序的节拍,通过 MATLAB 工具实现数学分析模型可视化,如图 7-9 所示。

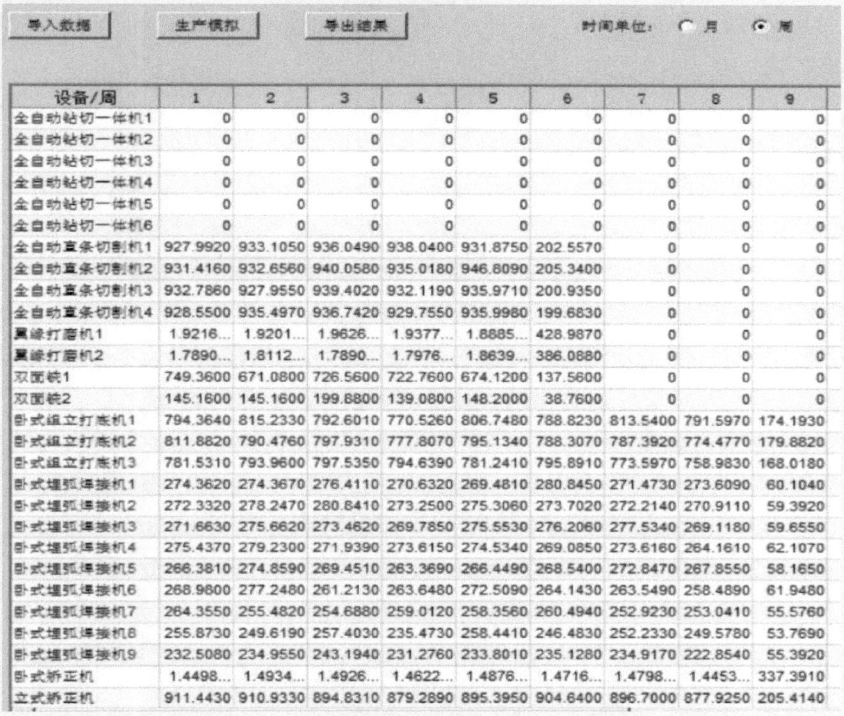

设备/周	1	2	3	4	5	6	7	8	9
全自动钻切一体机1	0	0	0	0	0	0	0	0	0
全自动钻切一体机2	0	0	0	0	0	0	0	0	0
全自动钻切一体机3	0	0	0	0	0	0	0	0	0
全自动钻切一体机4	0	0	0	0	0	0	0	0	0
全自动钻切一体机5	0	0	0	0	0	0	0	0	0
全自动钻切一体机6	0	0	0	0	0	0	0	0	0
全自动直条切割机1	927.9920	933.1050	936.0490	938.0400	931.8750	202.5570	0	0	0
全自动直条切割机2	931.4160	932.6560	940.0580	935.0180	946.8090	205.3400	0	0	0
全自动直条切割机3	932.7860	927.9550	939.4020	931.1190	935.9710	200.9350	0	0	0
全自动直条切割机4	928.5500	935.4970	936.7520	929.7550	935.9980	199.6830	0	0	0
黑缝打磨机1	1.9216	1.9201	1.9626	1.9377	1.8885	428.9870	0	0	0
黑缝打磨机2	1.7890	1.8112	1.7890	1.7976	1.8639	386.0880	0	0	0
双面铣1	749.3600	671.0800	726.5600	722.7600	674.1200	137.5600	0	0	0
双面铣2	145.1600	145.1600	199.8800	139.0800	148.2000	38.7600	0	0	0
卧式组立打底机1	794.3640	815.2330	792.6010	770.5260	806.7480	788.8230	813.5400	791.5970	174.1930
卧式组立打底机2	811.8820	790.4760	797.9310	777.8070	795.1340	788.3070	787.3920	774.4770	179.8820
卧式组立打底机3	781.5310	793.9600	797.5350	794.6390	781.2410	795.8910	775.3370	758.9830	168.0180
卧式埋弧焊接机1	274.3620	274.3670	276.4110	270.6320	269.4810	280.8450	271.4730	273.6090	60.1040
卧式埋弧焊接机2	272.3320	278.2470	280.8410	273.2500	275.3060	273.7020	272.2140	270.9110	59.3920
卧式埋弧焊接机3	271.6630	275.6620	273.4620	269.7850	275.5530	276.2060	277.5340	269.1180	59.6550
卧式埋弧焊接机4	275.4370	279.2300	271.9390	273.6150	274.5340	269.0850	273.6160	264.1610	62.1070
卧式埋弧焊接机5	266.3810	274.8590	269.4510	263.3690	266.4490	268.5400	272.8470	267.8550	58.1650
卧式埋弧焊接机6	268.9800	277.2480	261.2130	263.6480	272.5090	264.1300	263.5490	258.4890	61.9480
卧式埋弧焊接机7	264.3550	255.4820	254.6880	259.0120	258.3560	260.4940	252.9230	253.0410	55.5760
卧式埋弧焊接机8	255.8730	249.6190	257.4030	235.4730	258.4410	246.4830	252.2330	249.5780	53.7690
卧式埋弧焊接机9	232.5080	230.5490	243.1940	231.7820	233.6600	241.3600	235.1280	222.8540	55.2830
卧式矫正机	1.4498	1.4934	1.4926	1.4622	1.4876	1.4716	1.4798	1.4453	337.3910
立式矫正机	911.4430	910.9330	894.8310	879.2890	895.3950	904.6400	896.7000	877.9250	205.4140

图 7-9　MATLAB 数学模型分析节拍情况

7.6.4　制造执行系统(MES)方案

制造执行系统包括信息化业务管理和车间生产管理两大模块。具体来说,整个系统包括生产时的作业管理、过程管理、质量管理和物料管理,以及整个车间层面的人员管理、设备管理、仓储管理和排产计划管理等。

制造执行系统在上层对接中建立 BIM、物资管理系统等现有系统,用于获取主数据及生产情况反馈等;下层对接数据采集和监控系统(SCADA),用于获取生产时的设备运行情况及发送设备控制信息等。系统接口总线设计如图 7-10 所示,系统接口总线数据对接设计如图 7-11 所示。

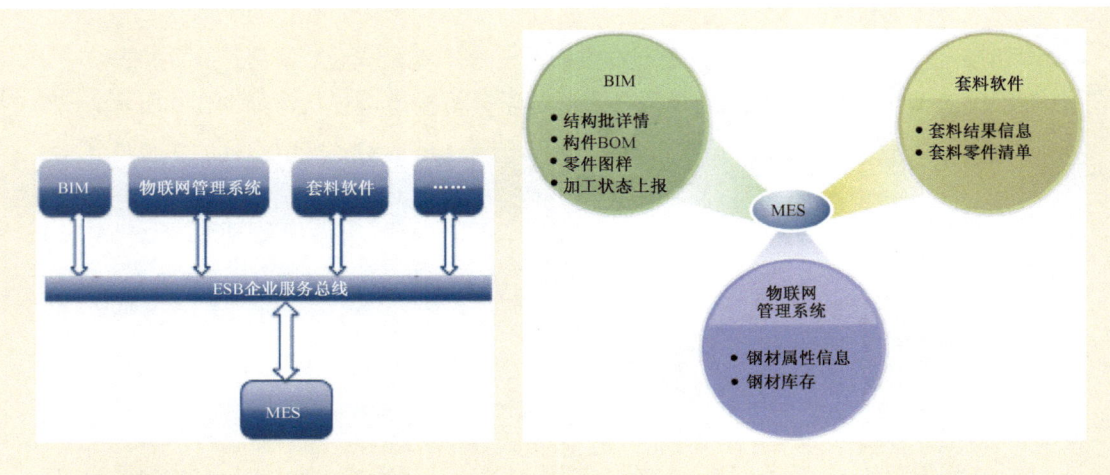

图 7-10 系统接口总线设计　　　　图 7-11 系统接口总线数据对接设计

此案例中 BIM 与 MES 数据对接方案见表 7-2，物联网管理系统数据对接方案见表 7-3。

表 7-2 BIM 与 MES 数据对接方案

数据方向	数据描述	类型	请求条件	返回
BIM-MES	项目列表	列表		BIM 系统中已有的所有项目的项目 ID，返回一个列表
BIM-MES	项目中的结构批列表	列表	项目 ID	该项目中所有的结构批 ID，返回一个列表
BIM-MES	项目详情	属性	项目 ID	该项目的详情，例如项目名称、项目备注、项目预算、工期计划等
BIM-MES	结构批详情	属性	批次 ID	该结构批的详情，例如结构批名称、结构批描述、对应的采购订单 ID 等
BIM-MES	结构批中的工号列表	列表	批次 ID	该结构批中所有的工号 ID 列表
BIM-MES	工号中的构件号列表	列表	工号 ID	该工号下所有的构件 ID
BIM-MES	结构批中的构件列表	列表	批次 ID	该结构批中所有构件的 ID
BIM-MES	结构批中的构件个数	属性	批次 ID、构件 ID	该结构批中的该构件的数目
BIM-MES	结构批中所有 NC 文件	文件列表	批次 ID	该结构批中所有的 NC 文件
BIM-MES	结构批中所有的 CAD 文件	文件列表	批次 ID	该结构批中所有的 CAD 文件
BIM-MES	构件 CAD 文件	文件	构件 ID	该构件对应的 CAD 文件
BIM-MES	构件中的零件列表	列表	构件 ID	该构件中所有的零件 ID

表 7-3　物联网管理系统数据对接方案

数据方向	数据描述	类型	请求条件	返回
物联网-MES	结构批板材列表	列表	指定批次（项目号+结构批号）	该结构批中所有板材ID
物联网-MES	指定规格板材列表	列表	指定批次	符合该规格该材质的所有板材ID
物联网-MES	钢材属性	属性	板材ID	钢材工程号，炉批号，长宽，厚度，材质，供应商
物联网-MES	钢材状态	属性	板材ID	在库状态：库位，离库状态。对应的配料单明细：几车间等
物联网-MES	结构批中套料情况	列表	板材ID	该结构批中已套料板材ID
物联网-MES	套料信息	列表	板材ID	该板材的所有零件号，每种零件对应的数目

7.6.5　MJ-SCADA 设计

MJ-SCADA 作为信息化系统的中间系统，由于设备种类繁多，要求系统通过配置快速配置多种不同连接接口，可快速变换。把 XML 作为配置文件的方式，通过 XML 将设备和信息模型进行映射，配置子系统再解析 XML 获取信息模型。

包含五大模块数据：数据总线模块、数据采集模块、过程控制模块、历史记录模块和安全通道模块。将从各个数据协议获取到的数据转为 OPCUA 信息模型，向外界提供 OPCUA 的 TCP 协议接口。数据总线作为各个模块获取写入数据的中间模块。

1. MJ-SCADA 数据采集逻辑架构

MJ-SCADA 数据采集逻辑架构，如图 7-12 所示，主要划分为三大子系统：配置子系统、AAC Server 子系统、HMI Server 子系统。配置子系统和 AAC Server 子系统属于 SCADA 的核心子系统。

MJ-SCADA 的核心部分包括数据信息模型模块、过程控制模块、历史记录模块、事件报警模块、安全通道模块。

MJ-SCADA 系统的 HMI（人机交互）模块，用户现场控制交互界面、总控室监控界面、办公室监控界面及移动端的监控交互。此外，还需要进行外部协议转换和数据推送。

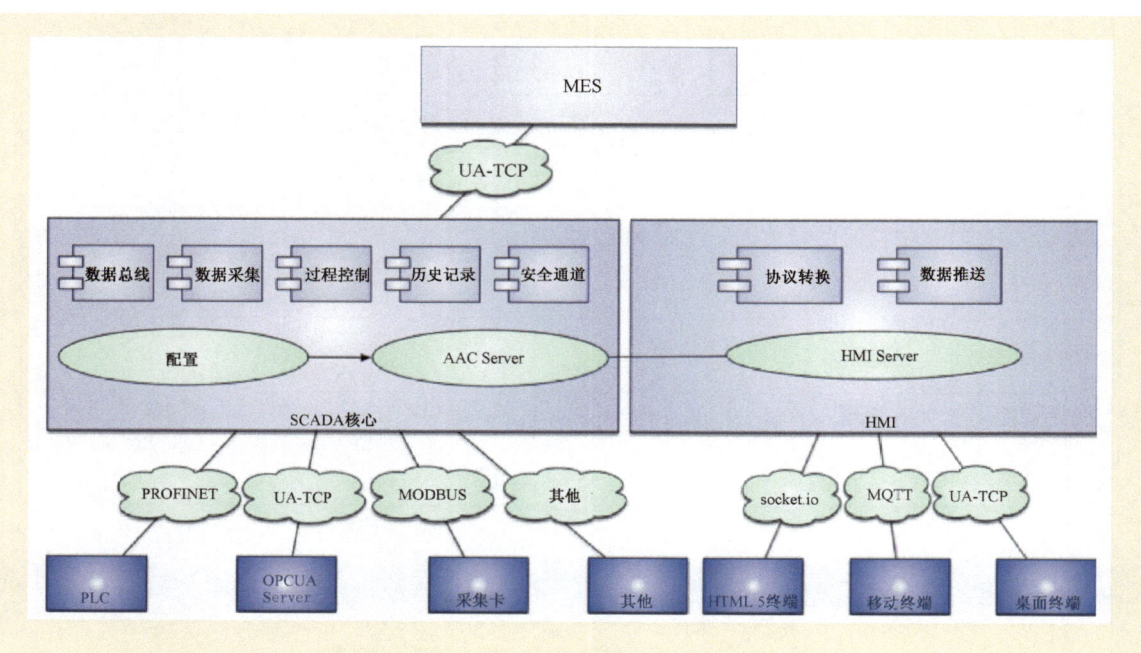

图 7-12 MJ-SCADA 数据采集逻辑架构

2. MJ-SCADA 数据采集兼容性设计

MJ-SCADA 数据采集兼容性如图 7-13 所示,MJ-SCADA 采用国际标准 OPC UA 协议,对具有 OPC UA 功能的设备可以实现无缝监控和采集,对生产线不具备 OPC UA 的存量设备进行协议转换成 OPC UA 协议,实现软件层通信协议统一。

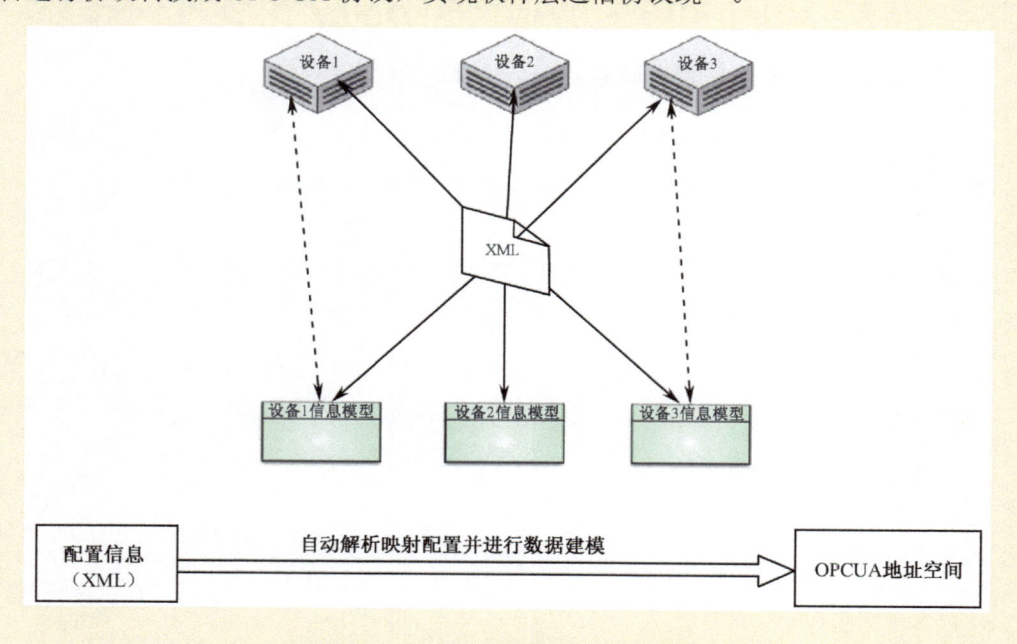

图 7-13 MJ-SCADA 数据采集兼容性

3. MJ-SCADA 数据采集可扩展性设计

MJ-SCADA 系统中包含一个协议容器，默认地实现 MODBUS 和 PROFINET 这两个实时以太网协议组件。此外还包括 OPCUA Clinet 组件（见图 12-14）。协议容器可以很方便实现协议组件的添加。添加一个协议组件后再加入对配置 XML 文件的解析，就可以完成对一个新协议的扩展。

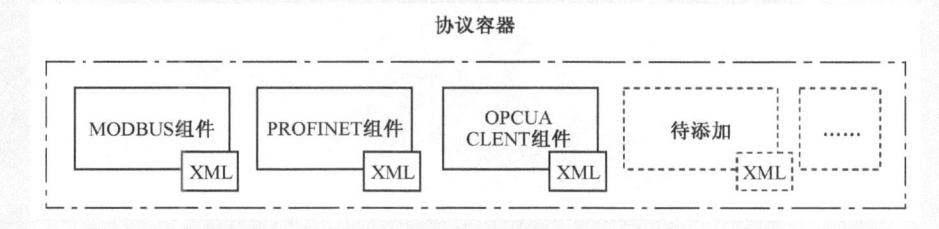

图 7-14　MJ-SCADA 数据采集可扩展性

4. MJ-SCADA 数据异步采集

每个 MJ-SCADA 的节点对应多台设备，对多台设备并行同时数据采集。为了达到高效目的使用了异步事件机制，协同高速同时对多台设备进行采集。采集事件一旦发出就返回，采集到的数据在其后一点时间写入数据总线，完成采集。当然，每台设备的采集频率都是可以调整的。

7.6.6　设备接口

离散制造行业设备种类繁多，控制系统也千差万别，有 PLC、数控系统、单片机等；控制方式有 I/O，PWM，A/D，数控多轴；工控协议主要掌握在国际几大巨头手中：西门子、施耐德、三菱、欧姆龙及 GE 等。造成的结果是，现场设备像联合国大会，必须用一种统一的语言与协议规则作为沟通桥梁，才能使设备与设备之间有协同工作效应。明匠研发了国内首套工业网关系统（含嵌入式工控机软硬件与基于 Windows 平台开发的客户端）"牛顿 1.0"操作系统，目的是使不同控制方式的设备之间可以组网并使上位软件算法协同工作变得可能。

牛顿 1.0 操作系统现场设备（见图 7-15）的数据采集采用 MJ-DAS-M8805 多业务接入智能网关，该网关是基于 CortexA8 处理器的嵌入式数据采集板卡，主频可达 800MHz。该网关可同时接入 Modbus，Profibus，Profinet，CANopen，PPI，MPI，CC-Link，MELSEC，FOCAS 等现场总线，智能网关将从这些信道采集到的信号映射到以太网进行传输，实现多业务数据采集，通过智能网关统一转换成标准的协议 OPC-UA。

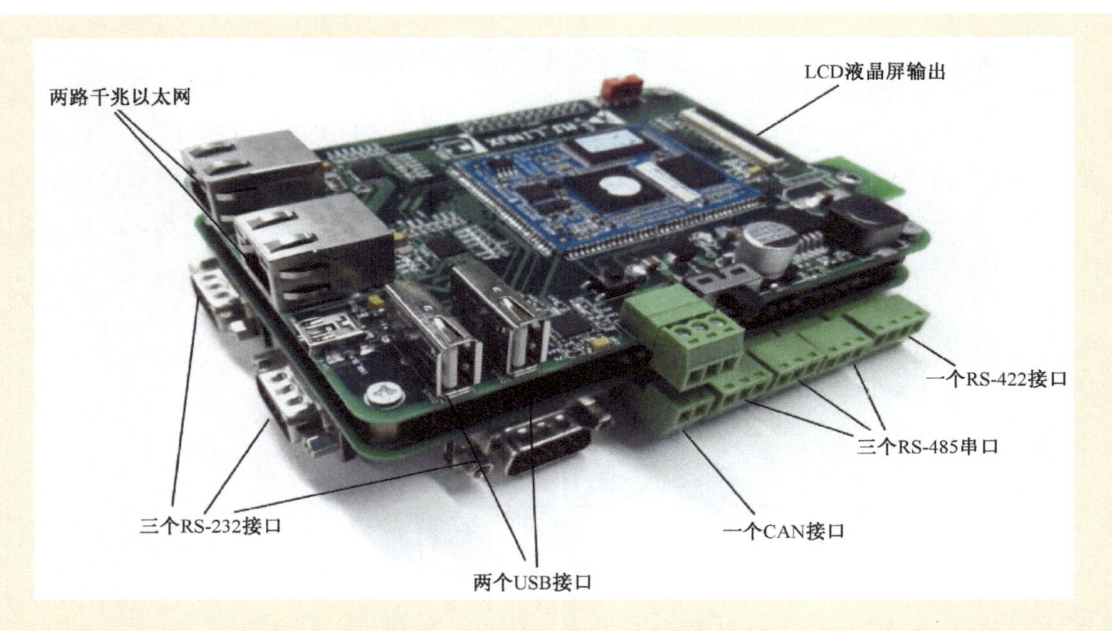

牛顿 1.0 操作系统是基于 ARM 处理器和明匠智能自主知识产权的嵌入式实时内核的智能数据采集系统，Windows 平台客户端如图 7-16 所示，可在明匠智能网关平台运行。该系统支持西门子、三菱、台达等数十种 PLC 的采集，支持 FANUC、三菱、西门子 840D 等十余种主流数控系统的数据采集。该平台的投入使用将工业智能制造项目的实施难度降低了 60%，维护成本降低 90%。用户只需简单配置即可实现按照企业工艺要求去采集设备工艺和设备本身运行数据，明匠智能牛顿 1.0 操作系统让每一个用户成为智能制造的开发者和实施者。

图 7-16 Windows 平台客户端

此案例中设备接口数据样本信息见表 7-4。

表 7-4 设备接口数据样本信息

变 量	类 型	属 性	备 注
当前 x 坐标 x 坐标	Long	只读	放大 1000 倍
当前 y 坐标 y 坐标	Long	只读	放大 1000 倍
当前 z 坐标 z 坐标	Long	只读	放大 1000 倍
设定 x 坐标 x 坐标	Long	读写	放大 1000 倍
设定 y 坐标 y 坐标	Long	读写	放大 1000 倍
设定 z 坐标 z 坐标	Long	读写	放大 1000 倍
打印的条码内容	String	读写	—
启动单次打印	Bit（位）	读写	—
故障码	Word	只读	—
当前状态	Word	只读	0：复位，1：空闲，2：打印中，3：暂停，4：打印完毕
打印结束	Bit	读写	—
激光头保养时间	Long（32 位长整形）	只读	—
激光头状态	Bit	只读	—
设备运行时间	Long	只读	—
设备电能消耗	Float	只读	—

7.6.7 数字化智能装备的设计研发

采用高端自动化、数字化执行装备与在线检测系统采用工业六轴关节机器人、五轴 SCARA 机器人、三轴直角坐标机器人作为执行器，同时采用激光导航 AGV 和陀螺仪惯性导航 AGV，数控行车装备作为物流移栽执行器；采用智能数字化立体库作为物流储存与自动分配的执行器；采用诸如激光测量、CCD 人工视觉测量、高精度接触式测量在线检测装备。图 7-17 为六轴／四轴 SCARA／三轴直接坐标协同，图 7-18 为在线高精度检测装备（多元传感系统+CCD 工业视觉检测），图 7-19 为在线高精度检测装备（激光非接触检测+接触式检测）。

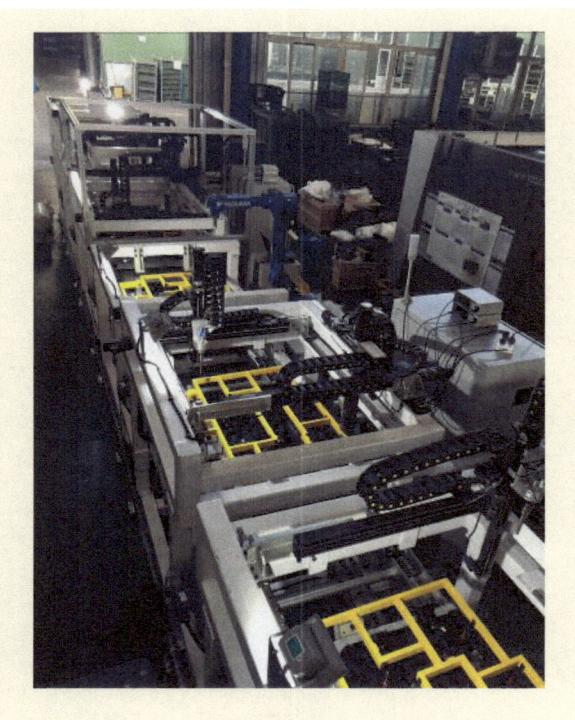

图 7-17 六轴／四轴 SCARA／三轴直接坐标协同

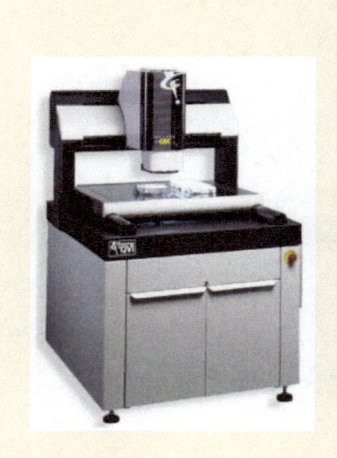

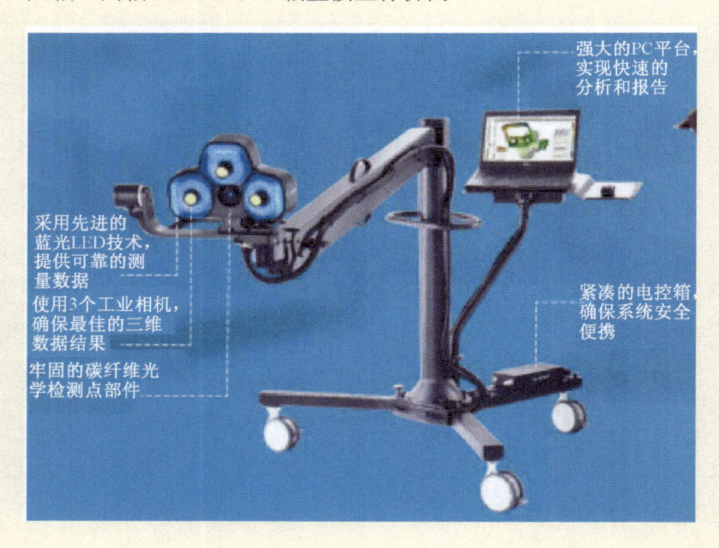

（a）　　　　　　　　　　　　　　（b）

图 7-18 在线高精度检测装备（多元传感系统+CCD 工业视觉检测）

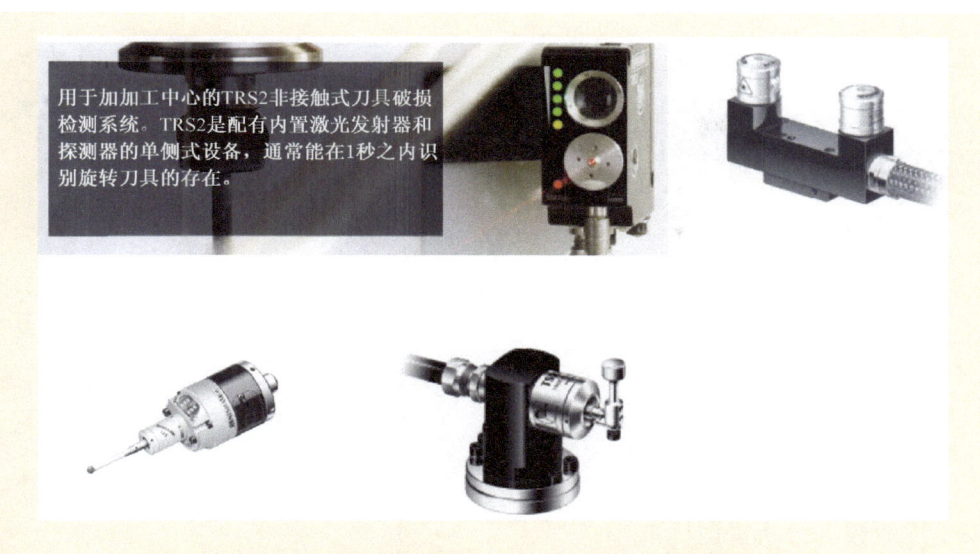

图 7-19　在线高精度检测装备（激光非接触检测+接触式检测）

7.7　智能制造标准化现状与需求

7.7.1　现有相关标准

（1）ISA95-B2MML 数据接口标准：为实现 ERP，WMS，SCM，CRM，MES 信息共享提供了标准；遵循 ISA95-B2MML 协议研发适合工业软件标准的企业服务总线（ESB）。

（2）工业通信协议参考标准：牛顿 1.0 操作系统通信协议遵循此标准。

（3）IEEE802.3 工业以太网标准：牛顿 1.0 操作系统通信协议遵循此标准。

（4）GBT 25485—2010：工业自动化系统与集成制造执行系统功能体系结构。

（5）GBT 20720：企业控制系统集成。

MES 产品规划和规划设计严格遵循国标 GBT 25485—2010 和 GBT 20720。

7.7.2　标准化需求

1. 设备机代码与计算机代码互译语义标准

智能制造需要生产现场的设备具有自感知、学习能力；这些设备感知、学习的能力来源于各类传感器和控制系统算法；但它们只是机器代码，上位服务器的计算机并不能够直接识别设备的状态，也无法控制设备使其根据数学模型计算的结果去执行。因此，急需一种语义转换系统，将不同数字化设备的状态转化为计算机可以识别的语言。

2. 工业大数据字典标准

智能制造最终体现的是制造过程的五要素"人、机、料、法、环"的标签化和数字化，以满足自动化、智能化的需求，实现产品全生命周期管理（PLM）。制造业在实际环境中使用了不同年代的设备，包括通用设备和大量的非标设备，导致在自动采集的设备信息、实际工艺信息等过程数据描述无法统一。因此，需要工业大数据字典统一描述，实现工业大数据分析和决策模型建立。

3. 工业数据分析模型标准

智能制造核心技术是如何让制造过程变得"智能"，AI技术采用各类数据模型与算法优化生产过程，部署数学模型与算法的工业云端需要自决策如何执行。现在人工智能算法在各个行业已经得到广泛应用，但是在制造业的使用还处在探索阶段，现在市面上很多科研机构和公司都提出工业数据分析模型。因此，需要国家统一工业数据分析模型标准，有利于智能制造的发展。

7.8 智能制造示范意义

7.8.1 为传统离散制造行业建立智能制造标准体系与案例标杆

通过该智能制造系统，研发各个行业高度数字化、自动化的装备；采用精密程度高、数字化程度高的在线检测设备；通过工业互联网进行连接，通过网关进行语义转化，使生产的要素：人、机、料、法、环都数字化、标签化；在制造物质的同时，通过数据生成、数据采集和数学模型计算分析，达到优化制造过程的作用。

7.8.2 为传统制造企业节能减排和降本增效提供成熟技术支持

在智能制造建设过程中可以从以下几点实现企业节能减排和降本增效的需求。

（1）通过系统中的算法模型智能控制数字化设备，从设备的生产计划、启/停、空转和负载等方面的优化管理降低设备能源消耗。

（2）在生产线上利用机器人和专机减少人员配比，减少人为干预生产的情况，提升企业生产效率。

（3）通过智能物流系统，提高生产过程物料的齐套性、物料配送及时性、供应链周转的准确性；有效降低了上下游库存，提高了周转率。

（4）通过在线检测技术，数据追溯系统应用，有效地杜绝了不良品的发生，提高了生产效率，减少了物料浪费。

（5）通过 PLM 系统，为客户提供良好的产品数据服务；客户满意度得到提升，赢得客户智能服务增值部分的利润。

（6）通过数字化控制系统，MES 系统，智能网关组成的广义闭环 IOT，凭借二维码技术和 RFID 技术对生产要素"人、机、料、法、环"进行标签化，实现企业生产的数字化。

7.9 下一步工作计划

（1）在不同的离散制造行业做推广复制。离散制造行业具有设备种类多、工艺流程复杂、库存周转冗长、依赖工人素质及产品品质不稳定的问题。通过使用智能制造硬件加软件的系统，上述问题得到了有效解决。

（2）降低智能制造系统的实施成本，或通过整合中小企业平台的方法，提升中小企业竞争力。该系统目前价格还比较高，中小制造企业无法承担，可通过以下途径解决或缓解。

①逐步摊薄研发费用，使得系统整体价格降低。

②整合同行业中小企业，进行平台式发展。

（3）研发高精度及应用材料广泛的 3D 打印机（激光烧结与冷刀加工五轴联动一体机）。

目前，制造业的加工工艺仍然比较落后，采用原材料多次装夹的减材加工工艺。这样的制造过程精度不高，也不稳定。

采用激光烧结与合金粉末进行增材加工，并使用五轴机床进行减材加工，可以大大提高加工精度及工艺稳定性。

现在主要问题在于国内同类设备还不成熟，而进口设备受到限制，价格也非常昂贵，一般制造业企业无法承受，亟需技术突破。

案例 8

自主标准 RFID 在彩电智能制造中的应用

8.1　案例在智能制造系统架构中所处的位置

本案例在智能制造系统架构中,处于生命周期的生产环节、系统层级的控制层、智能功能的系统集成环节。

8.2　智能制造案例基本情况

要实现具有大规模个性化定制能力的智能制造,首先要实现产品、设备、人的互联互通,形成智能制造体系中各要素的连接通信标准,有效的产品身份标识技术是必备的条件之一。本文主要介绍了自主标准 RFID(Radio Frequency Identification,无线射频识别)在彩电智能制造中的应用,详细描述了彩电锁螺丝作业控制系统的应用方案。该技术具有数据安全、隐私保护、多用户区的特点,采取外置或内置产品的方式,可实现全制程身份标识、彻底解决市场防窜货及终端市场的增值服务等,使产品在设计、生产及销售等整个生命周期中可连接、可通信,进而实现相应的智能应用。

8.3　智能制造系统架构介绍

在离散型电子制造业中，产品装配是必不可少的工序，装配质量的好坏将直接影响产品的性能。彩电的整机锁螺丝是装配工序中工作量最多的作业工位，目前采用锁螺丝机器人在线完成螺钉锁固作业。本案例采用了自主标准 RFID 技术对每台电视机进行标识，使得每台电视在智能制造系统中具有了信息化通信的接口，结合彩电锁螺丝机器人完成产品自动识别、自动切换作业程序、自动补打螺丝等。彩电锁螺丝机器人作业控制系统的工作流程如图 8-1 所示。

（1）RFID 标签固定在产品对应的工装板上，通过读写器读取每台电视机的锁螺丝作业信息，发送给锁螺丝机器人使其完成作业，并将作业结果写入对应的 RFID 标签。

（2）修理工位的读写器负责读取每台电视机 RFID 标签的作业结果，若该电视机有部分螺丝没打好，则进入修理工位补打螺丝；若该电视机所有螺丝都打好，则进入下一道工序。

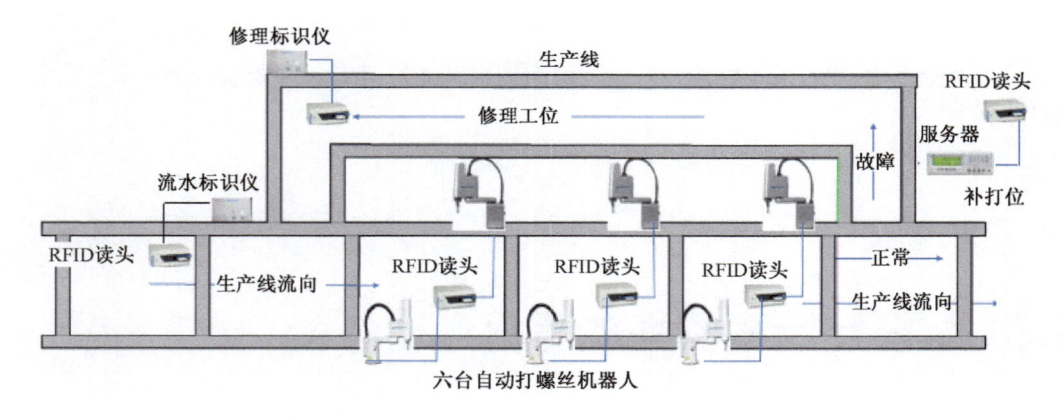

图 8-1　彩电锁螺丝机器人作业控制系统架构

8.4 智能制造关键绩效指标

本案例将自主标准 RFID 技术对产品进行标识,并结合锁螺丝机器人作业控制系统,率先应用在彩电行业最为典型的锁螺丝装配工序中,提供了一种低成本的产品身份标识技术及应用。该技术标准是实现产品、设备、人之间互联互通的基础,在智能制造标准体系中广泛应用。本项目具有以下关键绩效指标。

(1)制造成本降低。实现了产品与智能制造体系中其他元素的自动连接和通信,锁螺丝机器人作业无须人工输入信息和人工补打螺丝,并能实现产品的自动识别转产,制造成本降低约 5%。

(2)提供生产效率。转产时间由原来的 20 分钟减至 5 分钟以内,按平均每天转产 4 次计算,每天可多生产 1 小时产量,整体生产效率提高 10%。

(3)提升产品作业合格率。通过信息化的手段,实现了锁螺丝机器人作业控制系统的无人化作业,所有作业过程及结果都被自动记录,完全避免人工误作业,产品作业合格率从 97%提升至 99%以上。

8.5 案例特点

8.5.1 项目背景

尽管锁螺丝机器人完成了电视机自动锁螺丝装配,但由于产品不具备信息接口,锁螺丝机器人无法自动获取产品的作业信息,部分工作仍需要人工完成。在使用 RFID 前,存在以下两种问题。

(1)电视机是否需要锁螺丝的作业信息无法自动传输给机器人,不作业时需要人工放行。

(2)机器人对电视机完成锁螺丝的结果信息无法自动传输给下游工位,需要人工检验补打。

8.5.2 核心功能

本案例将 RFID 标签置于工装板上，采用周转回收的方式，降低了投入成本。结合机器人锁螺丝作业控制系统（见图 8-2），介绍项目的核心功能。

（1）产品作业信息自动识别。服务器与各标识仪通信，保存所有经过标识仪的电视机 RFID 号，包括要自动化作业和不要自动化作业电视机对应的 ID 号。自动化设备与线体服务器通信，获取当前电视机是否自动化作业信息。

（2）作业结果自动标识与识别。锁螺丝机器人作业完毕后，将作业结果重新写入 RFID 标签。补打工位的服务器显示各螺丝是否打好、是否已预打情况，供人工补打作业员参考，或直接由补打机器人完成。

（3）离线手工编程作业程序。对于新品试产电视机，往往坐标数据提供不够及时，服务器具备由用户离线手工绘制螺丝孔分布图的功能，即用户在显示区域放置电视机所需各螺丝孔的大概位置，并对各螺丝孔进行编号，最后将编程好的作业程序与产品关联。

（4）作业信息共享与分析。服务器统计、保存打螺丝情况数据，这些数据可共享给公司局域网的各个 PC，供管理人员查看和分析。图 8-2 中的虚线部分是服务器连接公司局域网示意。

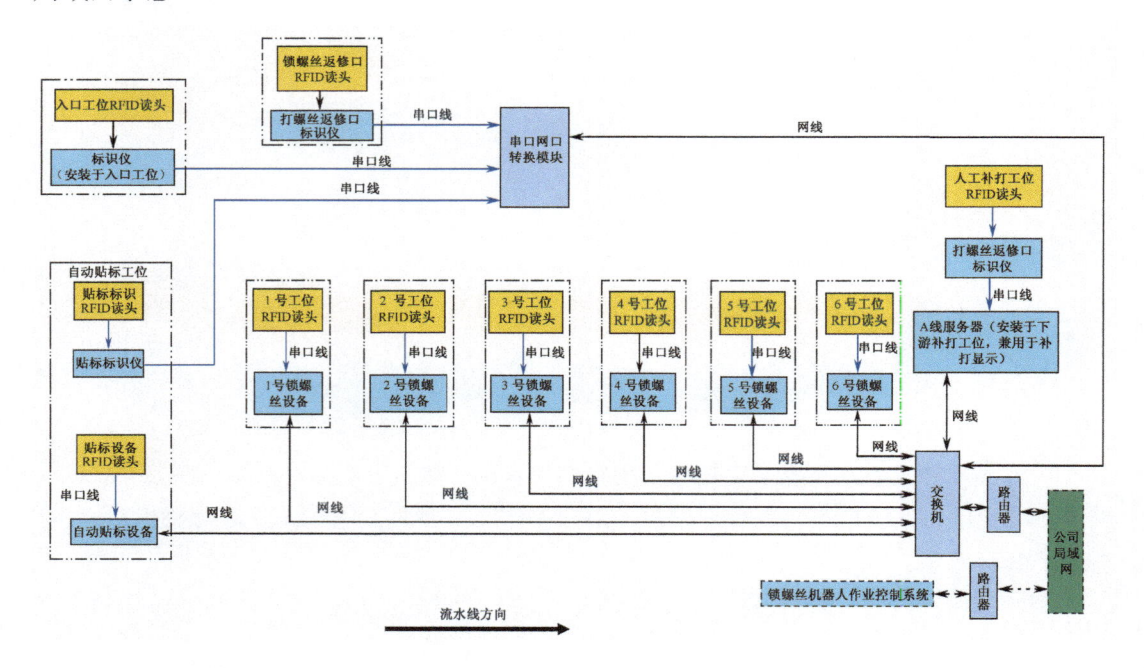

图 8-2 彩电锁螺丝机器人作业控制系统原理

8.5.3 系统作业流程

1. 作业流程

如图 13-2 所示，各个锁螺丝机器人一启动锁螺丝程序或切换机型，就向服务器发送待打螺丝的电视机机型号及待打螺丝的孔编号，更新本设备原有螺丝孔编号，服务器收到后返回确认已收到的信息。各读头通过串口，每隔 0.3s 向对应锁螺丝机器人、服务器、标识仪发送当前工装板 RFID 号。服务器把所有经过上游信息系入口工位的工装板 RFID 号及是否打螺丝、是否已预打螺丝信息记录到数据库。入口工位及打螺丝修理工位在当前电视机不用打螺丝时，需通过标识仪进行标识。锁螺丝机器人在打螺丝前，把到达本工位的电视机定位好，然后向服务器询问当前电视机是否需要打螺丝，询问信息附带当前工装板 RFID 号。服务器根据数据库的记录，返回是否打螺丝的信息。如果未找到该 ID 号，就返回不锁螺丝信息。锁螺丝设备若收到服务器发来的不打信息，则直接放行。如果要打螺丝，打完后向服务器上传本次打螺丝完成情况的信息，供下游人工补打工位查看各螺丝是否打好。

2. 服务器数据处理

服务器事先保存各种机型各螺丝孔坐标的 Excel 文件，以及各种机型后壳示意图的 BMP 文件。每种机型每个坐标已统一编号（见图 8-3），文件名以机型号命名。从电视机背部看螺丝孔，将最左下角的螺丝孔定义为坐标原点。服务器在下游人工或自动补打工位显示当前电视机各螺丝孔是否打好的情况，供补打作业参考。当服务器读取到补打工位当前工装板 ID 号后，从硬盘读取当前机型要打螺丝孔的坐标值，然后显示出螺丝孔分布图（如果未读到 ID 号，就不显示分布图）。同时显示根据各锁螺丝机器人上传的与该 ID 对应的各螺丝孔是否打好的信息。各螺丝孔呈现出不同的颜色，打好的显示绿色，未打成功的显示红色，未打的显示黑色。如果所有螺丝孔打成功，显示器虚拟报警灯就显示绿色。只要有一个螺丝孔漏打或未打成功，虚拟报警灯就显示红色。由于工装板是循环流动的，过了补打工位的工装板对应的 ID 记录在数据库中应予以删除（即补打工位收到当前工装板 ID 后，删除最近该工位收到的上一个 ID 号记录）。同时为了避免漏删，例如计算机临时重启期间如果漏删流过的工装板 ID 号，那么数据库始终只保留 40 条 RFID 记录。若上游标识仪每次新发过来一条记录，则删除从当前 ID 记录往前追溯的第 40 条记录。

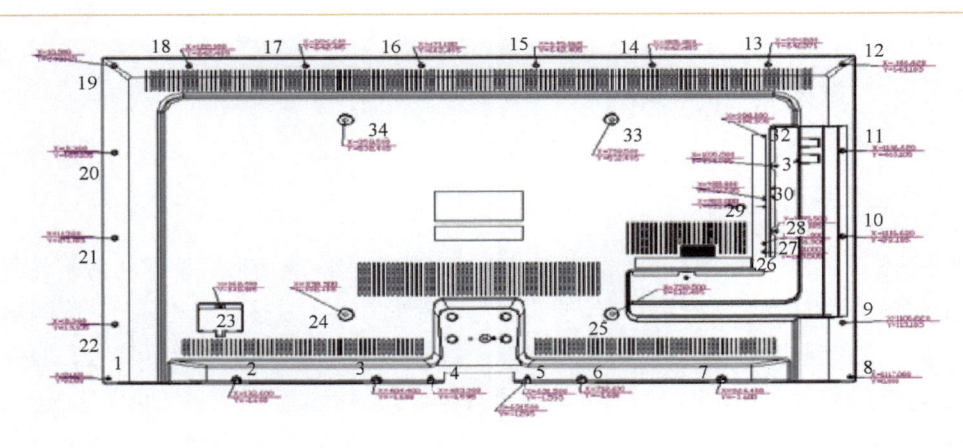

图 8-3　机型电视机后壳示意（附螺丝孔编号）

3. 补打显示模式

对于不同机型补打界面的螺丝孔分布图，其坐标原点螺丝孔显示位置确定在显示器左下角的某个位置。用户可在两种显示模式中选择：一种是没有后壳示意图（见图 8-3）作为背景的模式，在该模式下服务器根据机器人发过来的机型号，获得电视机尺寸（英寸）数据，然后计算出比例因子，程序根据该比例因子及坐标文件，计算出各螺丝孔在显示器上的显示位置。这样，无论是 24 吋还是 85 吋电视机，都能以合适大小显示出来。另一种螺丝孔分布图以对应机型 BMP 文件内的后壳示意图为背景，为了使螺丝孔与示意图不错位，BMP 文件名带比例数据供程序读取。各机型示意图中的原点螺丝孔都位于统一的位置，即原点螺丝孔位于图片左下角往上数第 100 行像素、往右数第 100 列像素位置。

4. 螺丝预打作业

自动锁螺丝工位上游有时也机动性地安排作业员进行人工锁螺丝，如果需要人工预打，作业员应拨标识仪上的"人工预打"开关，并确认"人工预打"指示灯亮起。此时，凡是经过入口工位的工装板对应的 ID 号在服务器数据库中都标记为"已预打"。服务器有预打螺丝孔编号输入项，如果当前机型有预打螺丝孔，其孔位也显示在分布图上。进入补打工位的工装板对应的 ID 如果已标识为预打，对应螺丝孔就呈现绿色；若未预打，则对应螺丝孔呈现黑色。

5. 孔位手动编程功能

对于新品试产电视机，往往坐标数据 Excel 文件提供不够及时，服务器具备由用户手工绘制螺丝孔分布图的功能，即用户在显示区域放置电视机各螺丝孔的大概位置，并对各孔进行编号，最后保存数据。

6. 其他类型设备的应用扩展

其他类型的自动化设备通过联网后工作过程与上述过程相同，例如自动贴标设备定位好后，询问服务器当前电视机是否需要贴标，服务器会根据贴标工位的当前 RFID 号，在数据库里检索是否已被标识不贴。若不贴标，则自动放行。

7. 设备运行状况监视

在图 13-2 中，虚线部分为功能扩展连接图（与公司局域网连接示意图）。线体服务器应设计好接口程序，供局域网各 PC 查看各生产线自动化设备的运行情况。

8.5.4 自主标准 RFID 技术

关于产品信息标识目前常用的方式有条形码、光学符号、IC 卡、ISO/IEC 18000-6C 国际标准 RFID，本案例中的彩电锁螺丝机器人作业控制系统采用自主标准 RFID 技术，具有如下技术特点（见表 8-1）。

表 8-1 自主标准 RFID 技术特点对照

标识技术 性能项	条形码	光学符号	IC 卡	ISO/IEC 18000-6C	自主高安全 UHF RFID 标准
存储区	—	—	存储区单一	存储区单一	最大支持 16 个用户子区
数据安全	无	无	根据应用配置不同的安全等级	安全等级低	根据应用配置不同的安全等级
受污染、潮湿影响	很严重	很严重	易受影响	无影响	无影响
受光遮盖影响	失效	失效	无影响	无影响	无影响
未经允许的修改/复制	非常容易	非常容易	不可能	不可能	不可能
识别速度	慢，4s	慢，3s	慢，4s	很快，5ms	很快，5ms
通信距离	<50cm	<1cm	直接接触	<8m	<15m
多标签识别	不支持	不支持	不支持	最快 500 张/秒	最快 600 张/秒

8.6 智能制造实施步骤

由于企业的生产产品及生产方式的不同，同一企业在不同的工序中，产品标识技术在智能制造中的实施方式也会有所不同。通过本案例的成功应用，归纳项目实施步骤如下：

1）企业需求及使用环境调研

（1）调研企业对生产过程管理需求及后继扩展的规划。

（2）调研企业生产架构及生产流程。

（3）调研企业产品的特定包装规格及特殊需求。

（4）调研企业生产线架构及改造要求。

2）RFID 电子标签及读写设备个性化设计

（1）针对企业对管理系统需求进行个性化定制。

（2）针对企业产品特定包装规格及特殊需求进行个性设计。

（3）针对企业生产流程及生产线架构进行改造设计。

3）模拟环境测试及设计改进

（1）在模拟环境下进行个性化设计的验证。

（2）完善个性化设计及企业的特殊需求。

4）生产线改造及试运行

（1）对生产线进行改造。

（2）改造后的生产设备调试及试运行。

（3）搜集问题并逐步完善改造设计。

（4）对相关管理人员、操作人员进行管理系统培训。

（5）对操作终端覆盖安装 RFID 读写设备。

（6）验证管理系统的市场预期效果并进行功能完善。

5）进行仓储与物流环节改造及运行

（1）对仓储与物流等环节进行改造。

（2）改造后的设备调试及运行。

（3）管理系统功能完善与权限开放。
（4）仓储与物流环节人员的培训。

6）逐步完善管理系统

对管理系统的功能进行逐步完善，与企业的各个环节相结合，提高管理系统的附加效益。

8.7 智能制造标准化现状与需求

现有相关标准为《信息技术射频识别 800/900MHz 空中接口协议》（GB/T 29768—2013）。

自主标准 RFID 技术成功应用在彩电机器人锁螺丝作业控制系统中，它提供了一种低成本的身份标识技术，这种技术可作为产品的信息接口标准，可广泛应用于企业生产运作中的产品设计、生产、销售、服务等环节。本案例主要针对企业生产环节的应用，在智能制造标准体系中处于生命周期的生产环节、系统层级的控制层、智能功能的系统集成。随着该技术标准的推广应用，在智能制造标准体系中可形成以下新的标准。

1. 产品身份标识标准

要实现产品、设备、人的互联互通，需要给出一个有效的产品身份标识技术。传统产品身份标识大多采用条形码或者二维码技术，这种产品标识方式较难以满足未来智能制造的要求，原因有两点。

（1）当进行条形码或者二维码的信息采集时，需要精确定位，每个自动化设备都需要额外配置一个定位扫描装置，这无疑增加了设备的投入成本。

（2）条形码或者二维码只能单向读取数据，而不能双向读写数据。本案例详细描述了自主标准的 RFID 身份标识技术及其在彩电锁螺丝机器人作业控制系统中的应用，随着智能制造的推进，将有更多的应用之处。

2. 物料包装标识标准

智能仓储物流是智能工厂的重要组成环节，智能仓储物流的难点在于物料最小包装单元设计，以及仓储唯一码标识设计。为解决以上问题，可根据物料包装及仓储形式的不同，采用条形码、二维码及 RFID 标识技术，对不同物料、不同厂商、不同批次的包装标识。企业需要采用统一的编码规范，并保证标识码唯一。

3．产品信息管理系统标准

企业的生产经营活动都是围绕着产品产生的，在产品经过的生产路线中，会产生大量的信息流，例如产品订单信息、产品物料信息、产品作业信息、产品质量信息等。这些信息对企业的生产经营非常重要，例如可以用来改善设计、质量追溯、生产效率分析、市场趋势分析等。每个企业都需要一个统一的产品信息管理系统标准，以规范各种信息编码规则和通信方式等。

4．设备通信协议标准

设备要完成准确高效的生产作业，需要统一规范的通信协议标准，包括设备与系统、设备与设备、设备与产品及设备与人的通信协议等。

8.8 智能制造示范意义

将自主标准 RFID 技术应用于离散制造系统，弥补了企业资源计划和控制层存在信息管理的断层和信息反馈延迟的缺点，可实现车间生产数据的传递通畅，大大缩短生产准备时间和生产周期，提高产品质量，有效利用车间资源，快速提升车间管理能力和管理效率，大幅度提高在制品追溯速度和准确性，工时管理将更加科学合理。该案例具有重要的示范意义和作用。

（1）系统安全性。国标 UHF RFID 标准提供了不同强度的安全机制，可有效防止窃听、窃取、篡改、跟踪、欺骗（伪造）、克隆等安全威胁，保证通信链路安全，满足多种应用需求。

（2）数据采集实时与自动化。RFID 数据读取速度快，可实现批量读取，能够有效提高生产过程的自动化和运营效率。

（3）生产质量实时可控。RFID 可实时采集、反馈、追踪产品的质量数据信息。企业可实时地分析并解决生产质量问题，有效降低不良品率，提高产品质量。

（4）生产管理灵活可调。RFID 实时采集生产流程各节点的数据信息，使企业可以详细掌控各环节的工作状况，并为企业柔性化生产提供充分的真实信息，便于企业及时进行监控和调整。

（5）节省企业成本。RFID 系统可以贯穿供应链体系，将实际情况转变成量化、可视化的信息。企业可以根据实际情况加强资源整合、优化配置，使企业的投入发挥到最大效益，提高管理效率和经济效益，极大降低企业的综合成本。

（6）商品防伪追溯。RFID 电子标签具有唯一性，可实现商品的防伪与溯源，使企业的诚信充分地面向社会监督，降低了企业的社会成本，节约更多的社会资源。

（7）拓展性。遵循国标 UHF RFID 标准的电子标签具有多用户区特性，能够实现一签多用。每个用户子区可设定独立的读取数据、更改数据密钥，满足 UHF RFID 应用中的多环节管理应用需求。系统定制灵活，具有非常好的拓展性。

8.9 下一步工作计划

本案例成功地将自主标准 RFID 技术应用在彩电锁螺丝作业控制系统中，并可在各种机器人作业控制系统中广泛应用。自主标准 RFID 标签工业应用贯穿于企业生产的全部流程，可以改善传统的工作模式，实现制造企业对产品的全程监控和追溯，并且该技术标准可推广应用到产品研发、物流、市场销售和售后服务等环节中。自主标准 RFID 在彩电智能制造中的推广应用主要分为 3 个阶段的工作。

1. 第一阶段

在原有的生产系统中引入自动识别与数据采集系统，与机器人作业控制系统完成对接，完善在线数据采集，自动控制、人机交互等现有生产应用技术。本阶段已完成，自主标准 RFID 技术成功应用于彩电锁螺丝机器人作业控制系统中。

2. 第二阶段

在 RFID 应用层面，根据彩电行业特性完善 UHF RFID 技术，为每一台彩电提供更低功耗、更低应用成本的数据载体，使之贯穿于彩电的生命周期，并与系统层次结合，强化智能制造的基础。目前将 RFID 标签置于工装板上，采用周转回收的方式，虽然降低投入成本，但是生产时容易出现产品调换，造成信息存取错位问题。要实现小批量多品种混线生产的彩电智能制造，必须对产品在制造过程中进行有效的身份标识，并通过外置或内置的方式与产品绑定。

1）外置式

按工序周转回收,采用易取放不易掉的方式,外置于产品上。例如,SMT、机芯工序采用电容式的 RFID,固定在印制板上;整机工序采用 AV 接口的 RFID,固定在 AV 端子中。

2）内置式

把芯片机贴在印制板上,且将天线刻画在印制板上,将 RFID 标签植入电视机,成本控制在 0.3 元/个以下。这种方式一旦实现,自主标准 RFID 标签在彩电智能制造的未来应用非常广泛,具体表现如下。

（1）实现全制程身份标识。"中国制造 2025"的核心是物物相连、全程可控、减员增效,自主标准 RFID 标签具有安全可靠的产品身份标识技术,是实现智能制造必要的基础技术。

（2）彻底解决市场防窜货。产品窜货对市场的影响是恶劣的,造成价格混乱、经销商对产品失去信心、消费者对品牌失去信任等问题。对此,众多企业每年需耗资上百万或千万的费用,颇为头痛。目前采用的纸质条码或是电子条码,均不能彻底解决问题,原因是缺乏有效的身份认证和权限管理。自主标准的 RFID 标签具有全球唯一的身份 ID 号,具有数据安全、隐私保护的功能优势,能彻底解决防市场窜货问题。

（3）终端市场的增值服务。内置在产品上的 RFID 标签,类似手机上的 SIM 卡,在终端市场具有门店销售、库存管理、充值购物、产品追溯等增值服务空间。

3. 第三阶段

实现国标 UHF RFID 能够实现一签多用的技术特性,每个用户子区的数据可独立管理控制,系统定制灵活,可满足 UHF RFID 应用中的多环节应用需求。结合数据信息共享与新一代信息处理技术,为完善产品的智能功能提供有效的数据依据。

案例 9

面向灌装生产线的 WIA-FA 智能制造系统

9.1 案例在智能制造系统架构中所处的位置

本案例是面向灌装生产线的 WIA-FA 智能制造系统,它在智能制造系统架构中的位置阐述如下。

(1) 从生命周期的维度,本案例聚焦灌装生产线的生产过程,具体包括进瓶、洗瓶、抽气、灌装、激沫、充气、压盖和出瓶 8 道工序,同时也包含理盖、液位/压力检测、倒瓶/漏盖检测等辅助功能。

(2) 从系统层级的维度,本案例面向设备层级和控制层级的智能制造过程。设备层级包括传感器、执行器及现场设备,用于实现现场数据的采集和过程控制;控制层级包括可编程逻辑控制器(PLC)。

(3) 从智能功能的维度,本案例包括系统集成和互联互通。其中,系统集成包括通过射频电路及配套软件等信息技术集成原材料、零部件、设备等各种制造资源,由小到大实现从智能装备到智能生产单元、智能生产线的集成;互联互通包括通过采用面向工厂自动化的无线 WIA-FA 技术,实现设备之间、生产线与控制系统之间的互联互通。

本案例在智能制造系统架构中所处的位置如图 9-1 所示的虚线框。

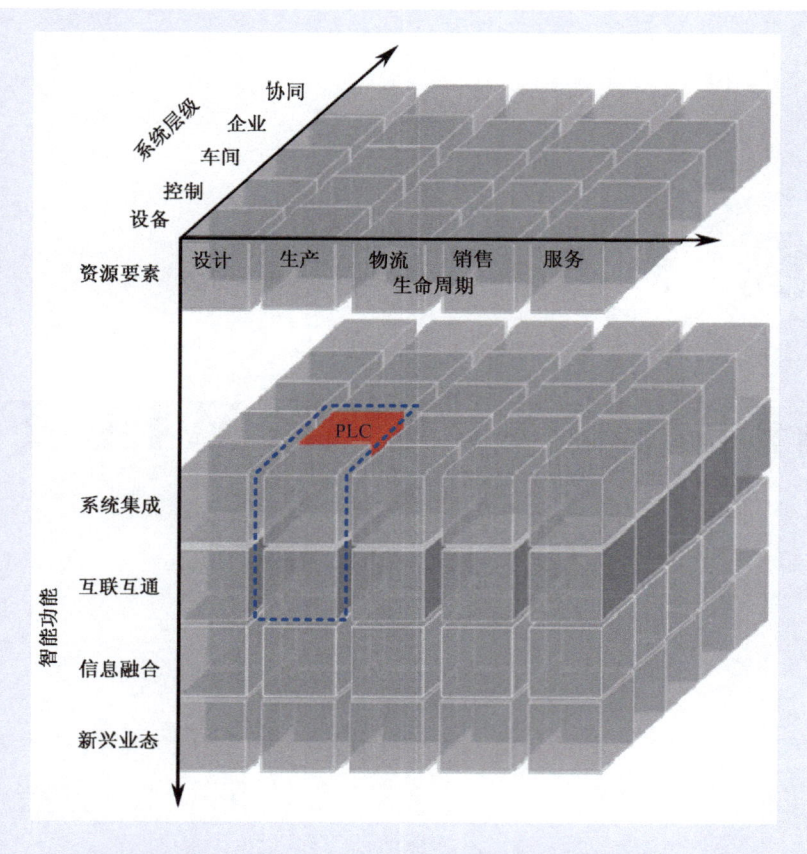

图 9-1 面向灌装生产线的 WIA-FA 智能制造系统在系统架构中的位置

9.2 智能制造案例基本情况

  本案例是由中国科学院沈阳自动化研究所与山东中德设备有限公司合作研发的一套集洗瓶、灌装、压盖功能于一体的新型灌装生产线智能制造系统，是一个典型的离散制造系统。本套灌装生产线包括进瓶、洗瓶、抽气、灌装、激沫、充气、压盖和出瓶 8 道工序，同时也包含理盖、液位/压力检测、倒瓶/漏盖检测等辅助功能，由 70 多个传感器和 20 多个执行器完成相关功能。目前在轨道速度 0.15m/s、主机运行速度 3900 瓶/小时的情况下，系统对接入的要求为每毫秒处理 9 个 I/O 信号跳变的报文，时间并发性高。

  目前面向灌装生产线的 WIA-FA 智能制造系统安装近百个 WIA-FA 无线现场设备及 1 个网关设备，构成连接生产线和 PLC 控制器的高并发无线接入网络，集成了针对高速工业无线网络的高可靠传输技术及实时通信技术,可以实现百点毫秒级的接入指标。目前,系统运行可靠性达到了 99.99%以上,且稳定运行。

9.3　智能制造系统架构介绍

面向灌装生产线的 WIA-FA 智能制造系统的整体布局如图 9-2 所示。整套系统包括以下组件。

(1) 针对灌装生产线进瓶、洗瓶、灌装、压盖和出瓶 5 道工序,同时也包含理盖、液位/压力检测、倒瓶/漏盖检测等辅助功能,在工厂内部,利用 WIA-FA 无线现场设备取代原有有线装置,实现现场数据采集和无线通信。

(2) WIA-FA 无线网络将采集到的现场数据,通过 WIA-FA 网关上传至 PLC,控制灌装生产线的生产流程。

(3) WIA-FA 网络将 PLC 的输出结果通过无线传输到 WIA-FA 现场设备,进而控制灌装生产线上的控制器,执行相关生产操作。

通过以上过程,形成通过射频电路及配套软件等信息技术集成原材料、零部件、设备等各种制造资源,由小到大实现从智能装备到智能生产单元、智能生产线的集成;通过采用面向工厂自动化的无线 WIA-FA 技术,实现设备之间、生产线与控制系统之间的互联互通。

(a) 灌装生产线智能制造系统实物

图 9-2　面向灌装生产线的 WIA-FA 智能制造系统

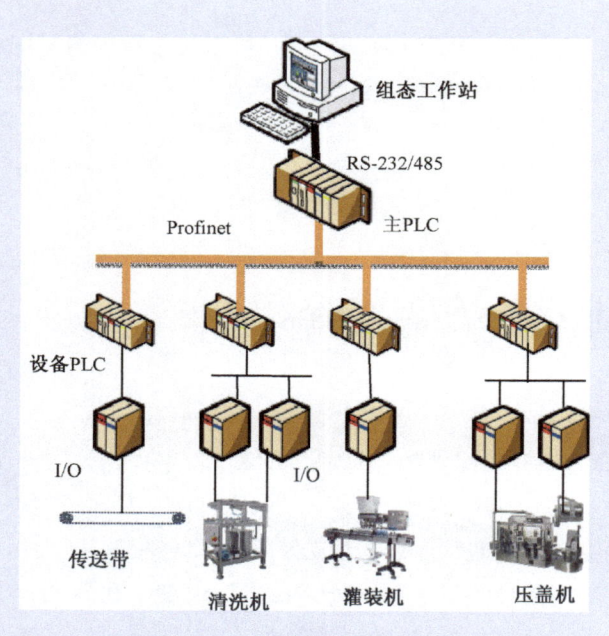

(b)传统网络

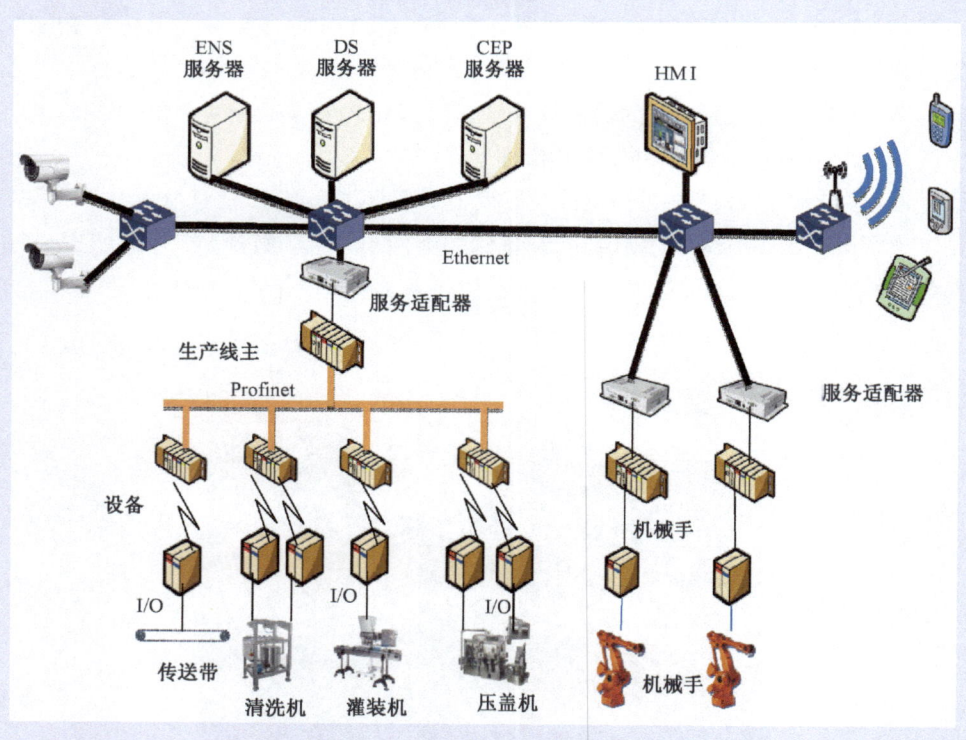

(c)WIA-FA 集成网络

图 9-2 面向灌装生产线的 WIA-FA 智能制造系统（续）

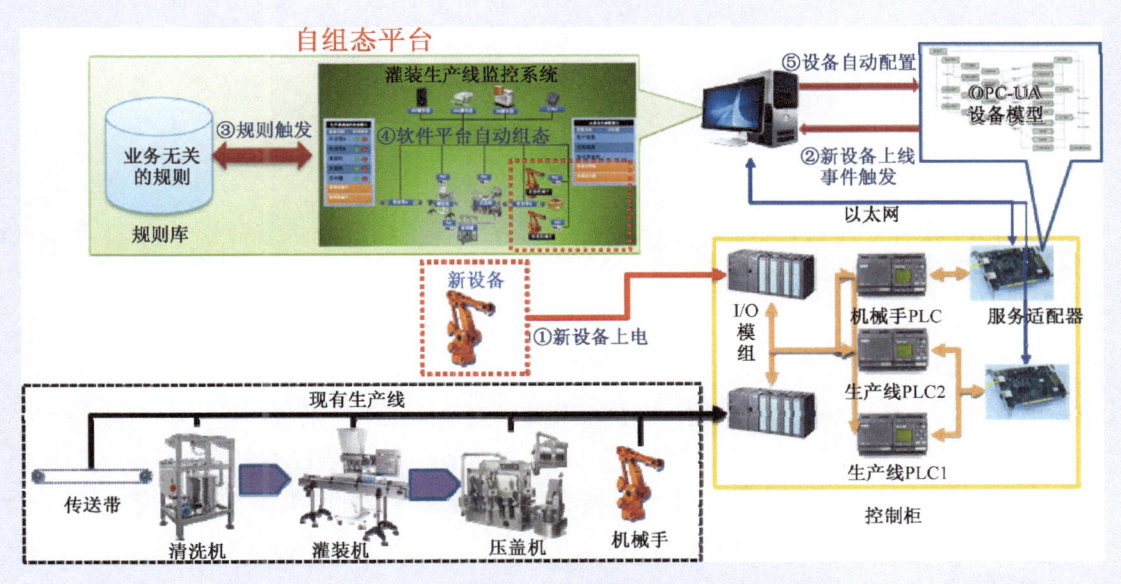

(d) WIA-FA 智能集成界面图

图 9-2 面向灌装生产线的 WIA-FA 智能制造系统（续）

9.4 智能制造关键绩效指标

本案例的关键绩效指标包括以下几项。

（1）生产效率：现有灌装生产线的生产效率为 60%左右，采用智能制造技术后以期达到不低于 85%的公称生产能力。

（2）冲净率：现有灌装生产线的冲净率为 92%左右，采用智能制造技术后以期达到 100%。

（3）灌装合格率：平均净含量不低于标签上标明的平均净含量，现有灌装生产线的灌装合格率为 92%左右，采用智能制造技术后以期达到 100%。

（4）液损率：现有灌装生产线的液损率为 1.6%左右，采用智能制造技术后以期达到不大于 0.8%。

（5）瓶损率：不含理瓶机，现有灌装生产线的瓶损率高达 3.0%左右，采用智能制造技术后以期达到不大于 0.5%。

9.5 案例特点

本案例相对传统制造业而言，针对无线技术在工厂自动化高速控制应用中面临的高并发、抗干扰、硬实时等挑战性难题，以及已有技术无法满足要求的现状，提出了基于历史偏差数据动态预测的高精度时间同步方法、基于透明多接入点的 TDMA 高可靠接入方法、基于信道模型的多模式可靠重传方法，以及面向紧急数据传输的异步多信道调度方法等一整套方法和技术，初步建立了面向工厂自动化的工业无线网络 WIA-FA 技术架构。根据威尔克通信实验室的检验报告（报告编号：03-14-DATAWT0175），在无干扰环境、同频高斯白噪声干扰环境，以及大物体遮挡情况下，百点规模 WIA-FA 网络的端到端可靠性达到 99.99%以上，接入延时小于 10ms。而国际上具有代表性的 ABB 公司的 WISA 技术，在无干扰的理想环境下的延时为 15ms。从性能上看，处于国际领先水平。表 9-1 所示为 WIA-FA 技术的指标参数。

表 9-1　WIA-FA 技术的指标参数

需求	WIA-PA	WIA-FA
行业	过程工业	离散制造业
应用	监测	控制
通信延迟	S 级（软实时）	10ms（硬实时）
可靠性	99%以上	99.99%以上
网络规模	1000	100
移动性	不移动	频繁移动：2m/s
覆盖范围	几十米到几公里	几十米以内
节点密度	稀疏	$0.2\sim 1/m^3$

WIA-FA 技术解决了工厂自动化有线网络所面临高布线与维护成本、移动性与灵活性差等应用难题，将有效突破制造装备与信息系统的数字鸿沟，在提升生产效率、提高产品质量、降低生产成本等方面发挥重要作用。此外，采用无线系统可以使车间内更加干净、整洁，消除线缆对车间内人员羁绊、纠缠等危险，使车间的工作环境更加安全。WIA-FA 技术是工厂自动化生产线实现在线可重构的重要使能技术。

基于上述技术和方法制定的面向工厂自动化的工业无线网络 WIA-FA 国家标准，是目前国际上可见的首部工厂自动化无线网络标准，对推进制造业由传统的低成本大批量生产模式向高端高附加值的个性化生产模式转变,助推我国制造业的转型升级,具有重要意义。WIA-FA 标准与前期制定的 WIA-PA 标准,构成了全面覆盖流程工业和离散制造业的工业物联网基础技术体系,是具有我国自主知识产权、符合我国工业应用国情的标准体系,标志着我国在工业物联网技术领域的研究取得重大进展。

9.6 智能制造实施步骤

本案例系统有 30 余个控制点和 30 余个检测点,具有实现灌装数量控制、啤酒在装罐的液位控制、瓶盖损失率控制、洗罐机和灌酒机之间的倒瓶控制、传送带的传送速度控制、润滑液喷点(防止罐摩擦)的喷发速度控制,以及喷淋系统喷嘴的喷射速度控制等功能。如图 9-3 和图 9-4 所示,分别为灌装生产线的主要工序及检测装置。

(a)流水线整体结构 　　(b)接近开关

(c)灌装环节 　　(d)压盖环节

图 9-3　灌装生产线主要组成和工序

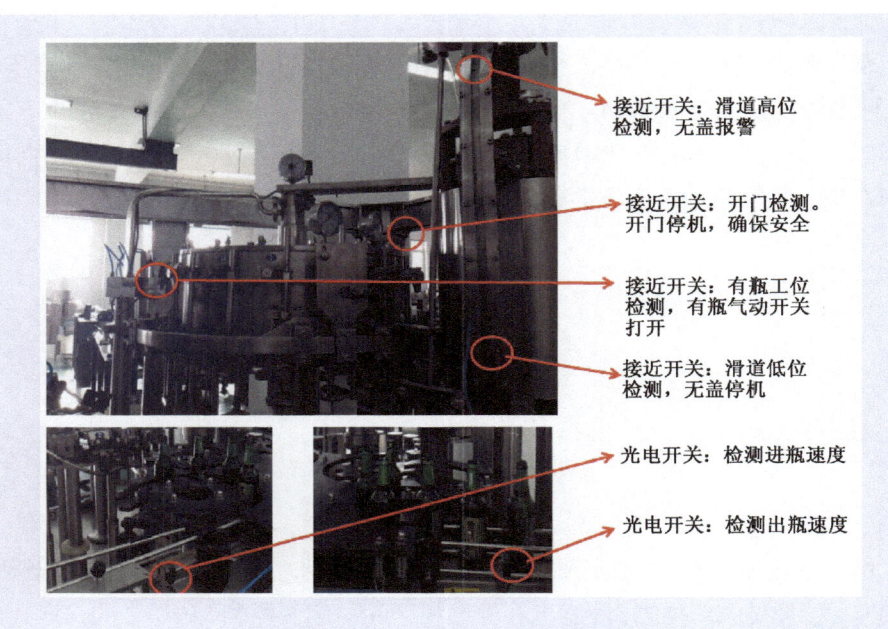

图 9-4 灌装生产线检测装置示意

灌装机的主要运行流程：输送带将酒瓶传入灌装生产线中，由光电传感器对酒瓶数量计数。酒瓶经输送带进入进瓶星轮，送至冲瓶机后由出水管和出气管（执行机构）进行冲洗。冲洗完成后进入灌装机，瓶托将瓶举起，与灌装阀压合，在提举过程中由接近开关检查瓶托上是否有瓶。若有瓶，则开始灌酒。灌装完毕后，酒瓶传入压盖机进行压盖，出气管（执行机构）将瓶盖吹入压盖柱塞处并进行压盖，由接近开关检测瓶盖是否到达指定位置。

目前对灌装系统的各控制点和检测点进行有线通信到使用 WIA-FA 节点的无线替换，以实现智能制造。灌装生产线各个控制点和检测点与 PLC 之间的通信具有严格的实时性与可靠性要求，并具有一定顺序性。如图 9-5 所示为灌装生产线工艺流程及新增工艺，汇总其中的传感器信号和控制器信号（以灌装生产线的最大时速（3 800 瓶/小时），即 947 毫秒/瓶为例），如表 9-2 所示。

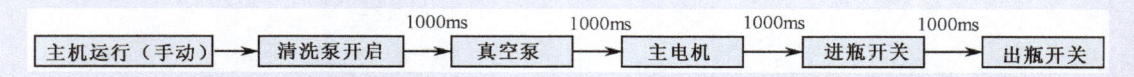

图 9-5 啤酒生产线智能制造工序

表 9-2 信号序列

工艺流程	信号类型	开始时间/ms	实时性要求
缺陷酒瓶检测（新功能）	图像	0	<947ms
爆瓶检测	图像	0	异常触发，<947ms，保证下一个瓶正常
倒瓶检测（新功能）	图像	缺陷检测完毕	从进轨道到进瓶，取决于轨道长度（秒级）——实时性要求最低
主机运行工位检测	工位检测信号	0	周期变化，947ms
进瓶	无瓶检测	45	周期为 30000ms
	无瓶停机	45+30000	
出瓶	满瓶检测	520	周期变化
	满瓶停机	+10000	
	液位高	异常触发	
	液位低	异常触发	
	进瓶检测信号	45	重复
	进瓶电动机开关	245ms	
清洗	清洗泵开关	1000	1000ms
灌装	抽真空电磁阀		
	灌装电磁阀		
	激沫泵		
	液位检测	异常触发	
	无酒停机	+18000	
压盖	滑道高位检测信号	异常触发	
	理盖机	+D240	
	滑道低位检测信号	异常触发	
	压力高检测信号	异常触发	
	排气电磁阀控制信号	压力高+D246	
	压力低检测信号	异常触发	
	进气电磁阀控制信号	压力低+D240	
	有瓶检测信号	周期触发947ms，实时性要求最高的一个	
	止瓶电磁阀控制信号	异常触发	
	无盖检测	异常触发	
	无盖停机	+10000	
	斗内少盖检测	异常触发	
	上盖机	斗内少盖时间+D243	
出瓶	出瓶检测信号		
	出瓶电动机开关		

如图 9-6 所示为灌装生产线各个检测点的时序图,其中在某些时刻事件触发分布密集,最快间隔小于 30ms。为保证系统实时性与可靠性,在实际应用中,将 WIA-FA 的现场设备采样率设置为 20ms,超帧周期设置为 10ms。现场设备每检测一次开关量后在下一个超帧周期自身时隙内将信号发送给网关设备,网关设备通过协议转换最终将信号传送给啤酒生产线 PLC。

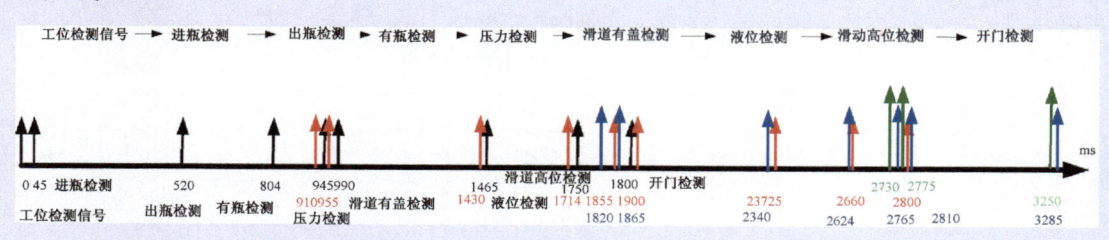

图 9-6 灌装生产线各个检测点的时序图

如图 9-7 所示为利用 WIA-FA 无线设备取代原有检测装置和控制装置的示意,全套系统的示意图如图 9-8 所示,界面如图 9-9 所示。

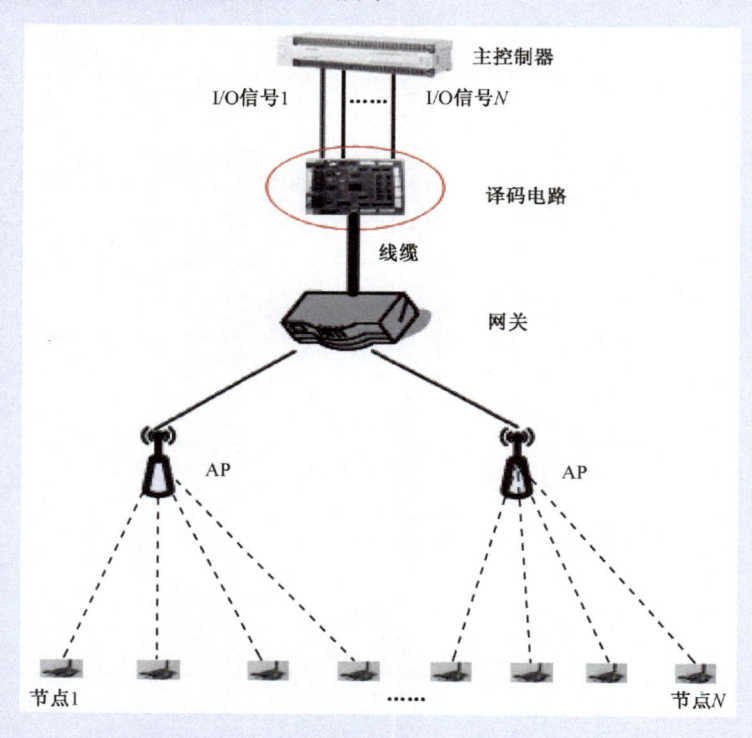

图 9-7 WIA-FA 无线替换

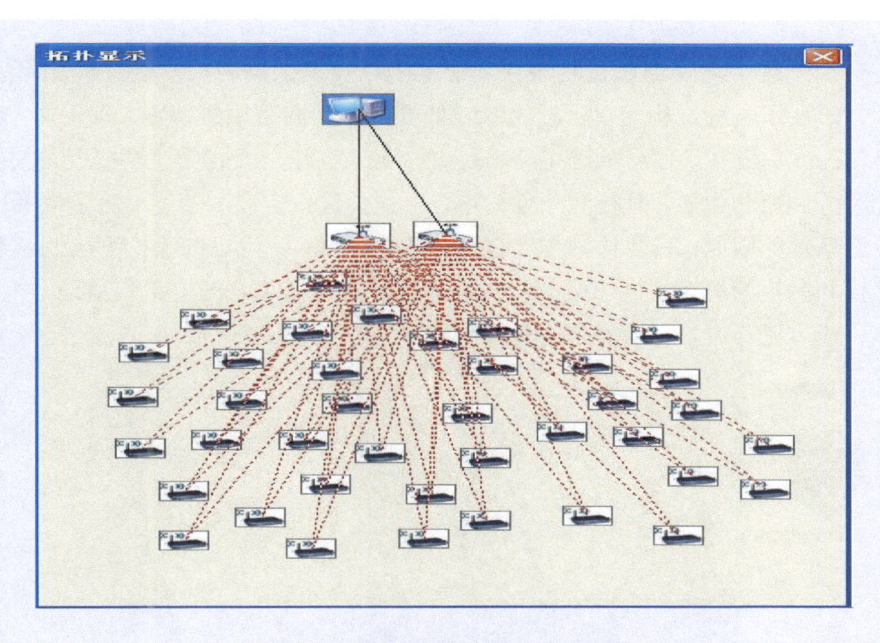

案例 9　面向灌装生产线的 WIA-FA 智能制造系统 | 133

图 9-8　基于 WIA-FA 的无线系统

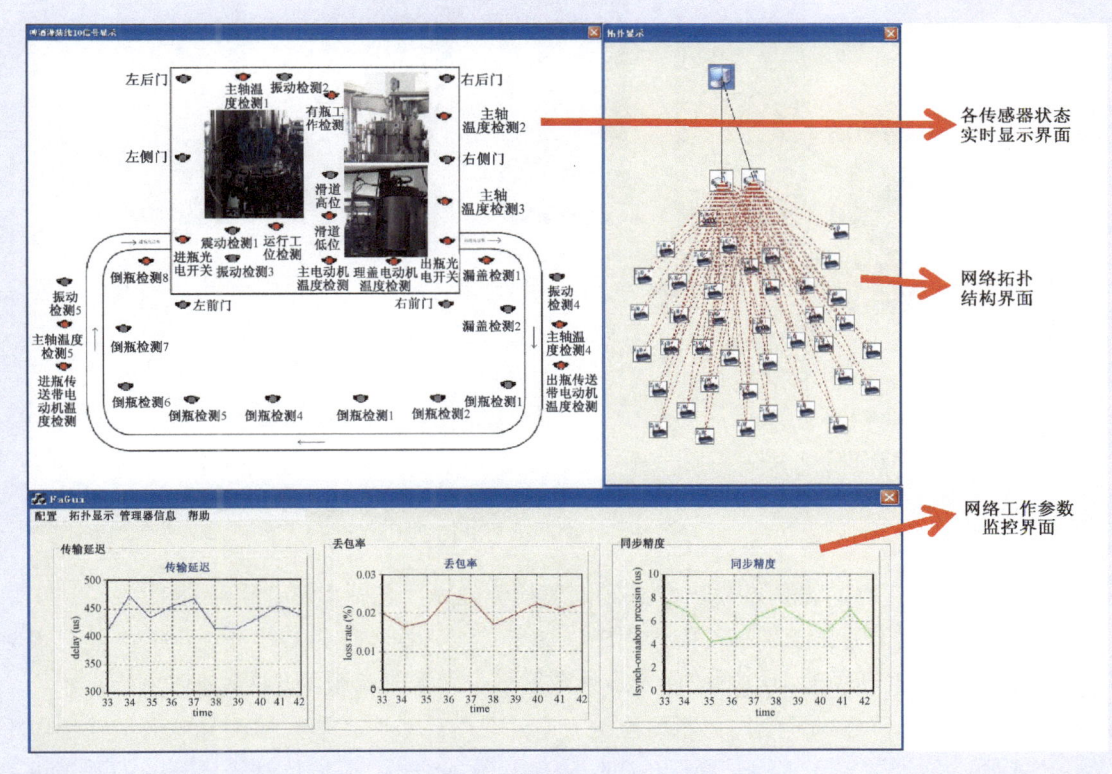

图 9-9　基于 WIA-FA 的灌装生产线智能制造系统界面

以本案例中的倒瓶/漏盖检测技术（受理专利号：201310726452.3）为例，介绍智能制造的能力及实现步骤。

针对传统系统中简易倒瓶检测装置功能缺陷以及复杂倒瓶检测装置检测盲区和成本高的问题,研发了一种结构简单且误检率较低的倒瓶和漏盖检测装置,如图14-10所示,包括瓶身检测光电开关、信号处理电路、瓶口检测光电开光或瓶盖检测接近开关。该装置可以正确区分倒瓶和无瓶,且检测条件简单,不受传送带方向和速度、瓶子位置以及排列紧密程度等条件的限制,只要传送带上有一个瓶子经过,就可以准确检测出倒瓶及是否漏盖,且误检和漏检的概率低。该装置特点是整套装置没有复杂的电路和复杂的机械装置,结构简单、成本低,维护保养经济方便。

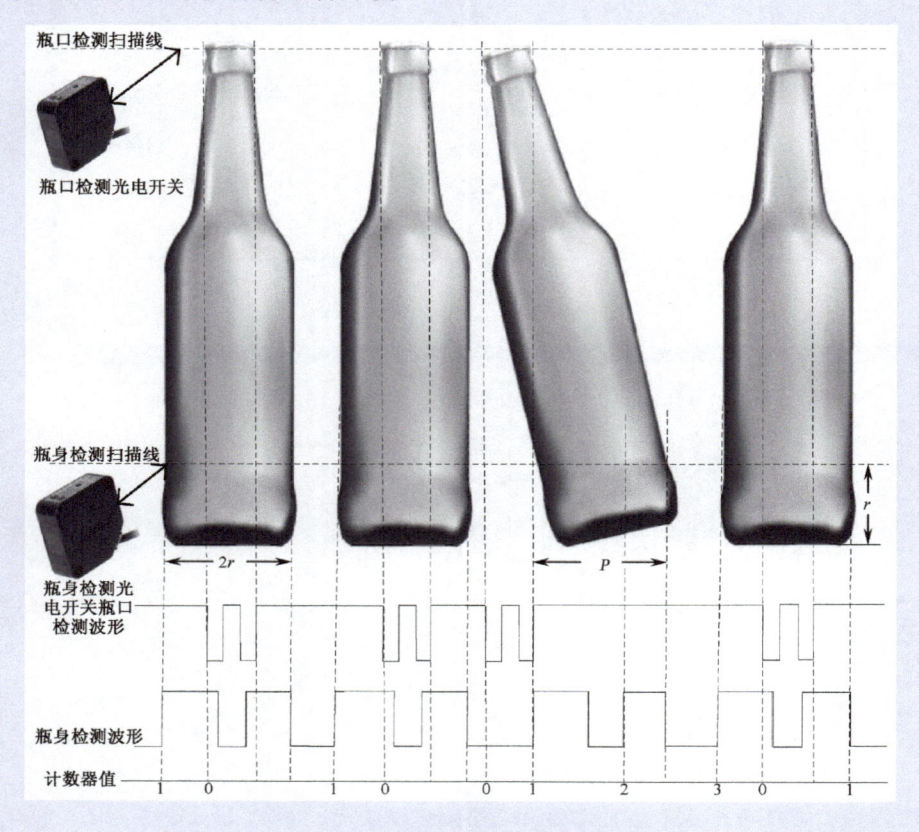

图 9-10 倒瓶检测点位置和原理

低成本高检率的灌装生产线倒瓶/漏盖检测技术,包括以下步骤。

(1)瓶子随传送带移动的过程中,瓶子边缘开始挡住瓶身检测光电开关的光束时,瓶身检测光电开关输出电平变化,给计数器一个上升延计数器计1。

(2)瓶口边缘开始挡住瓶口检测光电开关的光束时,瓶口检测光电开关输出电平发生转换,给计数器清零端一个低电平信号使计数器清零;瓶口检测光电开关的激光束移出瓶口时,输出电平恢复;如果发生倒瓶使瓶口检测光电开关的光束没有遇到遮挡,进而所述瓶口检测光电开关输出电平没有变换,计数器不执行清零。

(3)当瓶身检测光电开关的激光束扫描到瓶子的中部透光区时,输出电平发生转换。

（4）当瓶身检测光电开关的光束扫描到瓶子的非透光区时，输出电平发生转换，在计数器清零的情况下，该电平转换使计数器不会使计数器动作；在计数器不执行清零的情况下，该电平转换使计数器计 2。

（5）当瓶身检测光电开关的光束移出瓶身时，输出电平发生转换。

倒瓶/漏盖检测方法及检测脉冲示意如图 9-11 所示。

为考验无线系统稳定性，整个生产线进出瓶传送带上采用了 10 套倒瓶检测装置，2 套漏盖检测装置。其中，最接近灌装机的倒瓶检测系统一旦告警，则整机急停。若其他节点有倒瓶/漏盖，则告警指示灯闪动和蜂鸣器鸣叫。如图 9-12 所示为倒瓶/漏盖检测装置在啤酒生产线工作位置示意。

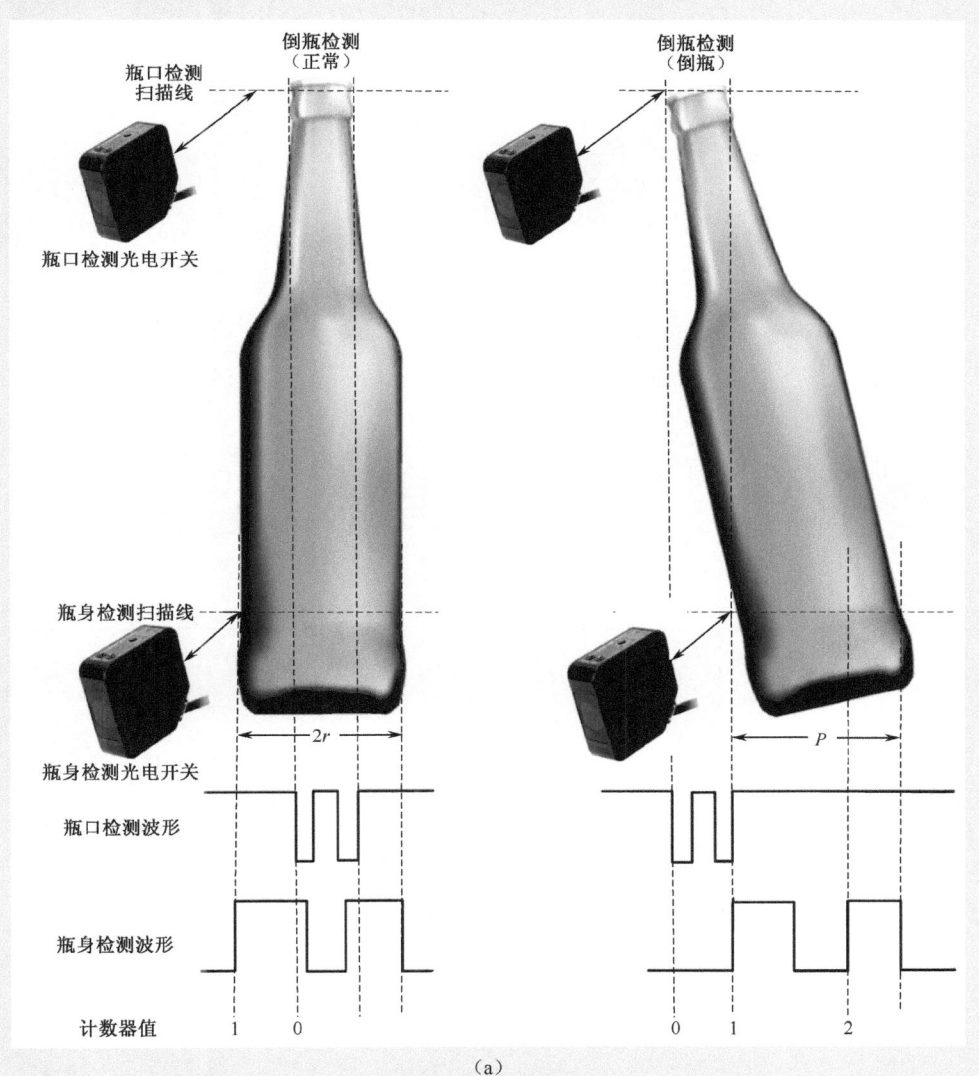

(a)

图 9-11 倒瓶检测原理

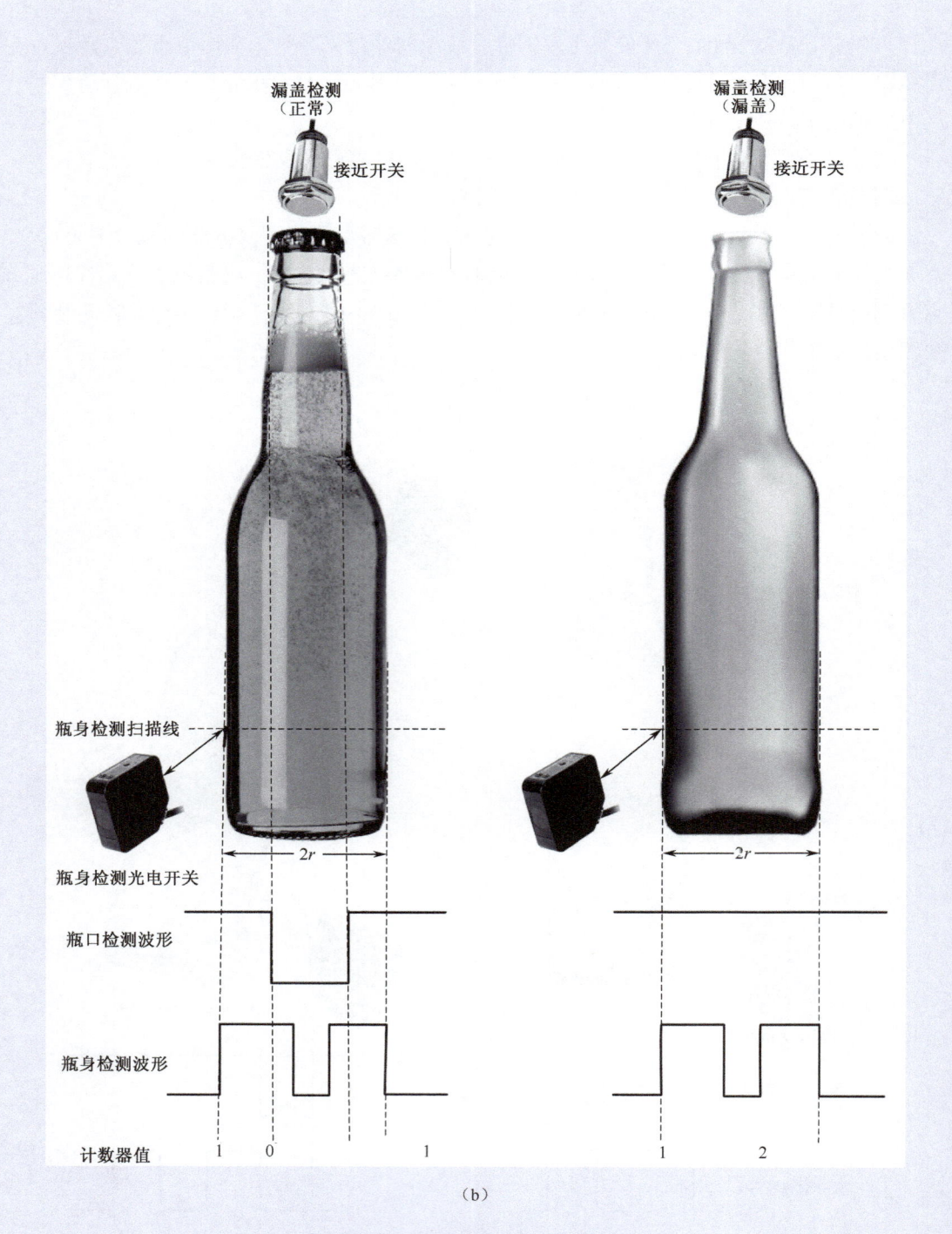

图 9-11 倒瓶检测原理（续）

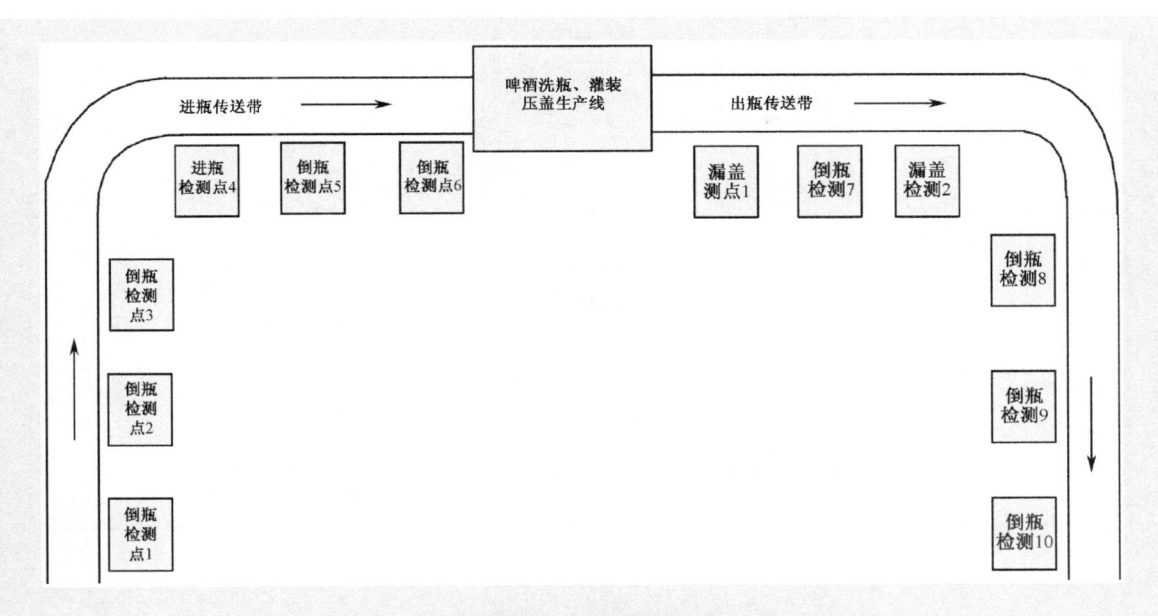

图 9-12　倒瓶/漏盖检测装置在灌装生产线工作位置示意

基于 WIA-FA 的灌装生产线智能制造系统引入倒瓶/漏盖检测装置后，不受传送带方向和速度、瓶子位置和排列密度等的限制，只要传送带上有一个瓶子经过，就可以准确地检测出倒瓶，且误检和漏检的概率极低，整套装置没有复杂的电路和复杂的机械装置，结构简单、成本低，维护保养经济方便。此外，整套装置结构简单，采用单层 PCB 设计即可实现。加上固定传感器的支架和安装电路板的机壳等机械部件，每套检测装置的全部物料成本为 300 元左右，适合推广应用。此外，采用简单的硬件结构件，故障率低，可靠性高，即便有器件故障，更换故障器件也非常容易，极大地提高了生产过程中的智能化和信息化水平。

9.7　智能制造标准化现状与需求

与本案例相关的现有标准如表 9-3 所示。
从标准化的角度出发，本案例还有以下标准化工作亟需开展。
（1）一致性测试标准：制造行业的有线通信标准相对健全，例如针对机器人制造的 ROBBUS 标准及 CAN 总线等，而近期出现的 WIA-FA 等无线通信标准也逐渐应用于智能制造行业。随着工业网络标准及智能制造行业应用行规的逐步完善，网络设备之间的互联成为一个重要问题。而导致设备无法互联的主要因素是设备实现与规范不符，即存在一致性问题。一致性是设备互操作、性能和健壮性等的基础。

表 9-3　与本案例相关的现有标准

编号	参考类型	名称	用途
1	IEC 国际标准	中文名称：工业无线网络 WIA 规范 第 2 部分：用于工厂自动化的 WIA 系统结构与通信规范	进瓶、洗瓶、抽气、灌装、激沫、充气、压盖和出瓶 8 道工序，同时也包含理盖、液位/压力检测、倒瓶/漏盖检测
2	中华人民共和国国家标准	GB/T 26790.2—2015：工业无线网络 WIA 规范 第 2 部分：用于工厂自动化的 WIA 系统结构与通信规范	进瓶、洗瓶、抽气、灌装、激沫、充气、压盖和出瓶 8 道工序，同时也包含理盖、液位/压力检测、倒瓶/漏盖检测
3	中华人民共和国国家标准	GB/T 26790.3—2015：工业无线网络 WIA 规范 3 部分：WIA-PA 协议一致性测试规范	网络设备级的一致性测试

（2）互操作标准：制造业工厂/车间的高度柔性、复杂性、危险性等固有特点，以及小批量、多品种等生产特点使得网络设备种类多样、有线（ROBBUS、CAN 等）与无线（WIA-FA 等）并存。即使解决了互联的问题，还存在互操作的问题，即无法进行信息交互、协调工作，无法保证生产的正常、安全执行。如何让这些分布式设备之间实现互操作，是系统面临的又一个问题。

（3）视频、长程传输、定位、安全等标准：面向视频/图像等传输的大数据无线网络，基于无线的工厂测距、定位、跟踪等技术，工厂级长程无线网络，以及工业无线网络安全、测试等，都要建立完整的工业无线网络及其标准体系，这也是亟待需要开展的工作。

9.8　智能制造示范意义

本案例中的面向灌装生产线的 WIA-FA 智能制造系统，可实现以数据为核心的人、装置、产品的互联互通，打造了智能化工厂，整体提高了生产效率及单品产品的品质和工业附加值，进而可以带动整个产业的协同和资源在线配置，是立足实际需求、着眼未来的典范。

（1）工业无线网络是智能制造的使能技术，只有实现无线互联，才能完成协同、重组等新生产模式。据美国 On World 公司最近的一项无线传感器市场调查显示，79%的被调查用户正在考虑使用无线设备完成远程监控，特别是管道运营行业和水源监测，几乎所有的大型油气公司都在寻求网络化实时监测平台的解决方案。美国控制工程杂志报道的一项调查显示，在工业自动化市场中，最终用户和系统集成商对无线网络技术表现出强烈的兴趣。

工业无线传感器网络技术将是继现场总线之后，工业控制领域的又一个热点技术，是降低自动化成本、提高自动化系统应用范围的最有潜力的技术，也是未来几年工业自动化产品新的增长点。

我国工业企业长期以一种粗放型的模式发展，现在面对新的形势，无论是合理利用资源还是保护环境，最主要的手段就是实现对工业过程参数全面、精确地测量并以此为基础实施优化控制。其核心问题是降低测控系统的成本，使之能够达到推广应用的需求。面向离散制造业的工业无线传感器网络 WIA-FA 技术可以为实现新一代低成本网络化测控系统提供有效的解决方案，为未来我国工业实现节能降耗的目标提供有力支撑，直接经济效益和间接经济效益都将十分显著。

（2）工业无线传感器网络是推动工业控制系统向着泛在化发展的核心技术。当前国际工业控制系统的发展特点和趋势是网络化和智能化。网络化是适应工业现场仪表、控制设备不断增加及系统规模不断扩大的要求，将工业现场需要交互信息的单元组织成高效的通信系统；智能化是适应降低使用和维护成本、提高系统可靠性和易用性的要求，使测控系统具备自配置、自修复能力。

（3）工业无线传感器网络技术的出现，将使控制系统摆脱线缆的束缚，向着泛在化的方向发展。基于新一代的泛在测控系统，人们可以实现对工业全流程的"泛在感知"，获取以往由于成本原因无法在线监测的重要工业过程参数，并以此为基础实施优化控制，来达到提高产品质量和节能降耗的目标。美国总统科技顾问委员会在"面向 21 世纪的联邦能源研究与发展规划"中指出，基于低成本无线技术的新一代泛在测控系统将使工业生产效率提高 10%，并使排放和污染降低 25%。

特别是具有自主知识产权的 WIA-FA 技术，将为离散制造业的智能转型提供标准、技术、装置和系统支撑，具有较高的产业化价值。

（4）面向离散制造业的 WIA-FA 技术及装置将为智能制造提供标准化的理论和装备支撑。智能制造是基于新一代信息通信技术的新型制造模式，是新一轮产业变革的核心驱动力，是《中国制造 2025》确定的抢占未来产业竞争制高点的主攻方向。大力发展智能制造，不仅是加快制造业转型升级的有效途径，也是打造信息化背景下制造业新优势的重要着力点。大力发展智能制造模式，强化智能制造标准对产业的先导作用，可促进智能制造手段安全可控，推动企业大幅度提高生产效率和资源综合利用率，降低运营成本及产品不良品率，缩短产品研制周期，为提高我国制造业国际竞争力、实现中国由制造大国向制造强国转变提供有力支撑。

WIA-FA 技术作为面向离散制造业标准化的工业无线网络技术，可实现智能制造过程中生产线的协同和重组，为各产业实现智能制造转型提供理论和装备支撑。

9.9 下一步工作计划

我国是最早开展面向工厂自动化的工业无线网络技术研发工作的国家之一,前期工作占了先机。将 WIA-FA 技术引入到智能制造中,实现了智能化和信息化的融合,将灌装生产线的生产效率提高了 3%。然而,这只是万里长征走完了第一步,如果希望能够在国际竞争中保持领先地位,还有以下大量工作亟待进一步开展。

(1) WIA-FA 关键设备及系统的产品开发是后续需要开展的重要工作,从而为 WIA-FA 技术和标准的应用推广提供产品支持。

(2) WIA-FA 一旦成为国家标准/国际标准,其标准一致性和互操作测试技术的研究和测试规范的制定是亟待开展的又一项内容,这是 WIA-FA 技术和标准应用推广的当务之急。

(3) WIA-FA 技术研究和标准制定的最终目标是占领市场,为此,后续需要大力开展 WIA-FA 技术和标准的应用推广工作。

在 WIA-FA 开发过程中面临的一个主要问题是没有市场开放的芯片。与"十一五"WIA-PA 设备开发不同的一点是,WIA-PA 基于的 IEEE802.15.4 底层通信系统的芯片在市场上是完全开放的,而 WIA-FA 基于的 IEEE802.11 等高速通信系统的芯片在市场上是完全不开放的。目前,只有基于 CSMA/CA 竞争接入机制的芯片,没有基于 TDMA 的芯片;基于 CSMA/CA 竞争接入机制的芯片也没有开放的接口,此外,寄存器等都无法修改。为此,我们尝试了很多解决方案。总之,国外芯片厂商对于中国的限制,一方面限制了设备的性能,另一方面也造成了经费困难。

案例 10

汽车齿轮智能制造生产线

10.1 案例在智能制造系统架构中所处的位置

本案例位于智能制造系统架构生命周期的生产环节,也处于系统层级的设备、控制和车间层级,以及智能功能的资源要素、系统集成和互联互通环节,如 10-1 所示。

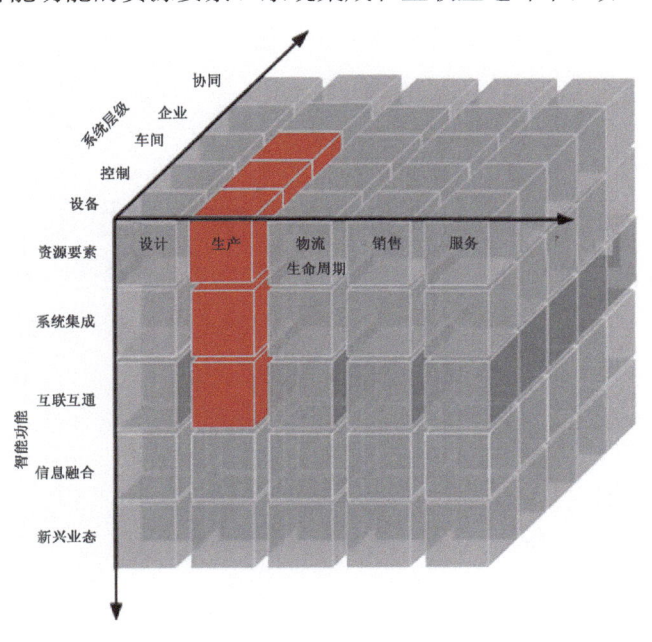

图 10-1 案例在智能制造系统架构中所处的位置

10.2　智能制造案例基本情况

本案列属于智能制造标准体系框架中的重点行业里的高档数控机床和机器人。

汽车齿轮智能制造生产线：根据不同汽车齿轮的生产工艺与节拍，通过由桁架系统、自动仓库、关节机器人等组成智能物流系统，将智能滚齿机、智能剃齿机等相关设备进行有效连接。利用满足各类智能标准要求而开发成功的齿轮自动生产线智能化管理系统，完成了各相关设备和系统的集成，形成贴合用户要求的齿轮加工自动生产线。该生产线实现了工件自动装夹、工件全自动上下料、工序间自动转换等自动化加工，降低了劳动强度，提高了生产效率和可靠性，保证生产线高效、柔性、智能地运行。生产线的整体技术水平达到国际先进水平，填补国内空白。

10.3　智能制造系统架构介绍

10.3.1　生产线工艺与基本构架

汽车齿轮智能制造生产线的工艺路线为车削—滚齿—倒棱—剃齿，生产线由1台进料仓、双主轴车削中心、1台智能滚齿机、1台数控倒棱机、1台智能剃齿机、3台机械手（内嵌于桁架中）、桁架、出料仓和配有交换抽检台的智能监控系统等组成。其典型的结构如图10-2所示，各个结构介绍如下。

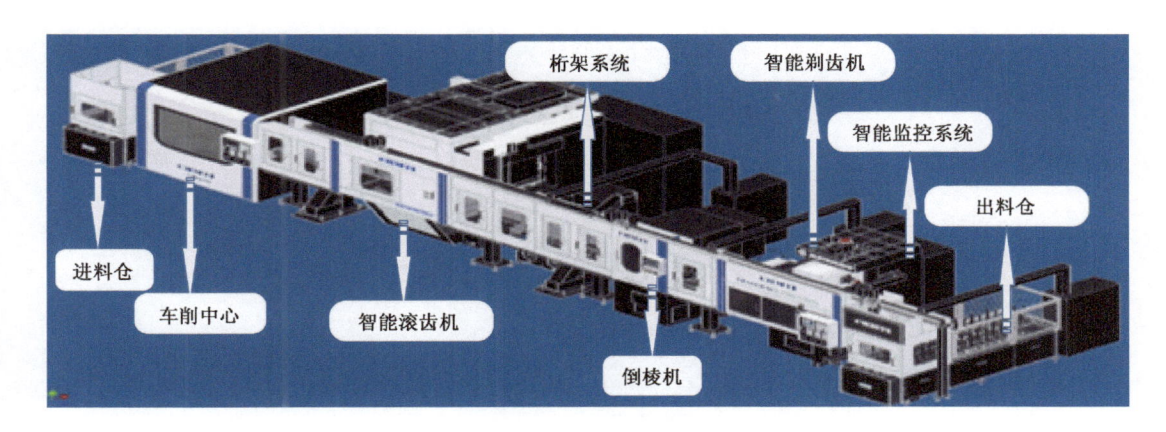

图 10-2 汽车齿轮智能制造生产线典型结构

（1）进/出料仓。进料仓为待加工齿轮的完成齿轮配料进入，出料仓为已完成加工齿轮的自动化出料仓。采用减速电动机驱动链轮，链轮带动链条，链条驱动工件工位，从而使固定在链条上的机座和工件托盘随链条一起运动以实现工件的初步运送，然后再由一减速电动机驱动链条，链条提升托杆，实现工件在垂直方向的送达，并由传感器在工作路线上进行定位。

（2）车削中心。双主轴车床内置桁架机械手，配备气密检测夹具，有效防止废品产生，完成车削工艺。

（3）智能滚齿机。采用自行开发的智能滚齿机，并内置桁架机械手，完成滚齿工艺。

（4）倒棱机。专用立式倒棱机，内置桁架机械手，完成倒棱去毛刺工艺。

（5）智能剃齿机。采用自行开发的智能剃齿机，并内置桁架机械手，完成剃齿工艺。

（6）智能监控系统。专门面向齿轮加工生产线开发一套软/硬件一体的齿轮加工生产线网络化现场管理与智能监控系统，该系统具有图样工艺及生产任务动态的下达、生产进度信息采集与任务监控、加工质量动态监控、生产线设备运行状态监控、刀具寿命监控、工件夹具刀具与加工程序自动识别匹配、工艺参数决策、数控程序编制支持、生产状况分析及统计报表生成等功能。

10.3.2 智能滚/剃齿机构架

1. 数控系统

本案例中智能滚齿机和智能剃齿机的数控系统采用西门子 840Dsl，西门子 840Dsl 接口简图如图 10-3 所示。840Dsl 内部由以下 4 部分组成。

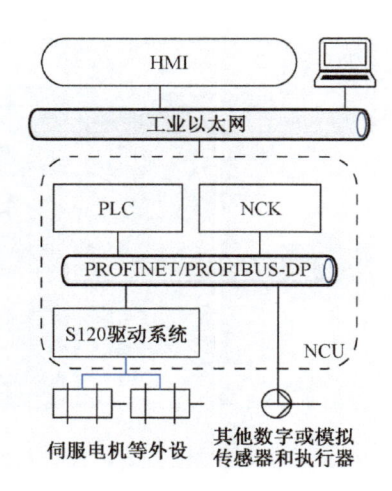

图 10-3 西门子 840Dsl 接口简图

（1）人机界面（Human Machine Interface，HMI）：基于 QT 的机床用户界面 HMI 可由 TCU 或者 PCU50+OP，或者已嵌入的厂家自行开发的 HMI、机床控制面板 MCP，以及键盘鼠标和选配的触摸屏等组成。

（2）可编程逻辑控制器（Programmable Logic Controller，PLC）：集成支持 PROFIBUS-DP 的可编程控制器 S7-317/F PN/DP，以及外围通信模块、输入/输出模块等，实现数字量模拟量控制等。

（3）NCK 数控单元：实现插补运算、运动控制、数字控制单元（Numerical Control Unit，NCU）模块支持 PROFINET、PROFIBUS-DP、工业以太网通信，具有优异的网络集成功能。

（4）S120 驱动系统：基于 DRIVE-CliQ 通信技术的 S120 驱动系统可以单独与其他西门子工业自动化产品组合，例如与 1FK 系列伺服电机组合，以便控制滚齿机、剃齿机各运动轴的运动。

另外，西门子 840Dsl 向下可以通过 PROFINET/PROFIBUS-DP 等外接其他数字或模拟传感器和执行器，例如巴鲁夫 RFID 装置和功率传感器等；通过工业以太网，向上不仅可以与自身的 HMI 或者厂家自行开发的 HMI 等通信，而且还能与其他信息系统通信。

2．人机界面

本案例使用自行开发的多功能网络化智能嵌入式终端，该终端硬件框图如图 10-4 所示。

该嵌入式终端系统是以高性能 4 核工业级 CPU 为中心，存储器包括固态存储器与 DDR3RAM，对外扩展 LCD 触摸显示屏、工业按键板、千兆以太网×2、现场总线子卡×2、UART×6、I/O 控制子卡×2、信号采集子卡×2、USB×6 等接口。

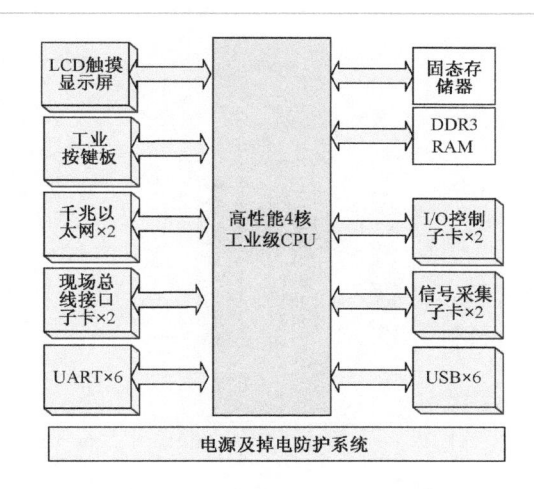

图 10-4　多功能网络化智能嵌入式终端硬件框图

多功能网络化智能嵌入式终端的软件架构框图如图 10-5 所示。该软件架构分为以下几个层次。

（1）操作系统层：建立在多功能网络化智能嵌入式终端硬件平台上的操作系统层包括 OAL、驱动程序、协议栈、嵌入式软件系统内核等。

（2）支撑软件层：在支撑层插件管理框架管理软件的管理下，完成对通信插件、应用程序底层支持插件等管理。

① 通信插件：包括 Siemens NCK 通信插件、Siemens PLC 通信插件、识别装置通信插件、在机检测装置通信插件等。

② 应用程序底层支持插件：包括知识表达获取与维护插件、知识推理引擎插件、绿色智能算法维护插件、嵌入式数据库、嵌入式知识库、数据采集实时交互插件、基于标准语义齿轮智能制造装备数据字典插件、OPC-UA 服务器插件、基于 Web Service 的对物联网、大数据和云服务的信息支持插件、基于 Web Service 的对物联网、大数据和云服务的信息支持插件、齿轮智能制造装备信息安全插件等。

③ 应用软件层：在本地模块应用管理框架的管理下，完成制齿工艺参数智能决策支持、制齿机床数控程序智能编制、制齿机床加工过程能效监测评估与节能运行、制齿机床运行过程故障监测与维修维护、制齿机床加工过程质量信息提取与监控、制齿机床刀具、夹具及工件智能管理、制齿机床加工过程生产进度信息自动提取等子系统；并通过本地-远程调用接口，利用浏览器控件可实现对外的访问。

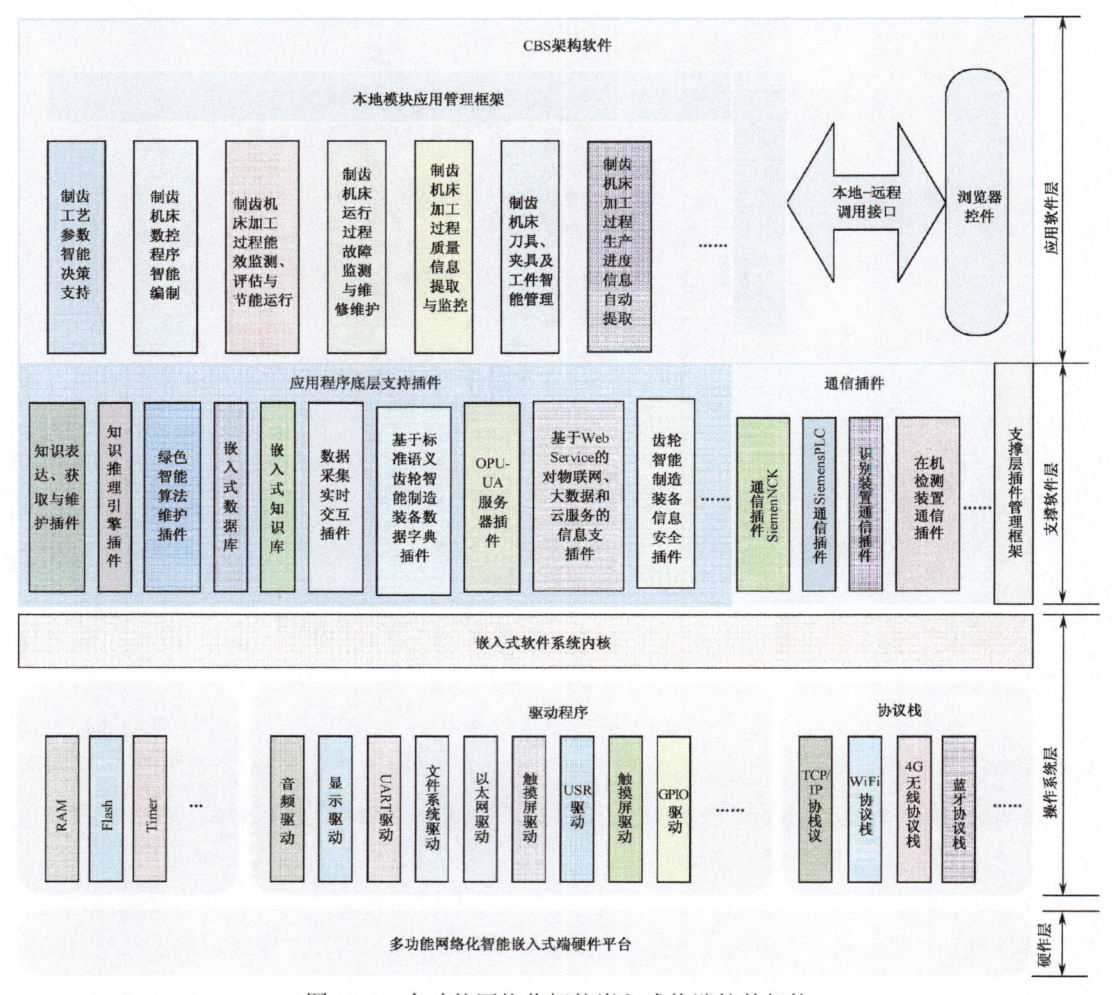

图 10-5　多功能网络化智能嵌入式终端软件架构

10.3.3　智能生产线软/硬件构架

1. 智能生产线的硬件架构

智能生产线硬件结构如图 10-6 所示。智能生产线由自动进/出料仓、双主轴车削中心、智能滚齿机、数控倒棱机、智能剃齿机、机器人／机械手（内嵌于桁架中）、桁架、自动识别装置和自动检测装置等组成，各硬件主体通过工业以太网与生产线使用厂商的企业内部网的主服务器（包括数据库服务器和 Web 服务器）相连，实现与其他智能制造系统的无缝集成。在安全允许的条件下，生产线制造厂商、订单客户、手机，以及计算机可穿越生产线使用厂商的防火墙，查看生产线的运行情况。这样，一方面智能制造的其他系统如智能制造执行系统可以向下给智能生产线发送相关命令，并及时将生产线的运行情况汇报给上层的其他智能制造系统；另一方面，本生产线能根据加工任务调节生产线的运行节拍，使得各硬件部分在软件统一协调指挥下智能地完成相关加工任务，实现智能加工。

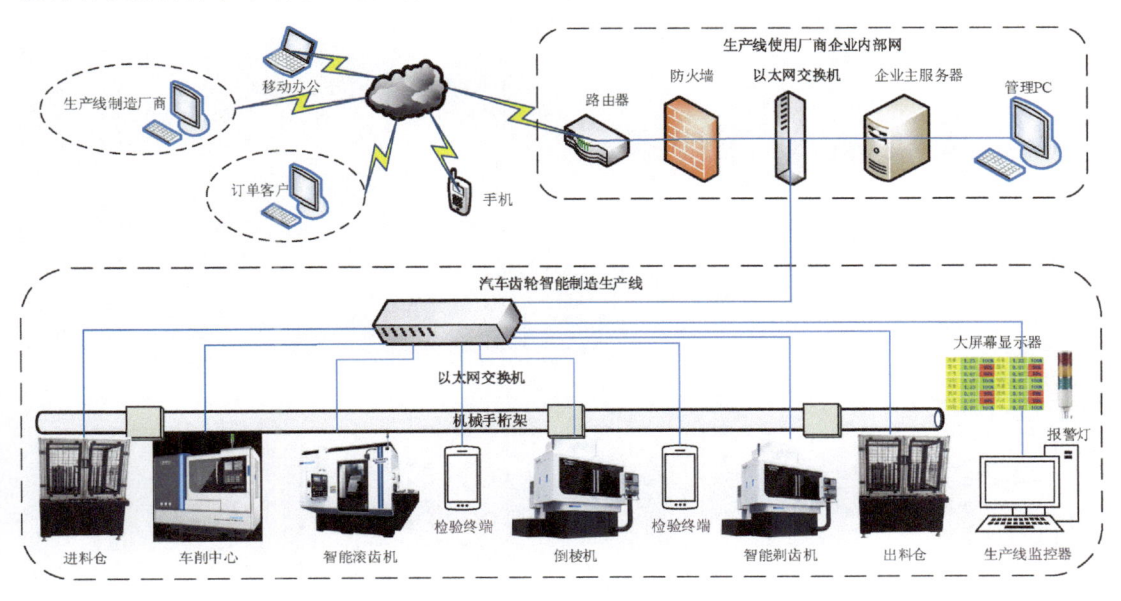

图 10-6　智能生产线的硬件架构

2. 智能生产线的软件架构

智能生产线的软件架构如图 10-7 所示。

（1）物理层为图 10-6 中的各硬件实体。

（2）支撑层包括实时数据库、关系型数据库、知识库、现场总线通信插件、串口通信插件、工业以太网插件、数据采集实时交互插件、知识表达获取与维护插件、知识推理引擎插件、绿色智能算法维护插件、基于标准语义齿轮智能制造装备数据字典插件、OPC-UA 服务器插件、OPC-UA 客户端插件、基于 Web Service 的对物联网大数据和云服务的信息支持插件、齿轮智能制造装备信息安全插件等。

（3）业务组件层包括数据采集组件、换刀设置组件、进度监控组件、图形浏览组件、质量分析组件、报警控制组件、短信发送组件、工艺参数配置组件、任务管理组件、端口配置组件、接口组件、生产线节拍控制组件等。

（4）功能层包括图样工艺及生产任务的动态下达、生产进度信息采集与任务监控、加工质量动态监控、生产线设备运行状态监控、换刀监控、生产状况分析、工艺参数决策支持、数控程序编制支持等子系统组成。

（5）目标层是本案例应该达到的目标，即实现齿轮加工自动生产线高效、优质及低耗运行和优化管理、企业信息化及其制造执行系统与生产过程集成运行，以及企业集群制造链优化运行。

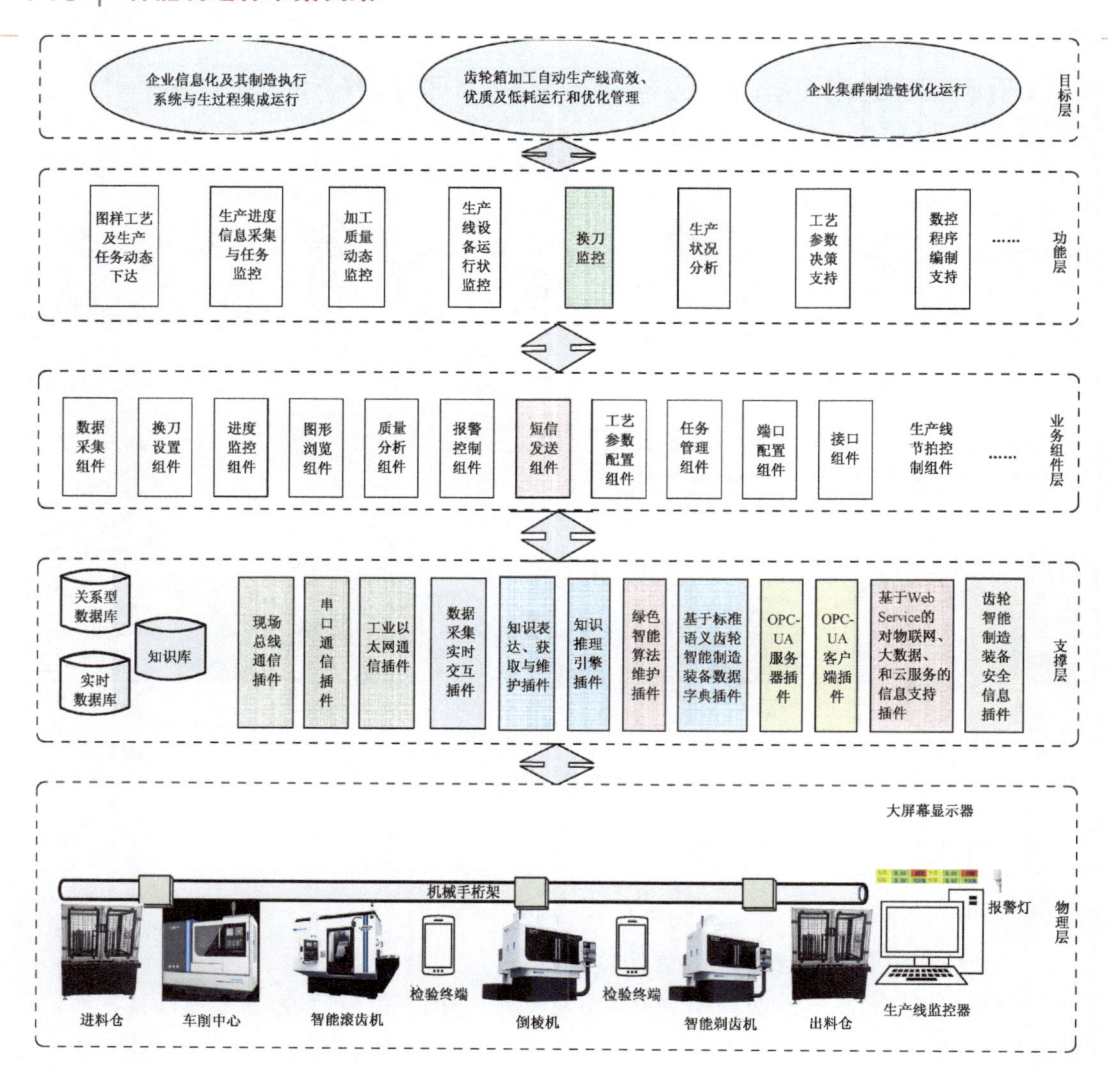

图 10-7 智能生产线的软件架构

该软件架构一方面从软件结构的角度上保证了软件本身的可扩展性和可重构性，另一方面，也是最主要的方面在支撑层上加入多个保证生产线实现智能运行的插件，如知识表达获取与维护插件、知识推理引擎插件、绿色智能算法维护插件、基于标准语义齿轮智能制造装备数据字典插件、OPC-UA 服务器插件、OPC-UA 客户端插件、基于 Web Service 的对物联网大数据和云服务的信息支持插件、齿轮智能制造装备信息安全插件等，这些插件协调的使用是保证智能生产线有序的运行的关键。

10.4 智能制造关键绩效指标

10.4.1 智能滚/剃齿机绩效指标

智能滚/剃齿机绩效指标如下：

（1）建立具有 100 多个经验案例的知识库和模型库，通过人机交互智能优化获得的优化工艺参数可使加工效率提高 20%。

（2）数控程序智能编程系统，只需通过人机交互界面输入齿轮、刀具等基本参数就可实现数控程序的智能编制，编程效率可提高 80% 以上，编程出错率减少 90% 以上。

（3）制齿机床加工过程能效系统能够监测输入能耗、有效能耗和能量效率等 3 种以上能量参数，并支持工艺参数的能效优化，实现综合节能 10% 以上。

（4）制齿机床故障监测和远程维修维护系统，基于故障监测与诊断知识库，可实现机床的远程监测和维护，并实现一般性故障自动示教处理，维修服务响应时间由 24 小时缩短到 4 小时。

（5）基于齿轮加工最小质量信息特征元的质量采集系统及装置，实现各种齿轮加工质量信息的现场采集，并能实现质量信息的远程获取。

（6）面向用户的刀具、夹具、工件智能检测与管理系统，实现各种工件、刀具、夹具的智能检测与管理，出错率减少 80% 以上。

（7）制齿机床加工过程生产进度信息自动采集系统，可实现进度数据的自动采集，数据的准确度可达 90% 以上，并可实现进度信息的远程获取。

（8）机床精加工精度达到 GB/T 10095—2008 的 6 级。

（9）工序能力指数 Cpk≥1.67，达到国际先进水平。

（10）机床平均无故障运行时间 MTBF 大于 1200 小时。

（11）加工准备时间减少 30% 以上。

10.4.2 智能生产线绩效指标

本案例中的智能生产线具有在线检测功能，能自动检测刀具、夹具、工件装夹到位，并配备了网络化管理智能监控系统，具有图样工艺及生产任务的动态下达、生产任务进度监控及数据采集、设备运行状态实时监控、换刀优化管理等功能。生产线的整体性能已通过国家机床质量监督检验中心的性能检测，其主要技术性能参数指标如表 10-1 所示。

表 10-1 智能生产线主要技术性能指标

项 目		单 位	规格参数
最大模数		mm	6
机械手加持重量		kg	20
齿轮加工精度		齿轮精度达国标 6 级	
生产线监控		网络化现场管理和智能监控系统	
机械手	水平轴运行速度	m/min	120
	垂直轴运行速度	m/min	100
	驱动方式	齿轮齿条	
机械手重复定位精度		mm	±0.05
生产线工序能力指数		Cpk≥1.67	
生产线平均无故障运行时间（MTBF）		1200 小时以上	

10.5 案例特点

10.5.1 本案例相对传统制造业在方法、技术、模式方面的优势

1. 方法与技术的优势

本案例中，无论是单机的智能滚齿机、智能剃齿机等关键装备，还是智能生产线，在设计和制造时都注重跟踪国际国内前沿，把最先进的设计制造思想和理念融入产品的设计制造中，保证设计和制造出来的产品的先进性。同时，在设计和制造时也注重将相关的国际国内标准融入产品设计制造中，保证产品的通用性和标准性。详细分析见与同行案例的对比分析、标准的现在与需求分析部分。

2. 生产模式的优势

对于生产模式方面的优势见表 10-2，该表是根据用户数据统计得出的相关优势。

表 10-2 本案例与传统制造业在生产模式方面的优势

分析项目	传统生产模式	智能生产线生产模式	效果
人数（两班）	2×3=6	2×1=2	省 4 人
加工准备时间	2h	0.5h	节约 1.5h
生产节拍（针对典型工件）	75s	55s	缩短 26.7%
两班产量	(16-2)×60×60×0.85/75=571 件	(16-0.5)×60×60×0.85/65=729 件	提高 27.7%
管理	工作人员多，管理难度大，管理成本高	精简人员，降低管理成本与难度，解决企业用工难的问题	提高管理效率，降低管理成本
质量	人为因素多，误差不好控制	人工不过多参与加工，保证加工质量稳定	降低废品率，加速品牌提升

10.5.2 本案例与国内外同行业案例相比的优势和局限性

1. 智能机床

本案例中智能机床与国内外同行案例的对比分析如表 10-3 所示。

表 10-3 智能机床与国内外同行案例的对比分析

	比较项目	公司名称				
		本案例	DMG	FANUC	MAZAK	沈阳机床
信息自感知及故障诊断功能	机床运行状态自感知	√	√	√	√	√
	在位的质量信息感知	√	×	√	×	×
	生产进度信息感知	√	√	√	√	√
	刀夹具信息感知	√	√	√	√	√
	机床运行能耗信息感知	√	√	√	√	√
	工件状态信息感知	√	√	√	√	√
	用户身份信息感知	√	√	√	√	√
	基于知识库的人机结合滚齿机床故障诊断	√	×	×	×	×
	误操作诊断	√	√	√	√	√
	远程诊断及维修维护	√	√	√	√	√
	维修维护示教	√	×	×	×	×
网络通信功能	以现场总线为主实现机内智能组件通信	√	√	√	√	√
	基于 Web Service 的机床信息发布	√	√	√	√	√
	基于 Web Service 的远程信息通信	√	√	√	√	√
自适应功能	面向任务（工况）的滚齿工艺参数智能化决策	√	√	√	√	√

续表

比较项目		公司名称				
		本案例	DMG	FANUC	MAZAK	沈阳机床
	基于工艺优化参数的数控程序编制	✓	✓	✓	✓	✓
	面向任务的刀夹具识别与匹配	✓	✓	✓	✓	✓
	机床床身自适应温度控制	✓	×	×	×	×
	加工过程中能耗和能效信息实时监测和节能运行	✓	✓	✓	✓	×
智能机床的运行数据或用户使用习惯数据采集与应用分析	用户工件数据库	✓	✓	✓	✓	✓
	用户刀具数据库	✓	✓	✓	✓	✓
	用户夹具数据库	✓	✓	✓	✓	✓
	故障诊断知识库	✓	✓	✓	✓	✓
	故障诊断案例库	✓	✓	✓	✓	✓

2. 生产线

本案例中智能生产线与国内外同行案例的对比分析如表10-4所示。

表10-4 本案例生产线与同行业案例比较

项目 型号	ZDX100	日本三菱（GSZ-350-NC2）
工艺路线	车削—滚齿—倒棱—剃齿	采用集中车削，齿部成形采用滚齿—倒棱—剃齿的工艺路线
关键设备	CHS20 双主轴数控车床、YE3120CNC7 干切滚齿机、GCDV300 数控倒棱机、YZ4232CNC5 数控剃齿机、桁架机械手 3 台	三菱 GE20A 滚倒复合机床 1 台、日本神奇 GSZ-350-NC2 剃齿机 1 台、桁架机械手 2 台
组线方式	车、滚、倒、剃段由 1 台 CHS20 双主轴数控车床、1 台 YE3120CNC7 干切滚齿机、1 台 GCDV300 数控倒棱机和 1 台 Y4232CNC5 数控剃齿机及 3 台桁架接械手组成，中间通过交换抽检台连接	滚、倒、剃段由 1 台日本三菱的 GE20A 滚倒复合机床和一台日本神奇的 GSZ-350-NC2 剃齿机及 2 台桁架机械手组成。中间通过交换台连接
桁架机械手与机床连接方式	CHS20 双主轴数控车床、GCDV300 数控倒棱机床和 Y4232CNC5 数控剃齿机均采用内置桁架的形式，使个机床成为独立的单机自动化单元模块，组线相当便捷、简单	桁架与机床分离，组线和安装调试较麻烦
机械手形式	采用进口 JRT 双工位旋转接械手和自主设计单工位机械手，精度较高	自主设计单工位机械手，精度较高，成本低廉
车削工位	双主轴车床内置桁架机械手，配备气密检测夹具，有效防止废品产生	未联入生产线，线外人工车削
加工精度保证	滚齿剃齿工位开机 1 小时后稳定，能够满足日常要求	三菱滚齿机和神奇剃齿机均安装了热感应器，可即时检测机床温升及变形，并根据自己机床温升变形规律启动自动补偿，确保了尺寸稳定性，同时也提高了加工精度

续表

项目 \ 型号	ZDX100	日本三菱（GSZ-350-NC2）
倒棱去毛刺工位	专用立式倒棱机，工件主动，刀具从动，倒棱刀上有弹性装置，啮合时不会对齿顶有任何损伤。去毛刺采用两把车刀，将工件上下端面的毛刺车掉，去毛刺效果较好	三菱滚齿机的倒棱工位采用：工件主动，刀具从动的方式，从而使整个刀架的结构得到极大简化，设计轻巧，布局更加合理，倒棱刀上又有弹性装置，啮合时不会对齿顶有任何损伤。去毛刺采用两片盘状毛刺刀来去除工件端面的毛刺，因其是气压夹紧，故其去毛刺效果会直接受到气压大小、工件厚度等因素的影响，造成工件端面毛刺去除不干净的现象。只有在用户要求不严格的情况下方可勉强使用
在线抽检	配备自动抽检台，可根据用户设定	未配备自动抽检台
是否配备监控系统	配备了网络化现场管理及智能监控系统，对整线实行网络化现场监控	未配备
料仓原理	采用减速电机驱动链轮，链轮带动链条，链条驱动工件工位，从而使固定在链条上的机座和工件托盘随链条一起运动来实现工件的初步运送，然后再由一减速电机驱动带动链条，链条提升托杆实现工件在垂直方向的送达，并由传感器在工作路线上进行定位	料仓采用减速电机驱动转盘，转盘带动固定在其上面的6个工件工位旋转来实现工件的水平运送，待水平运送完成，再由一个汽缸对转盘转角进行定位，使工件处于机械手抓料位置的正下方，此时再由另一个小减速电动机驱动齿轮齿条运动从而实现工件在垂直方向的送达。并由传感器在工作路线上进行定位
装载工件数	240	36
工件换型	可随意换型。可通过对三根导向杆进行调整以适应不同直径的工件。换型方便	不可随意换型。此料仓为专用料仓，若要换型就必须重新生产工件托盘和导向杆。换型较麻烦，不方便
定位可靠性	通过三根导杆传入工件托座对整个基座进行定位，精度较高	采用汽缸对转盘转角进行精确定位，重复定位精度较高。位置较准确

对比结论：

（1）在齿轮加工精度方面，两者所生产的齿轮均达到国标 6 级精度。

（2）在生产线运行稳定性和设备可靠性方面，两者 CPK 均大于 1.67，关键装备 MTBF 均大于 1200 小时。

（3）在工艺完整性方面，三菱自动生产线没有车削单元，本课题研制的齿轮智能生产线具有车削单元，极大地降低了工人劳动强度，在工艺完整性方面优于三菱生产线。

（4）在生产效率方面，三菱自动生产线采用了集中车削方式，车床未连入自动生产线，因此，在运行速度方面优于本课题所研发的智能生产线。

（5）在适应性方面，本案例的料仓可放置不同直径的工件，具备快速更换夹具的功能及气密检测功能。三菱生产线设计了专用料仓，换型时必须重新更换工件托盘和导向杆，在适应性方面逊于本案例所研制的生产线。

（6）在生产线监控方面，本案例齿轮智能生产线配备了网络化现场管理及智能监控系统，具有图纸工艺及生产任务动态下达、生产任务进度监控及数据采集、设备运行状态实时监控、换刀优化管理等功能，三菱生产线没有配备生产管理监控系统。

10.6　智能制造实施步骤

本案例实施步骤如图 10-8 所示。

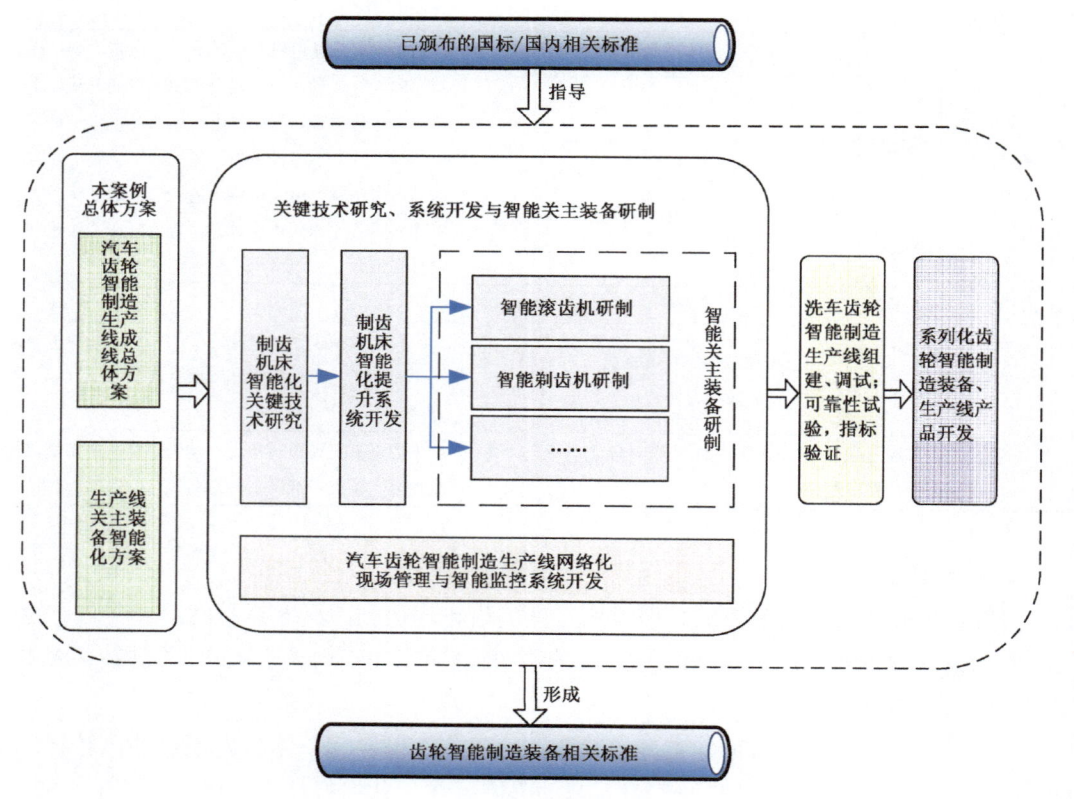

图 10-8　实施步骤

（1）首先从齿轮加工工艺流程优化、齿轮加工设备技术方案、自动物流方案等角度研究形成汽车齿轮智能制造生产线总体方案；并根据总体方案，制定出生产线关主装备的智能化方案。

（2）关键技术研究、系统开发与智能关键装备研制包括以下几方面。

①研究与突破制齿机床智能化关键技术，开发完成制齿机床智能化提升系统，形成智能滚齿机和智能剃齿机等新产品。

②开发完成汽车齿轮智能制造生产线网络化现场管理与智能监控系统。

（3）组建、调试和验证汽车齿轮智能制造生产线。

（4）结合汽车齿轮智能制造生产线研制工作，开展汽车齿轮智能制造生产线的技术规范及技术标准的研究和制定。

（5）最终研制形成系列化的齿轮智能制造装备、生产线产品。

在整个实施过程中，需要在已颁布的国际/国内相关标准的指导下完成。

10.7 智能制造标准化现状与需求

10.7.1 智能制造标准化现状

依据《国家智能制造标准体系建设指南》，与本案例相关的基础共性和关键技术标准如表 10-5 所示。

表 10-5 《国家智能制造标中准体系建设指南》与本案例相关的基础共性和关键技术标准

总序号	分序号	标准名称	标准号/计划号	对应国际标准号	所属的国际标准组织	状态
	AA 基础
1	1	信息技术嵌入式系统术语	GB/T 22033—2008			已发布
2	2	网络化制造技术术语	GB/T 2548—2010			已发布
3	3	制造业信息化技术术语	GB/T 18725—2008			已发布
4	4	信息技术元数据注册系统（MDR）	GB/T 18391.1～18391.6	ISO/IEC 11179	ISO/IEC JTC1 SC32	已发布
5	5	信息技术实现元数据注册系统（MDR）内容一致性的规程	GB/T 23824	ISO/IEC TR 20943	ISO/IEC JTC1 SC32	已发布
6	6	工业过程测量和控制在过程设备目录中的数据结构和元素	GB/T 20818	IEC 61987	IEC SC65E	已发布
	AB 安全
7	1	工业控制系统信息安全	GB/T 30976.1～30976.2			已发布
8	2	工业自动化产品安全要求	GB 30439			已发布

续表

总序号	分序号	标准名称	标准号/计划号	对应国际标准号	所属的国际标准组织	状态
9	3	控制与通信网络CIP Safety规范	20132552-Z-604	IEC 61784-3	IEC SC65C	制定中
AC 管理						
10	1	信息技术服务管理	GB/T 24405	ISO/IEC 20000		已发布
BA 智能装备						
11	1	可编程序控制器第1部分：通用信息	GB/T 15969.1~15969.8	IEC 61131	IEC SC65B	已发布
12	2	可编程仪器标准数字接口的高性能协议	GB/T 15946—2008	IEC 60488	IEC SC65C	已发布
13	3	工业机器人编程和操作图形用户接口	GB/T 19399—2003			已发布
14	4	物联网总体技术智能传感器接口规范	20150004-T-604			制定中
15	5	远程终端单元(RTU)技术规范	20142423-T-604			制定中
BB 智能工厂						
16	1	工业通信网络工业环境中的通信网络安装	GB/T 26336—2010	IEC 61918		已发布
17	2	网络化制造环境中业务互操作协议与模型	GB/T 30095—2013			已发布
18	3	网络化制造系统集成模型	GB/T 25488—2010			已发布
19	4	OPC 统一结构	20090699-T-60	IEC 62541	IEC SC65E	制定中
20	5	PROFIBUS安装导则规划设计、布线装配与调试验收	20132542-T-604			制定中
21	6	信息技术云计算云服务级别协议规范	20153705-T-469			制定中
21	7	工业自动化系统与集成产品数据表达与交换	GB/T 16656.501—2005	ISO 10303	ISO TC184	已发布
BD 工业软件和大数据						
22	1	嵌入式软件质量保证要求	GB/T 28172:2011			已发布
23	2	信息技术通用数据导入接口规范	20141204-T-469			制定中
24	3	软件资产管理能力成熟度模型	2012-2404T-SJ			制定中
BE 工业互联网						
25	1	测量和控制数字数据通信工业控制系统用现场总线类型3：PROFIBUS规范	GB/T 20540—2006	IEC 61158、IEC 61784	IEC SC65C	已发布

续表

总序号	分序号	标准名称	标准号/计划号	对应国际标准号	所属的国际标准组织	状态
26	2	测量和控制数字数据通信 工业控制系统用现场总线 类型10：PROFINET 规范	GB/T 20541—2006	IEC 61158、IEC 61784	IEC SC65C	已发布
27	3	工业通信网络现场总线规范类型10：PROFINET IO 规范	GB/T 25105	IEC 61158、IEC 61784		已发布
28	4	工业以太网现场总线 EtherCAT	GB/T 31230-2014	IEC 61158 IEC 61784	IEC SC65C	已发布
29	5	工业无线网络 WIA 规范	GB/T 26790.1~26790.2	IEC 62601		已发布
30	6	PROFIBUS&PROFINET 技术行规 PROFIdrive	GB/T 25740—2013			已发布

除上述规范以外，还需参考以下国际国内标准，如表10-6所示。

表10-6 其他国际国内标准

总序号	分序号	标准名称	标准号/计划号	对应国际标准号	所属的国际标准组织	状态
30	1	CNC 数据模型		ISO 14649	ISO TC184	已发布
31	2	切削工具数据表示和交换		ISO 13399	ISO TC29	已发布
32	3	电气元件的标准数据元素类型和相关分类模式	GB/T 17564	IEC 61360	IEC SC3D	已发布
33	4	低压开关设备和控制设备—信息交换用产品数据与性能		IEC 62683	IEC SC121A	已发布
34	5	节能机床设计方法		ISO/DIS 14955-1		已发布

10.7.2 汽车齿轮智能制造标准化需求

汽车齿轮智能制造生产线按照"急用先行"的思路，需要制定的标准包括以下几个。

1.《齿轮智能制造装备技术导则》

制定《齿轮智能制造装备技术导则》。该技术导则将在已形成企业标准《金属切削机床：智能化技术导则》基础上，修订完善，形成《齿轮智能制造装备技术导则》标准。

2.《齿轮智能制造装备语义化描述和数据字典标准》

制定《齿轮智能制造装备语义化描述和数据字典标准》。借鉴STEP-NC的ISO 14649标准和ISO 10303标准中对机床自身及其内外部接口、刀夹具、工件等信息描述，针对齿轮智能制造装备的特点，拟采用 XML-SCHEMA 的方式，制定齿轮智能制造装备动静态信息描述方法；拟基于 RDF/RDFS 规范的 OWL DL 语言描述方法，制定齿轮智能制造装备相关知识库中知识的表达方法。

3.《齿轮智能制造装备信息安全标准》

制定《齿轮智能制造装备信息安全标准》。本标准用于规范齿轮制造装备在智能制造环境中需遵循的信息安全标准和方法。标准拟对齿轮制造装备信息安全所涉及的 CA（Certificate Authority）体系、PKI（Public Key Infrastructure）/PMI（Privilege Management Infrastructure）基础架构、密钥管理体系、身份鉴别、授权管理、访问控制、数据加密标准等参照国家和国际信息安全相关标准进行规范，保证齿轮智能制造装备与外部信息系统之间通信时传递信息的安全性、真实性、可靠性、完整性和不可抵赖性。

4.《齿轮智能制造装备工业控制网络要求》

制定《齿轮智能制造装备工业控制网络要求》。基于 PROFIBUS、PROFINET、IO-LINK、CC-LINKS 等现场总线和工业以太网的标准，提出既能集成数控系统或 PLC，又能接入智能光电传感器、智能感应式传感器、智能环境检测传感器，以及 RFID 标签与读写器等智能传感器和智能执行器的工业控制网络软硬件技术要求。

5.《齿轮智能制造装备集成与互联互通方法》

制定《齿轮智能制造装备集成与互联互通方法》。本标准用于规范齿轮智能制造装备与各种外部信息系统集成及与其他智能制造装备之间互联互通时的通信和信息交换方法。标准将充分利用信息技术、自动化领域、智能制造领域的已有技术，使齿轮智能制造装备能与其他信息系统简单、迅速地实现集成与互联互通。

6.《齿轮智能制造装备对物联网、大数据和云服务的信息支持方法》

制定《齿轮智能制造装备对物联网、大数据和云服务的信息支持方法》标准。本标准规范齿轮智能制造装备在与外界各种类型的物联网、大数据和云服务平台连接时，必须明确提供哪些信息、能提供哪些额外信息、以什么方式提供信息、如何扩展信息等。拟规范以下信息：装备运行状态感知信息、在线/在位质量感知信息、生产进度感知信息、实时刀夹具感知信息、装备运行能耗和节能感知信息、工件状态感知信息、用户身份感知信息、故障诊断感知信息、内部智能组件感知信息、工艺参数信息、程序信息、装备关键点温度/压力等感知信息。

7.《智能滚齿机技术条件》

该标准主要规定齿轮智能制造装备设计、制造、检验验收的要求，具体规定齿轮智能制造装备应具备的工艺参数智能决策、智能编程、智能检测与管理、信息自动采集与分析、能效监测与节能支持、加工质量采集与分析、故障监测与远程维修维护等智能特性及其试验方法和验收要求。

8.《齿轮智能制造装备能效评估方法》

制定《齿轮智能制造装备能效评价方法》。在齿轮智能制造装备能耗特性、能效与能耗模型的研究基础上，确定其固有状态能效评价参数和加工过程能效评价参数，提出各评价参数的获取方法，从而形成齿轮智能制造装备能效评价标准，该标准涵盖适用范围、术语和定义、试验方法等内容。

9.《齿轮智能制造装备评价指标体系及成熟度模型》

定义齿轮智能制造装备评价体系，并对其相应概念进行描述。引用或定义齿轮智能制造装备的评价原则，包括公正性、客观性、可重复验证性和持续改进原则。定义齿轮智能制造装备评价体系，包括齿轮智能制造设计智能化、生产智能化、加工准备智能化、加工执行智能化和维修维护智能化。对上述五项评价指标中的每一项建立测试项目，包括人机协同性、整体与局部协调性、智能恰当性和无止性、自学习及其能力持续提升性、自治与集中统一性、结构开放性和可扩展性、制造机加工绿色性、智能的贯穿性，通过比值分配和权重分配，获得每项评价指标的分值，然后在融合每项指标的权重，获得齿轮智能制造装备的总分值。根据评价指标和评价方式与方法，将评价总分值进行分级，建立相应的成熟度模型。

10.《齿轮智能制造生产线技术条件》

主要规定齿轮智能制造生产线设计、制造、检验验收的要求，具体规定齿轮智能制造生产线应具备的自动控制、自动物流、工艺参数智能决策、智能编程、智能检测与管理、信息自动采集与分析、能效监测与节能支持、加工质量采集与分析、故障监测与远程维修维护等智能特性及其试验方法和验收要求。

10.8　智能制造示范意义

（1）齿轮在汽车工业领域应用量大且面广，是对汽车传动系统的安全、寿命、噪声、操作性具有直接影响的关键零件，其生产技术与装备水平在汽车工业领域具有代表性和典型性。开展汽车齿轮智能制造生产线成套技术与装备国产化攻关，有利于加快形成我国关键装备及智能生产线的成套供应能力，替代进口，满足快速增长的智能生产线市场需求，在我国机床工具行业形成示范作用，推动我国机床装备质量和智能化水平的提升。

（2）市场和用户需要大量高性能制齿装备，一方面用于提高齿轮的加工质量、加工效率，确保加工的可靠性和稳定性，另一方面充分简化制齿机床的操作复杂性，提高其安全性，降低操作者的劳动强度。本案例——汽车齿轮智能制造生产线在技术指标与国外生产线相当的条件下，成本远低于进口生产线，实现了生产效能与成本的有机结合，符合我国齿轮生产行业的实际需求。同时，汽车齿轮智能制造生产线的推广应用，也为应用企业带来明显的经济效益和社会效益。

（3）本项目形成的制齿装备智能化提升技术、智能制造生产线控制、监控和管理技术可为其他实施智能制造的企业提供借鉴。

（4）本案例的实施将对当前我国加快实施《中国制造2025》和智能制造战略具有推动作用。

10.9　下一步工作计划

10.9.1　下一步工作计划

（1）进一步制定、丰富和完善以下系列标准。
① 《齿轮智能制造装备技术导则》。
② 《齿轮智能制造装备语义化描述和数据字典标准》。

③《齿轮智能制造装备信息安全标准》。
④《齿轮智能制造装备工业控制网络要求》。
⑤《齿轮智能制造装备集成与互联互通方法》。
⑥《齿轮智能制造装备对物联网、大数据和云服务的信息支持方法》。
⑦《智能滚齿机技术条件》。
⑧《齿轮智能制造装备能效评估方法》。
⑨《齿轮智能制造装备评价指标体系及成熟度模型》。
⑩《齿轮智能制造生产线技术条件》。

（2）按照标准对汽车齿轮智能制造生产线的关键设备、生产线本身的生产制造进行规范。

（3）进一步扩大汽车齿轮智能制造生产线的适用产品范围，进一步推广应用齿轮智能制造生产线。

10.9.2　已解决问题和存在的问题

1. 已解决问题

已经形成具有自主知识产权的齿轮加工智能制造生产线，目前已累计销售 22 套，销售收入过亿元，取得了良好的经济效益。已解决问题如下。

（1）成功研制了智能生产线关键装备 YS3120CNC—S 智能滚齿机。研究了制齿机床智能化成套技术，包括突破多功能网络化智能终端技术、工艺参数智能决策支持技术、数控程序智能编制及仿真技术、加工过程在线能效监测与节能运行技术、运行过程故障监测与远程维修维护技术、加工过程质量信息提取与监控技术、制齿机床刀具、夹具及工件智能管理技术、加工过程刀具状态在线监测技术、加工过程生产进度信息自动提取技术等关键技术。在此基础上，集成开发了制齿机床智能化提升系统，并形成智能滚齿机新产品。

（2）成功研制了智能生产线关键装备 GDV300 数控倒棱机。机床采用立式布局，刀具主轴被动，工件主轴主动的结构形式，运动系统由一个驱动轴和三个数控轴组成；倒棱刀具采用盘状刀，去毛刺采用车削方式，具有加工效率高、占地面积小的特点。

（3）成功研制了自动生产线关键装备 YZ4232CNC5 五轴数控精密剃齿机。机床能够将滚齿后的齿轮精度提高 1~2 级，配备的刀架可实现自动精密转角（精度≤0.001°），配备的单托盘送料机构和对齿机构能够对刀具与工件啮合负荷状况进行适时监测。

（4）成功研发了生产线专用龙门桁架机械手，定位精度高，抓取可靠。

（5）自主设计并研发了生产线进/出料仓。料仓采用减速电动机驱动链轮，链轮带动链条，链条驱动工件工位的运动方式实现工件运送，由传感器在工作路线上进行定位。进/出料仓可通过调整导棒以适应不同直径的工件，满足了不同变速箱齿轮零件自动上/下料的要求。

（6）成功研发了齿轮加工自动生产线网络化现场管理与智能监控系统，在生产线得到成功应用。

2．存在的问题

（1）关主装备智能化提升系统有待进一步深化，智能剃齿机、智能车床等关键设备正在研发中，尚未在生产线中组线成功。

（2）智能生产线的智能化程度有待进一步加强和提升。

（3）智能生产线的设计和制造尚未完全按照相关标准执行，在以后的工作中将进一步改善。

案例 11

电力装备电力拖动用高效率三相异步电动机定子部件数字化智能制造车间

11.1 案例在智能制造系统架构中所处的位置

我国电力装备领域中电力拖动所使用高效率电机的制造中普遍采用的是劳动密集型的手工制造方式,特别是电机中的核心部件——定子有绕组铁心的制造工艺仍旧以手工方式为主,不仅影响到电机生产的产能提升,同时还对电机的制造质量产生巨大的干扰,始终阻碍了电机产业转型升级,特别是向智能化数字化制造领域的发展。

将电力装备领域中电力拖动所使用高效率电机生产中最重要的环节——定子有绕组铁芯的制造工艺由传统的手工制造改为数字化自动生产模式,并将这一模式嵌入电机生产企业中其他关键部分。通过建立电机 3D 设计数字化系统,研发实现电机过程管理与生产管理的统一应用平台,并通过电机标准件数据库和其他数据库的建立,加上对现有硬件系统的数字化改造,并结合数字化的产品质量和性能检测系统,从而实现电机的智能数字化制造。

电力装备领域中电力拖动所使用的高效电机定子部件的数字化智能制造系统除了包括各种替代专用装备（自动插槽机、自动绕线机、自动下线机和自动绑线机等），还包括流程间转接的专用设备（工业搬运和转接机器人、位置传感器、PLC、射频识别装置）以及信息化管理平台（软件）等多个执行机构。根据《国家智能制造标准体系建设指南》第二章中智能制造系统架构部分的分解，本案例中电力装备领域电力拖动所使用的高效电机定子部件的数字化智能制造系统位于智能制造系统架构生命周期的生产环节、位于系统层级的车间层级，以及智能功能的互联互通，如图 11-1 所示。

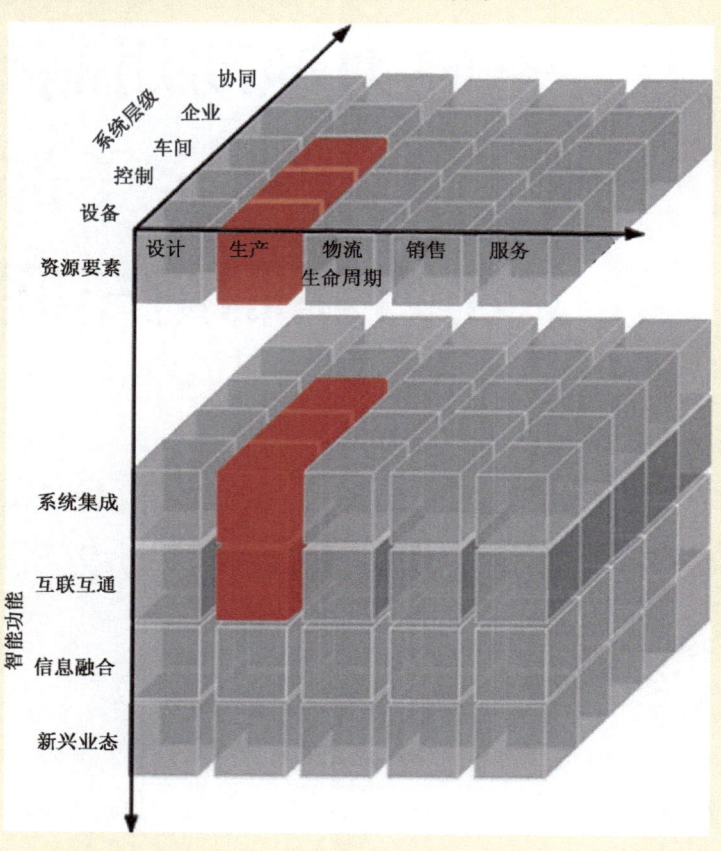

图 11-1　智能制造系统架构三维度位置分析

11.2 电机定子组件智能制造案例基本情况

如图 11-2 所示,在电机生产过程中要将电机分为定子组件部分(主要含定子铁心、线圈、引接线、绝缘材料等零件)、转子组件部分(主要含转轴、轴承装配、转子铁心等零件)、机座和端盖(包括轴承盖和密封盖等),以及辅助标准件(如风扇和接线盒等)等部件或组件。其中,比较重要的是定子组件的生产加工。而电机的定子部件包括了铁心、线圈、绑扎带、绝缘纸等多个零件组成,根据不同的电机定子类型,其生产流程虽然略有不同,但是基本都包括整压、打槽绝缘、绕线、下线、并线头、整形、绑扎、刮漆、焊接、浸漆等多重复杂的工艺流程,如图 11-3 所示。

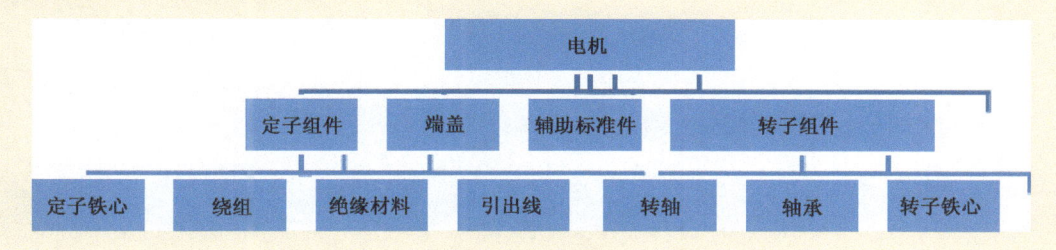

图 11-2 电机制造的典型部件构成

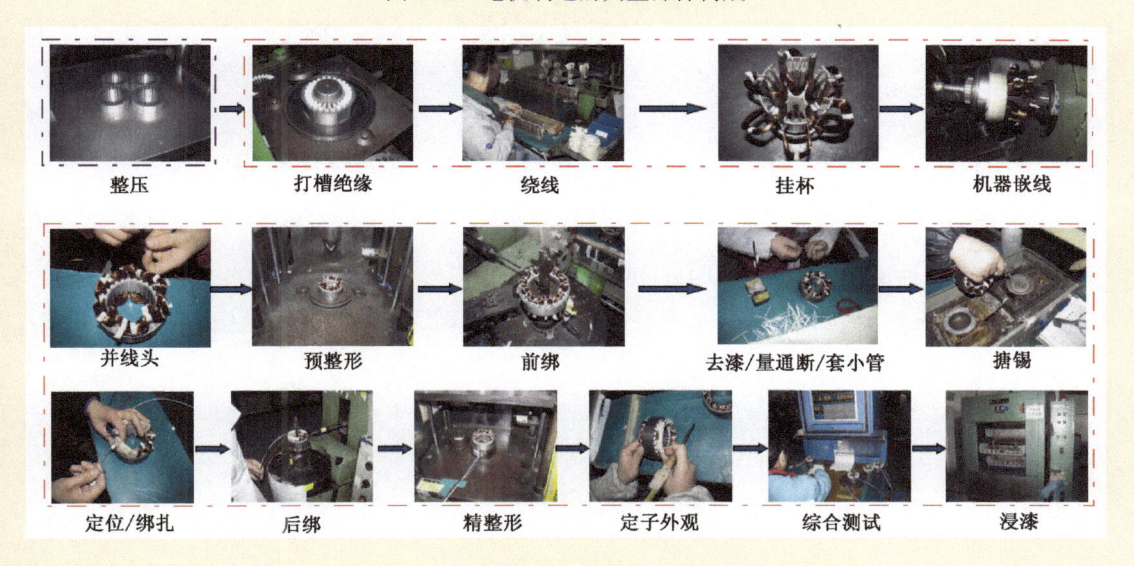

图 11-3 电子定子部件一般生产工艺流程

本案例中的工厂现拥有 10 条电机生产线、2 条绕组嵌线生产线、1 条端盖生产线和 2 条机座生产线。根据电机的生产流程，工厂的制造区域又分为端盖制造区、机座制造区、定子制造区和转子制造区。目前该工厂的电机制造水平处于工业 2.0 水平，比较明显的不足有以下几方面。

（1）每个加工区内的设备以普通机床进行粗加工，以数控机床进行精加工，工厂的数控化率仅为 30%。

（2）一人一机操作方式占用大量人力，劳动力短缺，劳动成本居高不下，劳动生产率低。

（3）产品质量不够稳定，操作者的水平对加工精度影响较大。

（4）设备均按照批量生产流水线状态布局、逐序一字排开、工序集中生产，物流流程长、零部件生产周期长。

（5）目前工厂对设计、工艺、制造还不能实现一体化，制造部门不能及时准确地获取设计图样、工艺卡片及变更数据。

（6）车间现场处于黑箱生产的状况，不能做到实时跟踪，信息透明；对生产订单变更、生产过程中的异常状况做不到快速响应等。

因此，目前该工厂的机械加工技术水平、加工效益已落在同行中的先进企业之后，亟须改造升级。特别是定子组件生产中的线圈制造和下线部分，仍然采用劳动密集型的手工制造方式，这与国外的电机数字化智能制造水平相比差距就更大了。

本案例就是在新建设的电机制造厂区的基础上，首先针对影响电机制造质量和产能提升的关键电机定子有绕组铁心的自动插槽、自动绕下线及绑线等工序，结合电机设计的 3D 自动化数字设计和数据传递、产品生命周期管理层（Product Lifecycle Management，PLM）及企业物理资源计划管理层（Enterprise Resource Planning，ERP），加上电机的智能数字化检测系统，实现建立定子有绕组铁心的数字化制造示范车间制造企业生产过程执行系统（Manufacturing Execution System，MES）。

根据《国家智能制造标准体系建设指南》中智能制造标准体系框架中的第三级目录，本案例属于 BBD 智能生产和 BBE 智能管理相交叉和共有的部分，如图 11-4 所示。

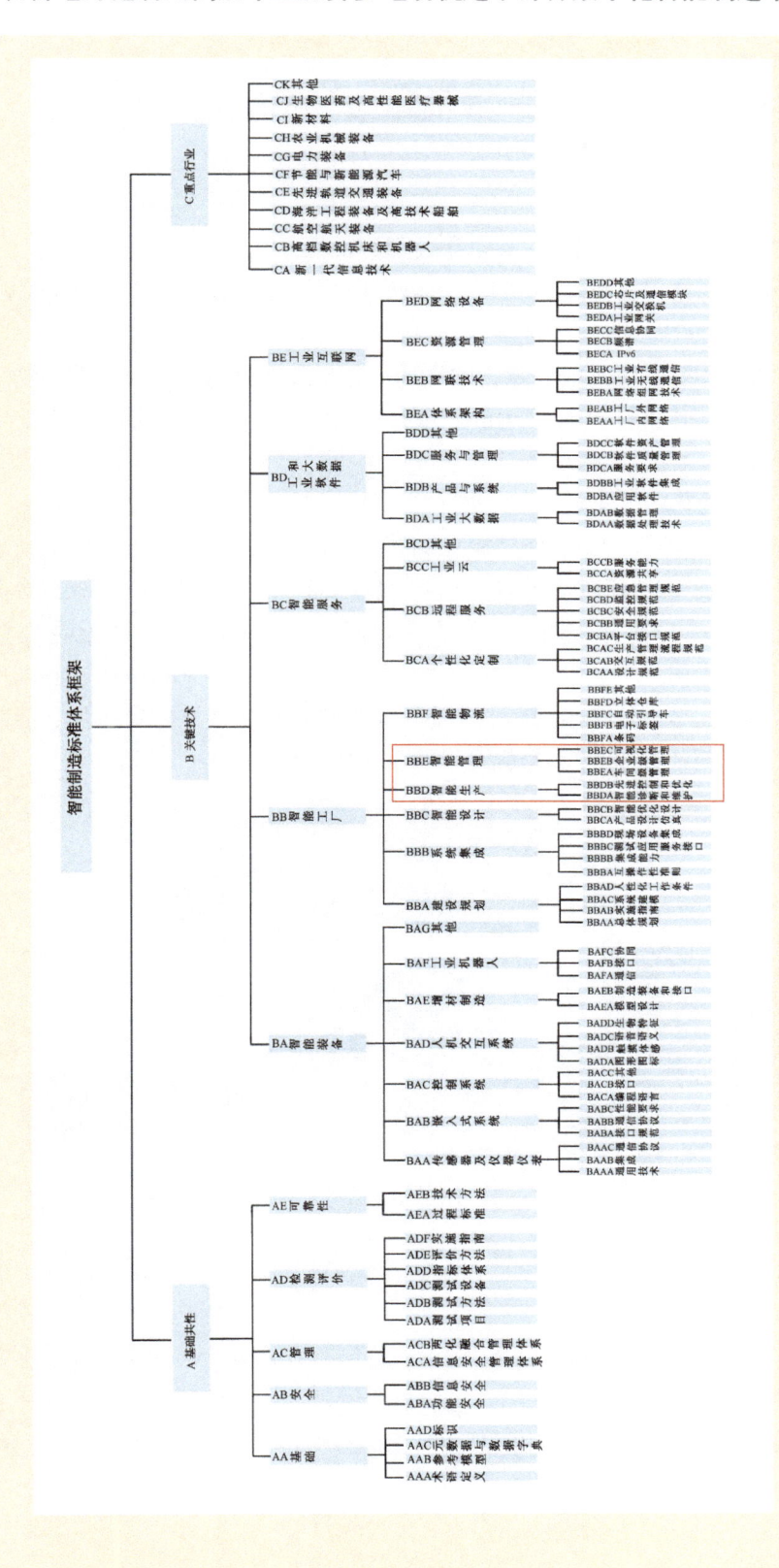

案例 11 电力装备电力拖动用高效率三相异步电动机定子部件数字化智能制造车间

图 11-4 案例在智能制造标准系统架构中的范围

11.3 电机定子组件智能制造系统架构介绍

数字化智能制造定义的内涵包括以下三个方面。

（1）设计智能化：在虚拟环境中，可以实现装配过程仿真、数字预装配、CAM，以及结构分析、管路分析、强度分析等。

（2）制造装备智能化：成套装备的集成，包括数字化创新设计、数字化工艺、数字化特种控制和数字化检测，主要应用的领域有汽车制造装备、船舶制造装备、电子制造装备、军工制造装备、轻工制造装备等。

（3）管理智能化：制造、工程、用户和供应商的集成。

本案例就是在新建设的电机制造企业的基础上，首先针对影响电机制造质量和产能提升最关键的电机定子有绕组铁心的自动插槽、自动绕下线及绑线等工序，结合电机设计的 3D 自动化数字设计和数据传递、产品生命周期管理层（PLM），以及物理资源管理层（ERP/MES），加上电机的智能数字化检测系统，实现建立定子有绕组铁心部件的数字化智能制造示范车间，如图 11-5 所示。本案例主要由电机定子制造数字化智能制造车间建设和电机的智能数字化智能检测系统建设两个方面构成。

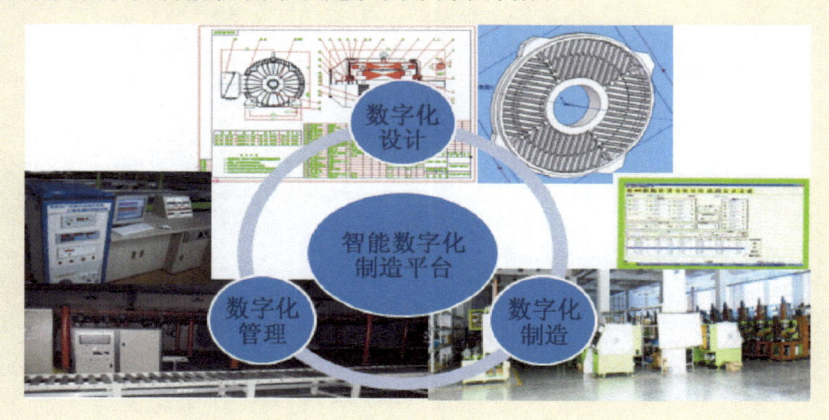

图 11-5 案例的总体架构

本案例主要针对电机产量很高的 5.5kW、7.5kW、11.5kW 和 15kW 的低压电机定子制造（H160 以下）建立数字化智能制造生产车间。该类电机定子的生产工艺流程为绕线、插槽绝缘、下线、中间整形、绑扎、封槽口、整形、检验等。电机定子数字化生产车间的建设是根据电机生产工艺流程，并结合电机过程管理与生产管理的统一应用平台，设计和安排了电机定子数字化生产车间的信息流与物流方向，如图 11-6 所示。

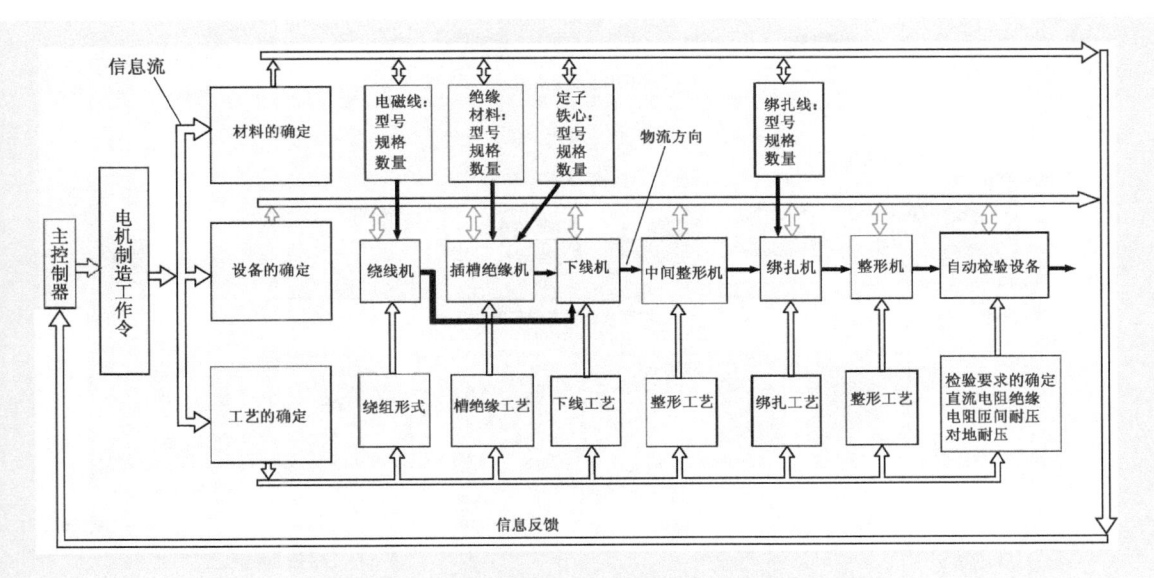

图 11-6　电机定子部件数字化智能制造车间信息流与物流示意

本案例包含数字化车间的生产控制系统、电机定子部件数字化生产线和电机定子部件数字化智能检测系统。

11.3.1　数字化车间的生产控制系统

数字化车间控制系统主要有现场控制站（I/O 站）、数据通信系统、人机接口单元（操作员站 OPS、工程师站 ENS）、机柜、电源等组成。系统具备开放的体系结构，可以提供多层开放数据接口。支持多种现场总线标准以便适应未来的扩充需要，如图 11-7 所示。

该系统的设计采用合适的冗余配置，具有自诊断功能和高度的可靠性。系统内任一组件发生故障，均不会影响整个系统的工作。数字化车间采用分散控制系统，通信网络传递着各种过程的变量控制、报警、报告等信息，使其成为分布式控制系统的主要枢纽。它具有一个完善的通信系统、分布式数据库、控制单元及相互间的高度自治、透明、分散。在控制系统中，系统网络由高速-高效、冗余-容错、高速实时环网（RTFNET）组成。控制单元模件 XCU 与人机界面（MMI）的连接采用双层网络结构，该结构具有以下特点。

（1）冗余、容错网——成熟、可靠的工业网络结构。

高速：系统主干网以全双工、广播方式通信，采用交换式以太网拓扑结构，使点—点传输的实时性得到保障，效率非常高。

高效：系统将实时数据（数据、指令、报警等）与非实时数据（历史数据、制表、记录、报警历史的再显、查询等）分流，大大降低实时网的负荷率。

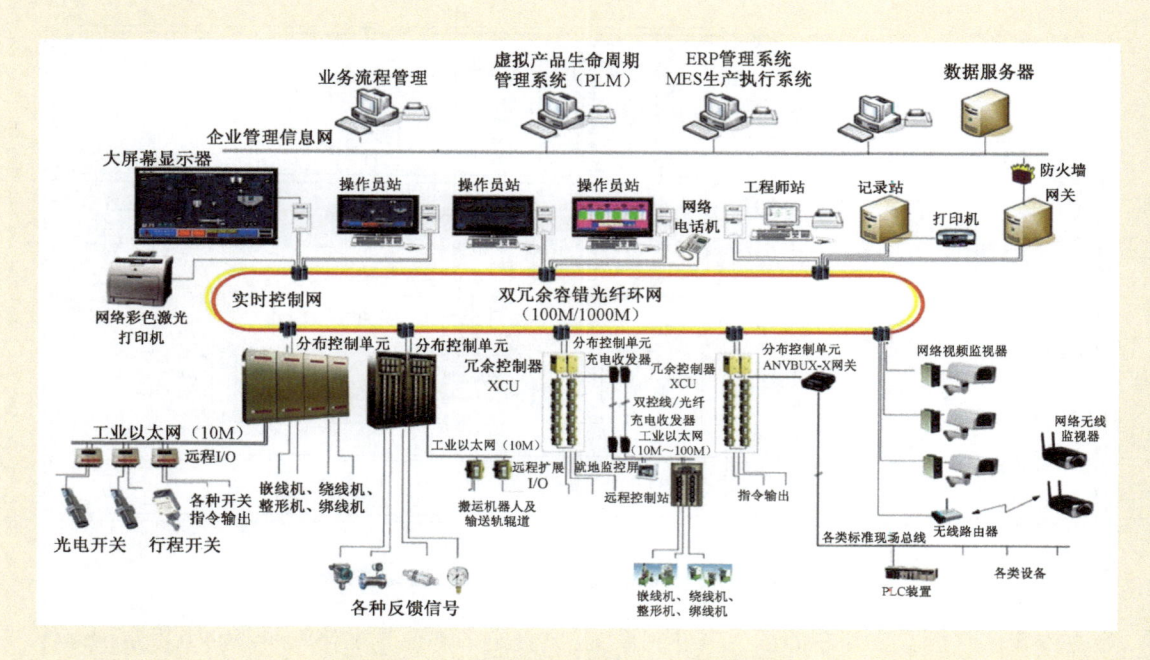

图 11-7 数字化车间的生产控制系统

（2）高速信息网——便捷的在线调试、维护。

该系统特有的信息网功能，不但是非实时数据的通道，而且是系统在线资源维护的路径，系统所有的数据、资源、外部设备都可通过信息网安全共享，数据、画面可进行在线调试，不影响任何正在运行的任务。

11.3.2 电机定子部件数字化生产线

电机定子数字化生产车间首先在数字化控制系统的基础上，建立电机零部件的数字化识别系统（条形码、DNC 设备等），实现自动识别电机的定子铁心、电磁线、槽绝缘、线圈及生产过程等，实现产品数字化的物流跟踪和控制。其次，根据电机定子生产工艺流程和物流流动方向，以及各环节生产设备的时间节拍，设计数字化电机定子生产线。生产线工作区示意如图 11-8 所示。

为了提高设备利用率，定子数字化生产线在布局上采用以功能单元回合的排列方式，共分六个工作区。第一工作区主要完成线圈的绕制和绝缘材料插入，第二工作区为下线（嵌线），第三工作区为中间整形和绑扎线，第四工作区为槽封口，第五工作区为最终整形，第六工作区为自动检验区。工作区之间采用专用自动输送线传输。

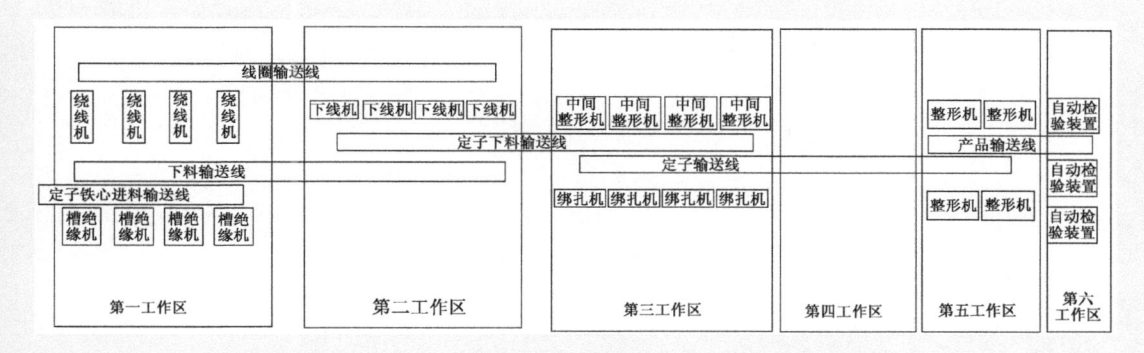

图 11-8　生产线工作区示意

第一工作区的原材料进入由人工辅助完成，主要原材料有定子铁心、绝缘材料、绑扎线、电磁线。具有搬运功能的智能机械手将辊道机运来的定子安放在槽绝缘插入机上，槽绝缘插入机根据控制系统命令，自动进行绝缘材料的插入。完成插槽后由智能机械手将产品搬运到自动运输线，再重复下一台工作。自动绕线机根据工作指令按照图样及工艺要求进行电机线圈的自动化绕制，第一工作区主要有两种半成品，设备工作完成后，搬运机器人将不同的半成品搬运到相应的自动运输线，由自动运输线搬运到第二工作区。该工作区约需要人员 2 名。

第二工作区主要完成嵌线工作，搬运机器人将专用自动运输线运来的材料按照指令搬运到指定的嵌线机。嵌线完成后，再由搬运机器人将将嵌好线的定子搬运到自动运输线，输送到第三工作区。该工作区不需要人员。

第三工作区主要完成中间整形和绑线工作，智能机械手将嵌好线的定子搬运到相应的整形机进行中间整形。整形完成后，再由智能机械手按照指令搬运到绑线机。绑线完成后，智能机械手将定子搬运到自动运输线，输送到第四工作区。该工作区不需要人员。

第四工作区为封槽口工序，该工序将由人工完成封槽口工作。该工区约需要人员 8 名。

第五工作区为最后整形工序，智能机械手将自动运输线运来的定子搬运到相应的整形机进行整形。整形完成后，由智能机械手将定子搬运到自动运输线，输送到第六工作区。该工区不需要人员。

第六工作区为自动检验区，半成品定子通过输送线流转到自动检验区，经人工接线后，电机智能化自动检测系统自动按计算机指令进行定子绕组的直流电阻、绝缘电阻、工频耐电压、匝间耐电压、三相电流平衡、旋转方向试验的综合测试。该工作区约需要人员 2 名。

在整个制造过程中，单台自动设备的生产能力如下所列。

（1）自动插槽机插槽绝缘的速度平均约 1 分钟/台。

（2）自动绕线机的绕制线圈的速度约 5 分钟/台。

（3）自动嵌线机的嵌线的速度约 45 秒/台。

（4）自动中间整形机的整形的速度每台约 0.5 分钟/台。

（5）自动绑扎机的绑扎的速度约 3 分钟/台。

（6）自动整形机的整形的速度约 0.5 分钟/台。

（7）自动检验的检验的速度约为 45 秒/台。

本生产线根据单台自动设备的生产能力进行相应设备的优化配置，并由数字化系统的统一管理调配来进一步提高生产效率。通过调整设备的配置状况来缩短生产线的生产瓶颈口，调整后的定子生产线的生产节拍预计可达到 120 秒/台。

11.3.3　电机定子部件数字化智能检测系统

对本案例采用的数字化智能检测系统来说，系统只需一次接线就能自动完成全部测试项目。试验项目包括三相交流电机定子绕组的直流电阻、绝缘电阻、工频耐电压、匝间耐电压、三相电流平衡、旋转方向试验的综合测试，还包括空载、负载、温升、堵转、T-n 曲线等全套型式试验项目。电机定子部件数字化智能检测系统的主要性能参数如表 16-1 所示。

表 11-1　电机定子部件数字化智能检测系统的主要性能参数

序号	项目	测量范围	精度	特点
1	电压测量	0～1000V	0.1 级	自动量程
2	电流测量	0～2000A	0.1 级	自动量程
3	转速测量	0～5000r/min	0.1 级	自动量程
4	转矩测量	0～5000N·m	0.1 级	自动量程
5	温度测量	0～200℃	±1℃	自动量程
6	电源电压谐波因数 HVF	—	≤0.015	符合电机试验国家标准的规定
7	电源电压稳定度	—	±0.05%	高稳定性有利于高效电机效率试验
8	电源频率变化率	50/60Hz	≤0.05%	高稳定性有利于高效电机效率试验
9	系统不确定度	0.75～375kW	≤0.4	低不确定测试系统
10	直流电阻测试	10mΩ～20kΩ	≤±0.2%	自动量程转换
11	绝缘电阻测试	0～200MΩ	≤±3%	自动量程转换
12	匝间耐电压试验	0.3～6kVp	≤±5%	波形面积比较法 自动判断
13	工频耐电压试验	0.3～5kV/AC	≤±5%	自动量程转换
14	三相电流平衡试验	0～30V	≤±1.0%	具过流保护功能

该系统采取先进的静止数字变频电源作为试验电源和负载电源，负载能量采用直流母线回馈的模式，利用静止变频电源的逆变装置控制负载电机完成加载及负载的调节。整个试验系统包含数字变频电源、负载电机和计算机控制的测量系统、PLC 控制系统等，系统可实现自动化运行、智能化测试、网络化通信，可大幅降低试验人员在试验过程的烦琐操

作，安全性高，准确度高，可靠性高。

系统工作方式：交流市电经整流单元的桥式整流后，分别接入试验电源和模拟恒转矩负载；试验电源将直流电调制成变频静止交流电源后依次与电参数测控、输出控制和测试电机连接；模拟恒转矩负载将直流电通过调制控制负载电机发电运行，提供恒转矩负载，与测试电机输出轴连接；计算机控制分别与试验电源、模拟恒转矩负载和数据测量连接；转矩/转速传感器分别与数据测量、测试电机和陪试电机连接。

试验系统采用可编程控制器（PLC）主控，可预置被测电机的标准参数，并根据试验数据自动判断各项测试结果。测试项目单项或多项组合可选。计算机系统采集、记录、储存显示各项目测试数据和结果，提供查询检索等数据管理功能。

试验站测控网络系统作为智能部件的核心，其主要任务在于根据试验工艺要求，完成对试验设备的动作控制，并实现试验数据的读取、存储、计算、分析、检索、打印等功能。

整个测控系统共分为两个网络层次：以 RS-485 现场工业总线构成的现场控制网络；以上位机系统构成的监控及试验数据处理网络。两个网络通过 PLC 主机构成了一个有机的整体。同时，在系统设计的两级网络拓扑结构中，尽可能保持现场控制网络与上位机网络的独立性，相互通过各自的网络交换数据，任何一个设备的故障都不会影响其他设备，并且因为各自的网络也是独立的，故障也不可能通过网络传递影响其他不同网络上的设备。测控系统拓扑结构如图 11-9 所示。

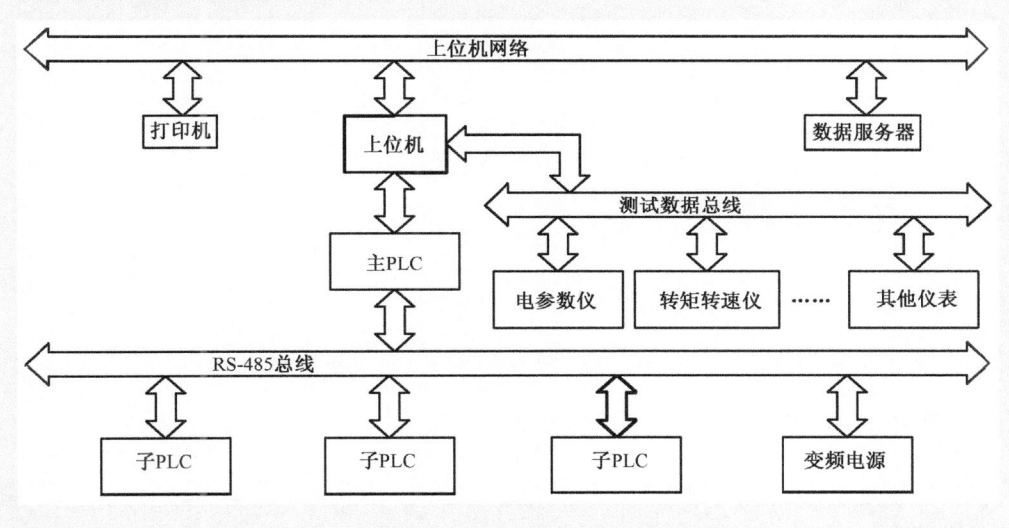

图 11-9　测控网络系统拓扑结构

11.4　智能制造关键绩效指标

相对于传统的电机定子组件的制造模式来说，本案例所采用的智能制造关键绩效指标分别是自动化率指标、国产化率指标和质量控制指标。

（1）自动化率指标：整个车间的自动化设备和装置达到 52 套，没有非自动化设备，人工环节只有 2 个，自动化率大于 80%。

（2）国产化率指标：整个车间的自动化设备和装置达到 52 套，其中 4 套用于转接的工业机器人为进口产品，软件系统为引进国外知名软件后二次开发的产品，国产化率达 90%以上。

（3）质量控制指标：调整后的车间生产质量水平得到大幅度提升，产品一次合格率由原先的 95%左右提升至 99%以上（主要原因是定子铁心部分有时因毛刺较大而对自动下线产生影响）。

11.5　案例特点

经过建设方的配合，本项目建设完成后呈现以下显著特点。

1. 提升了生产效率，降低了运行成本

以往低压电机的定子线圈绕线、插槽绝缘、嵌线、绑扎、检验等工序一直是人工密集型的，采用电机白坯定子的数字化自动生产线后，将原来 5.5kW 电机的白坯定子生产工时从 2.5 小时/台提高到 2 分钟/台。按照传统的生产方式，相同规格、相同产量的电机定子生产车间，需要一线工人 86 名以上，而本项目的数字化电机定子生产车间只需要 12 名一线员工。数字化电机定子生产车间大大提高了生产效率，自动化程度得到了极大的提高。因此，企业通过关键环节的智能化装备及工艺改进，改变了原来普遍采用的以手工绕线、下线、插槽、绑扎等劳动密集型制造模式，不仅车间自动化程度大大提升，还降低了

该关键流程对成熟技术工人的需求;不仅减少了人力成本,还通过生产效率的提升和质量水平的提高,大大降低了运行成本。

2. 提升了产品质量,产品一致性得以提高

通过以机器换人,排除了人力在劳动过程中人对产品质量的干扰;通过自动绕线机的模具,保证了每个线圈的尺寸严格按照图样的要求;通过自动下线机的导轨,保证了所有所下线圈的依次按顺序下线;通过自动绑线机,完成标准尺寸的端部成形。因此,企业通过关键环节的智能化装备及工艺改进,提升了产品质量和产品一致性。

3. 提升了制造系统的能效水平,降低了企业经营成本

企业在关键环节所采用的智能化装备,其本身特点就是多数采用了节能高效的直接电驱动系统例如,该系统采用伺服电机驱动,无传统的减速机构等,效率大大提升。此外,针对零件和零件之间、部件和部件之间的生产,按照最优化的节拍,通过柔性制造系统实现了产能最优的同时,还可以降低系统能耗。

4. 该模式具备典型性和可复制性、适合行业推广

在电机制造过程中,定子组件的制造始终是最重要的关键环节之一。目前行业主要采用手工制造模式,由于电机按中心高规格分布已有相应的标准,因此,电机定子部件的智能数字化车间建设项目具有典型性和可复制性,特别适合在本行业类似企业中大范围推广。常见的电机定子组件手动加工模式如图 11-10 所示。

图 11-10 常见的电机定子组件手动加工模式

11.6 智能制造实施步骤

从建设实例来说，本案例总体分为两期，第一期为定子有绕组铁心数字化示范车间的建设，第二期为数字化工厂的建设。其中第一期建设分为三个阶段实施，见表 11-2。

表 11-2 第一期建设分为三个阶段

阶 段	时 间	实施内容	说 明
第一阶段	2013 年 3 月—2013 年 12 月	（1）高效电机的全数字化设计研发。 （2）初始数据库建设。 （3）自动化设备采购及数字化改造。 （4）检测系统硬件施工	以硬件的全面建成为验收依据
第二阶段	2014 年 1 月—2014 年 8 月	（1）系统管理软件结构设计。 （2）ERP 系统上线试运行。 （3）检测系统软件施工及试运行	以软件的全面建成为验收依据
第三阶段	2014 年 9 月—2015 年 5 月	（1）生产试运行。 （2）数据的采集与分析整理。 （3）探索全厂数字化建设方案	以正常生产为验收依据

下面主要介绍第一阶段的重点工作，主要工作包括以下几方面。

1. 高效电机的全数字化设计研发和初始数据库建设

这部分的工作主要是通过基于三维设计技术的电磁场分析和结构分析及设计平台而开发的，目的是实现产品设计手段与设计过程的数字化和智能化，缩短产品开发周期，提高企业的产品创新能力。数字化设计平台的构成和功能如图 11-11 所示。

2. 自动化设备采购及数字化改造

国内的电机自动化设备制造商于 20 世纪末开始了电机定子自动生产设备的研发和制造，目前国内较成熟的制造商有山东龙口华强精密机械有限公司、江苏常州市自动化科技有限公司等，它们已经可以做到从插槽、绕线、下线，以及绑线的全自动化，部分自动化装备，如图 11-12 所示。

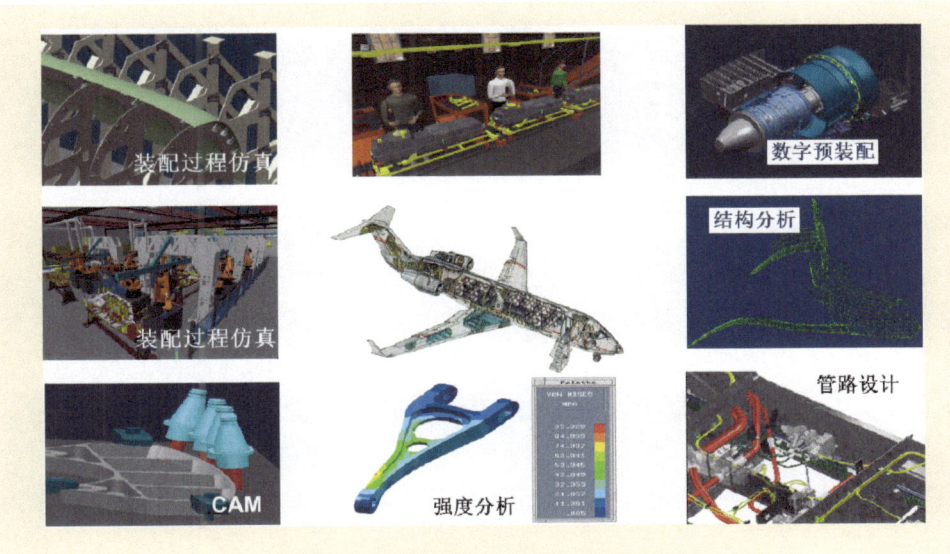

案例 11　电力装备电力拖动用高效率三相异步电动机定子部件数字化智能制造车间 | 177

图 11-11　数字化设计平台的构成和功能

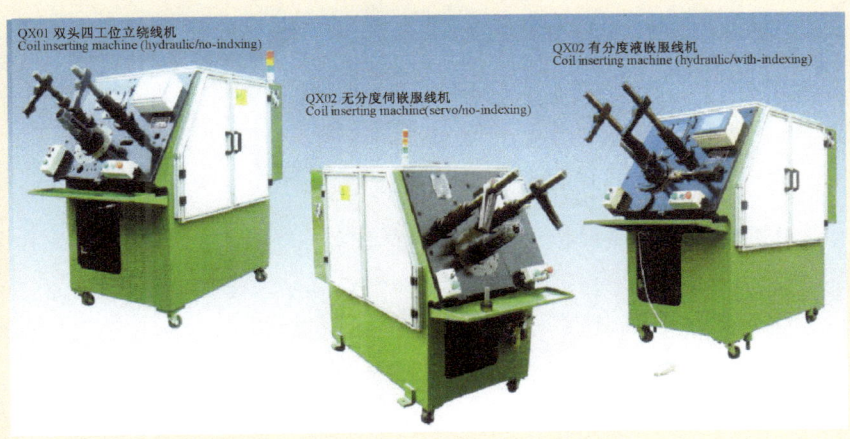

图 11-12　部分自动化装备

在此基础上，本案例根据厂商提供的相关设备（具有数字通信和控制接口），在本项目合作单位支撑下，进行所有加工设备的数字化控制改造，结合电机数字化管理平台，从而实现本项目要求的电机定子数字化车间建设目标。

3. 检测系统硬件施工

检测系统硬件施工流程如下：按计划进度提出土建技术条件，在安装前按需方提出的土建技术条件进行土建专业设计，做好设备基础，沿电缆沟敷设接地干线；按要求做好设备和电缆支架安装的预埋件。施工安装严格遵循按设计图、按国家有关安装规范、保证试验站运行可靠、便于维修管理的原则。用户为设备安装免费提供用水、用气、用电、厂内搬运、起吊设备及其他方便。现场施工安装所发生的辅助材料均由我方负责。设备安装就绪后，以单元为单位进行运行试验。保证运输和安装后每台设备内部的各台设备之间电气连接正确、接触可靠。

从企业推进智能制造实施步骤角度，建议按照以下步骤开展相应工作。

第一步，现状评估：针对企业的运行现状开展分析，分析企业的现状属于工业标准制造体系中的哪个阶段，是属于"工业 2.0"以上还是"工业 2.0"以下。

第二步，关键环节梳理和分析：针对产品的制造环节开展分析，分析哪些环节属于关键制造环节，并分析其采用自动化装备制造的可能性，以及生产过程中会产生哪些必须掌控的测量数据等，还要掌握这些数据的数量等级。

第三步，资源整合：针对产品的关键制造环节，整合企业工艺研究人员、智能设备制造和供应商、生产管理软件平台供应商共同调整、制定企业的智能制造标准流程。

11.7　案例的标准化现状与需求

基于国内电机行业的普遍现状，目前还没有针对电机智能制造的标准或者标准体系，这些相关标准属于待开展的重点项目。

关于电机的智能数字化制造，可以产生两大类型的标准：一类是基础共性标准；一类是行业应用类标准。

（1）基础共性标准。关于这类标准，可以通过案例的实际验证，归纳总结得到电机智能化数字车间、电机智能制造系统能效评估方法，以及电机智能化数字制造工厂评估方法等基础共性标准。

（2）行业应用类标准。关于这类标准，可以通过案例的实际验证，归纳总结得到电机智能化专用装备产品参考模型标准、部分电机智能制造关键工艺参考模型标准，以及电机在线智能化质量检测标准等行业应用类标准。

11.8　案例的示范意义

本案例的示范意义主要体现在以下几方面。
（1）示范带头作用显著：该模式具备典型性和可复制性。经推广可形成一批在智能制造领域起带头示范作用的行业骨干企业，促进行业整体装备制造水平和信息化管理水平，以及质量管理水平迈上新台阶。
（2）形成电机产业智能制造标准体系：本项目在推进过程中和完成后，将形成一批覆盖电机研发、工艺、流程管理和质量监控，以及智能化装备的标准，并逐步形成电机不同生产模式的智能化制造标准体系。
（3）促进产业的整体转型升级：该示范项目将全面完善电机产业链结构调整，通过试点示范辐射推广，推动行业整体从单一的设备供应商向电机全生命周期价值链服务转型升级。

11.9　下一步的工作计划

11.9.1　技术研发层面

在成功完成电机定子组件的智能制造探索后，还将开展以下几方面工作。
（1）基础技术研究与应用：开展针对电机零部件的智能化和数字化改造的可行性分析、相关工艺技术的研究（包括电机定子、转子浇铸、铸铝机壳浇铸及加工、电机零部件加工、电机轴承装配、整体喷涂等多个关键环节）等，改造主要工艺流程等。
（2）标准技术研究与应用：开展针对电机零部件的标准化技术的研究和工艺流程的

控制参数标准化技术研究（包括电机定子、转子浇铸、铸铝机壳浇铸及加工、电机零部件加工、电机轴承装配、整体喷涂等多个关键环节）等。根据《国家智能制造标准体系建设指南》，重点关注关键技术标准，主要包括智能装备、智能工厂、智能服务、工业软件与大数据和工业互联网五部分。

（3）控制和软硬件技术研究与应用：开展针对电机零部件的数字化改造的硬件技术研究、通信技术研究及软件开发，合作开发能够满足多个加工环节需求的智能化数字化加工装备（包括电机定子、转子浇铸、铸铝机壳浇铸及加工、电机零部件加工、电机装配、整体喷涂等多个关键环节）等。

（4）智能化、信息化平台建设：具体根据企业发展要求，引进国外先进的软件及平台，打造适合企业发展的数字化智能电机制造工厂，将车间的数控机床等设备或生产条线，通过工业以太网连接成数字化网络。在此基础上，建立工作任务（工作过程）管理流程和任务下达通道，同时建立工作任务的监控和审批过程；实现设备远程管理和实时监控，生产过程安全性管理及报警，实现车间利用率分析、实训场地远程视频监控等功能。

11.9.2　电机过程管理与生产管理的统一应用平台开发

本项目的最终目标是完成典型的电机智能化制造工厂模型建设。典型的电机智能化制造工厂，就是能够实现电机全生命周期的智能化和数字化制造。其中，最重要的是电机过程管理与生产管理的统一应用平台开发，如图 11-13 所示。

在电机的制造过程中，从某种意义上讲生产计划高效执行甚至比计划制订过程本身更加重要。制造企业迫切需要提高制造车间的数字化水平，在优化生产资源配置和生产过程的同时，通过先进的信息技术实现车间执行、控制过程的数字化管理和自动化生产，提高电机制造的快速响应能力。

针对电机制造过程，在软件系统的研究方面，建立电机 3D 设计数字化系统，研发实现电机过程管理与生产管理的统一应用平台，通过电机标准件数据库和其他数据库的建立，实现电机数字化制造。电机数字化制造系统的软件总体功能模型主要包括以下四个层面。业务流程管理层、数字化虚拟产品生命周期管理层（PLM）、物理资源管理层（ERP）和数字化工厂层。

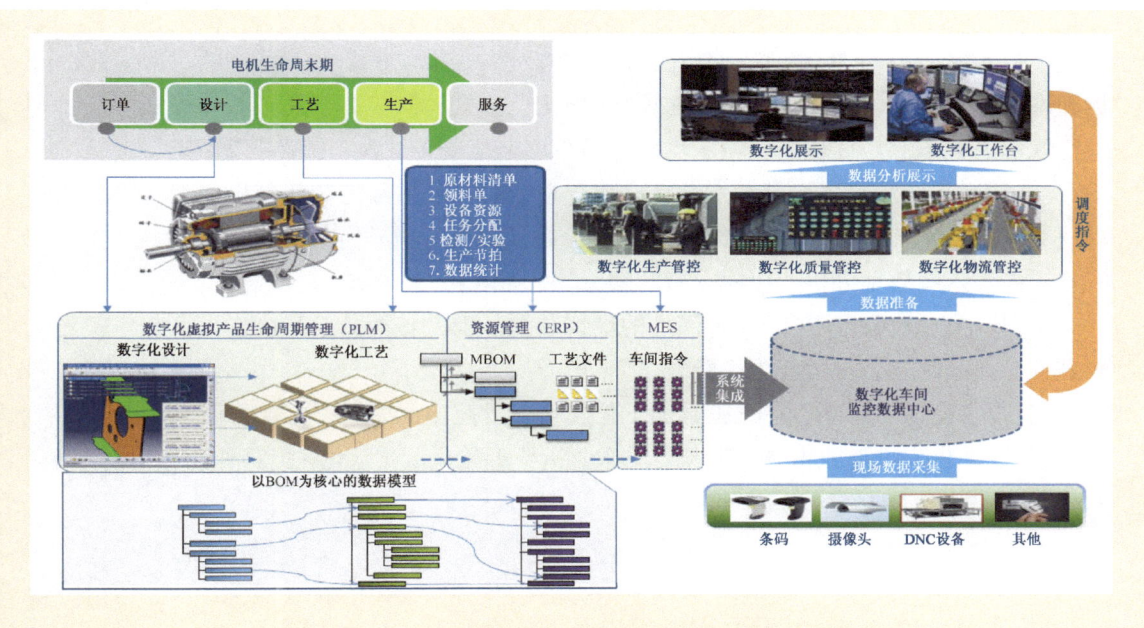

图 11-13 电机过程管理与生产管理的统一应用平台

（1）业务流程管理层——电机生命周期的流程规范：①从订单开始，分析技术规格与商务规格。②定义流程中每个活动的输入，操作与输出；③工作流，包括流程的定义工具，流程的流转，流程运行的任务处理，流程监控等。未来文档的签审流程、零部件的签审流程、变更流程、项目任务流程等重要业务流程都会在此运行。

（2）数字化虚拟产品生命周期管理层（PLM）——作为最终实现数字化工厂的关键应用，它的输出是实现电机全数字化工厂生产管理的最核心的基础。它主要有数字化设计与数字化工艺两大部分。基于订单，分析技术参数与技术要求；基于技术参数进行全三维数字化设计及进行全三维数字化工艺设计。以 BOM 为核心，实现对设计数据、工艺数据、采购数据、生产数据及成本数据的全关连数字化网络化管理。变更管理主要功能包括更改过程控制、更改数据的关联等并生成报表。

（3）数字化生产管理层（ERP）——基于数字化虚拟产品生命周期管理层的输出，例如 3D 模型、工艺文件、物料清单等，进行生产任务书的输入、图纸的输入、数字化的生产任务的分解、数字化的设备资源的安排、自动生成原材料清单及生成领料单等。

（4）数字化工厂层——数字化工厂的最终实现层。其目的是解决制造可靠性的问题。从整体实现包括产品的订单、产品设计、工艺设计、数控编程及仿真、生产派工、检验、进度跟踪、工时核算的全数字化管理。它包括以下 6 个方面的内容。

① 数字化工厂：创建和实施与工艺规划和工艺细节规划应用相关的辅助工具。将人机工程、机器人、3D 设备/工装/夹具、生产线等资源定义并加入到数字化工厂环境中，构建虚拟的生产环境，仿真工厂作业流程，分析一个完整的数字工厂（车间/流水线）环境。

② 数字化工艺规划：是一个工艺细节规划和验证应用 3D 数字化环境。在三维虚拟

环境中以实际产品的 3D 模型，构造 3D 工艺过程，分析电机产品的可制性、可达性、可拆卸性和可维护性，实现 3D 产品数据与 3D 工艺数据的同步的、真正的并行工程环境。最终规范工艺编制，优化工艺编制流程，减少工艺编制工作量，提高工艺编制效率。

③ 数字化物流：生产延续性分析—库存量分析、要料等待时间分析；配送平衡性分析—穿梭车效率分析、发货配送平衡分析；分拣及时性分析—分拣台效率分析、分拣车效率分析；出入库效率分析—出库等待时间分析、堆垛机效率分析。

④ 数字化装配：实现产品零部件的虚拟装配，上游与产品设计协作，下游与工艺规划融合，使三维工艺规划成为可能。

⑤ 数字化加工：基于三维工具加工仿真实现数控加工编程和仿真一体化。

⑥ 数字化三维作业指导：实现装配作业指导形象化、交互化，提高作业指导的效率。

案例 12

用户端电气元件智能制造设备

12.1　案例在智能制造系统架构中所处位置

依据《国家智能制造标准体系建设指南》第二章中的智能制造系统架构，在深入分析标准化需求的基础上，综合本案例中系统架构各维度逻辑关系，从而确定了用户端电气元件智能制造设备的位置，即位于智能制造系统架构生命周期的生产环节、系统层级的车间层级，属于智能功能的系统集成要素。

12.2　智能制造案例基本情况

本案例旨在研究用户端电气元件智能制造设备的通用要求，形成具有自主知识产权的系统解决方案，实现制造生产过程自动化、集成化、信息化、绿色化的目标。期间主要通过开展小型断路器、交流接触器等用户端电气元件的自动化生产设备及系统中多工艺、多零件一体化制造，多系统协调衔接等关键技术和控制机理的研究，搭建用户端电气元件智能制造设备试验验证系统；形成智能制造设备及系统的工艺、安全、一致性与互操作等要求和试验验证方法等，完成《小型断路器自动化生产线通用技术条件》、《交流接触器自动化生产线通用技术条件》两项标准草案，并应用于行业企业实施生产模式改造，促进智能制造装备在我国用户端电器行业的推广。

12.3　智能制造系统架构介绍

目前，我国制造业正处于转型升级阶段。随着信息技术与先进制造技术的高速发展，我国智能制造装备的发展深度和广度日益提升，以新型传感器、智能控制系统、工业机器人、自动化成套生产线为代表的智能制造装备产业体系初步形成，一批具有自主知识产权的智能制造装备实现突破。

12.3.1　用户端电气元件领域架构图

本案例中研制的标准具体针对的对象是用户端电气元件领域，主要包括 1kV 及以下的低压配电器、控制电器及终端电器的智能制造设备标准化研究，涉及的产品种类繁多，主要包括工业用低压断路器；开关、隔离器、隔离开关与熔断器组合电器；交流接触器、启动器、过载继电器；控制电路电器；多功能电器；自动转换开关电器；控制和保护开关电器；接线端子排；模数化组合电器等；低压熔断器；家用断路器及类似装置（家用和类似场所用断路器、剩余电流保护断路器、剩余电流动作继电器、移动式剩余电流动作保护器等）。案例涉及的智能电网用户端电气元件智能制造设备标准族如图 12-1 所示。

标准族中各标准将面向用户端电器行业具体需求，对总体标准和关键技术标准进行细化和落地，指导本行业推进智能制造。此外将充分利用我国的体制优势和市场优势，加强具有自主知识产权的标准制定与实施，通过对自主知识产权技术和产品的标准化，推动用户端电气元件智能制造设备产业化和大规模应用，实现智能制造装备自主安全可控，并适时将我国自主知识产权技术推进为国际标准，增强我国自主产品和技术的国际竞争力。案例最终将形成两个自主制定的标准及一个标准化试验验证系统，其中标准包括《小型断路器自动化生产线通用技术条件》及《交流接触器自动化生产线通用技术条件》，标准框架如图 12-2 和图 12-3 所示。

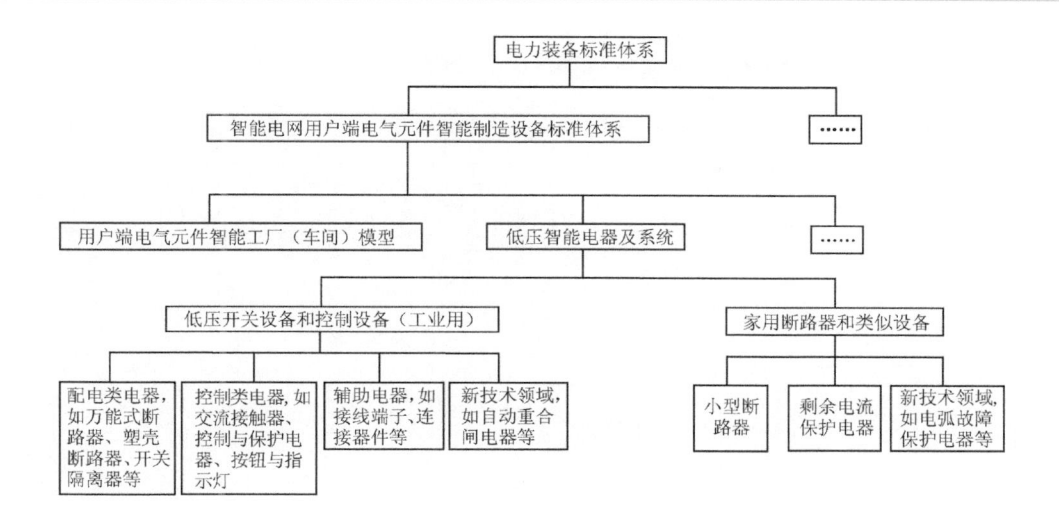

图 12-1 智能电网用户端电气元件智能制造设备标准族

此外，本案例开展过程中还将与其他正在研究中的诸如"基于物联网与能效管理的用户端电气设备数字化车间的研制与应用"及"智能电网低压配电设备和用户端设备智能制造新模式应用"等项目呼应，形成在同一领域内各有不同侧重点但又互相互补协调的格局，使智能制造业内标准更加完善与丰富，智能制造装备创新发展和产业化，推动制造业转型升级。

12.3.2 用户端电气元件智能制造设备标准框架

1. 小型断路器智能制造设计标准框架

该框架如图 12-2 所示。

1）框架含义

（1）软件系统。主要包括数据存储、数据传输与管理、通信协议、通信接口、监控、数据打印等功能。

（2）MES 功能要求。

① 不下车间掌控生产现场状况，工艺参数监测、实录、受控。

② 制程品质管理，问题追溯分析。

③ 物料损耗、配给跟踪、库存管理。

④ 生产排程管理，合理安排工单。

⑤ 客户订单跟踪管理，如期出货。

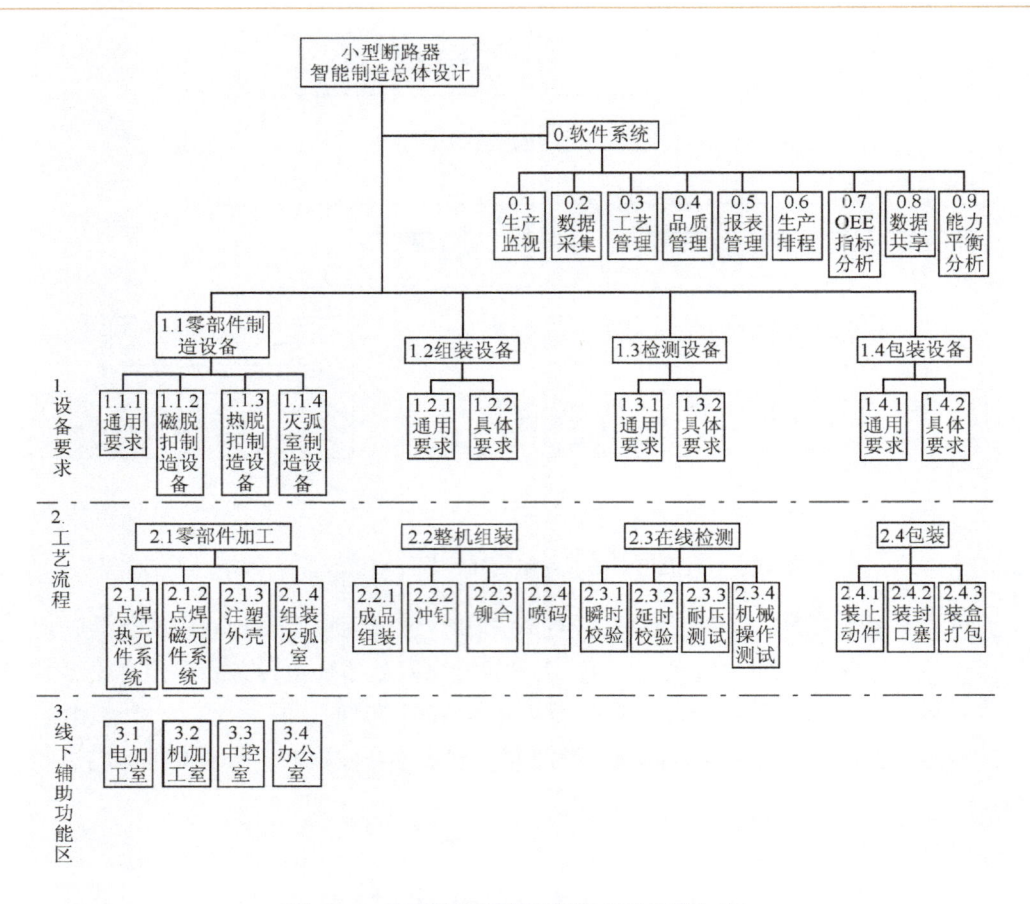

图 12-2　小型断路器智能制造设计标准框架

⑥ 生产异常，及时报警提示。
⑦ 设备维护管理，自动提示保养。
⑧ OEE 指标分析，提升设备效率。
⑨ 自动数据采集，实时准确客观。
⑩ 报表自动及时生成，无纸化。
⑪ 员工生产跟踪，考核依据客观。
⑫ 成本快速核算，订单报价决策。
⑬ 细化成本管理，预算执行分析。

（3）设备要求。小型断路器智能制造所包含的设备主要有零件制造设备（含工装夹具）、组装设备、检测设备及包装设备四大类。

针对这四类设备的技术要求，根据具体设备，可以分为通用要求及特殊要求。

每个环节质控文件的内容可包括以下几项。

① 零件基本情况。
② 安全事项。
③ 过程指南。
④ 过程控制内容及方法。
⑤ 过程指导书，包括零件图，过程检测指导图。
⑥ 生产、维护、维修信息记录单。
⑦ 技术操作规程。

2）生产工艺流程

（1）零部件加工。在图 12-2 中，零部件加工主要包括点焊热元件系统（图中 2.1.1）、点焊磁元件系统（图中 2.1.2）、注塑外壳（图中 2.1.3）、组装灭弧室（图中 2.1.4）等环节。

点焊热元件系统（图中 2.1.1）包括原材料带料进料、多工序冲压、多工位转盘焊接、自动检测、产品出料等。

组装灭弧室（图中 2.1.4）实现灭弧室零部件自动组装，并实现不合格品剔除功能，其流程如图 12-3 所示。

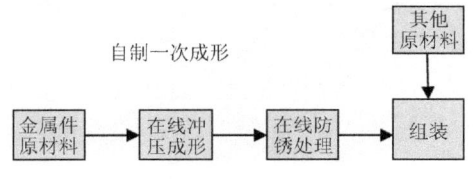

图 12-3 灭弧室组装流程图

（2）整机组装。在图 12-2 中，整机组装包括成品组装（图中 2.2.1）、冲钉（图中 2.2.2）、铆合（图中 2.2.3）、喷码（图中 2.2.4）等环节。

成品组装的主要功能：实现导磁板、隔弧壁、调节螺钉、热系统组件、磁系统组件、操作机构组件、上下壳体的自动组装，以及预调调节螺钉，影像系统开距检测等自动化生产环节。

（3）在线检测。在图 12-2 中，在线检测主要包括瞬时校验（图中 2.3.1）、延时校验（图中 2.3.2）、耐压测试（图中 2.3.4）、机械操作（图中 2.3.4）等环节。

主要功能：实现产品按 GB10963.1、GB14048.1 等有关标准自动进行各项试验，检测不合格品，不合格品自动排出，合格品流往下一单元。

试验包括以下几方面。
① 标识的耐久性。
② 螺钉、载流部件和连接的可靠性。
③ 连接外部导线的接线端子的可靠性。
④ 电击保护。

⑤ 介电性能和隔离能力。
⑥ 温升。
⑦ 28天试验。
⑧ 脱扣特性。
⑨ 机械和电气寿命。
⑩ 短路试验。
⑪ 耐机械冲击和撞击性能。
⑫ 耐热性。
⑬ 耐异常发热和耐燃性。
⑭ 防锈。

（4）包装。包括装止动件、装封口塞、装盒打包等工序。

自动装止动件单元主要功能：通过零件上料排列，分工位组装。实现人工同等效果的装配动作，主要由自动上料、自动搬运、自动组装、自动检测、自动排不良品等自动化机构构成。

自动装封口塞单元主要功能：实现对产品自动安装封口塞。具有自动检测安装是否到位功能，不良品自动剔除。

自动包装单元主要功能：实现自动折中盒、自动装产品、自动放说明书、贴标、条形码扫描。

3）线下辅助功能区

（1）电加工室。
（2）机加工室。
（3）中控室。
（4）办公区。

2．交流接触器智能制造设计标准框架

该框架如图12-4所示。

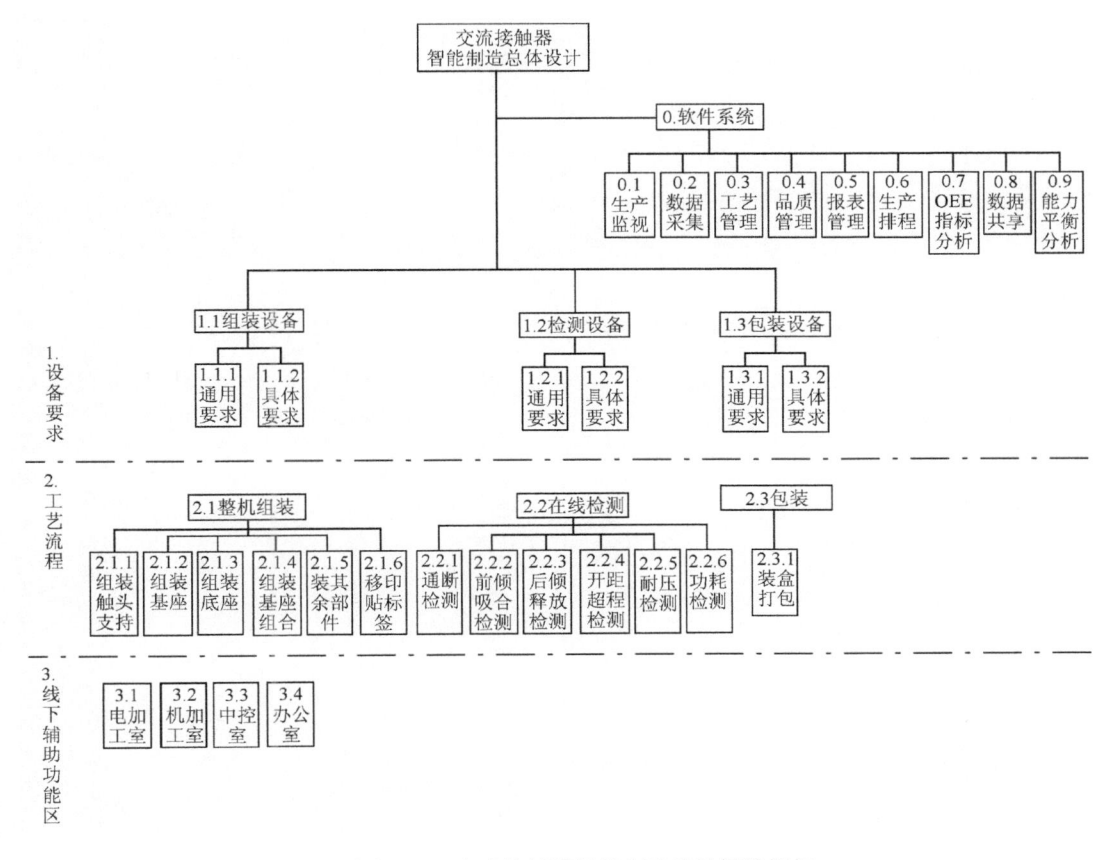

图 12-4 交流接触器智能制造设计标准框架

1）框架含义

（1）软件系统。主要包括数据存储、数据传输与管理、通信协议、通信接口、监控、数据打印等功能。

（2）MES 功能要求。

① 不下车间掌控生产现场状况，工艺参数监测、实录、受控。

② 制程品质管理，问题追溯分析。

③ 物料损耗、配给跟踪、库存管理。

④ 生产排程管理，合理安排工单。

⑤ 客户订单跟踪管理，如期出货。

⑥ 生产异常，及时报警提示。

⑦ 设备维护管理，自动提示保养。

⑧ OEE 指标分析，提升设备效率。

⑨ 自动数据采集，实时准确客观。

⑩ 报表自动及时生成，无纸化。

⑪ 员工生产跟踪，考核依据客观。
⑫ 成本快速核算，订单报价决策。
⑬ 细化成本管理，预算执行分析。

（3）设备要求。类似小型断路器。由于接触器主要是塑料件、弹簧、螺丝、触头等，暂时没有零部件组件加工的生产线案例。交流接触器自动化生产的设备主要包括组装设备（图中1.1）、检测设备（图中1.2）和包装设备（图中1.3），其中各类设备又可以分为通用技术要求和具体要求。

每个环节质控文件的内容可包括以下几项。

① 零件基本情况。
② 安全事项。
③ 过程指南。
④ 过程控制内容及方法。
⑤ 过程指导书包括零件图、过程检测指导图。
⑥ 生产、维护、维修信息记录单。
⑦ 技术操作规程。

2）生产工艺流程

（1）自动装配单元。主要包括以下单元。

① 触头支持自动装配单元（图中2.1.1）：实现主触桥、辅助触桥、弹簧与触头支持的自动组装与检测。

② 基座自动组装单元（图中2.1.2）：实现片簧、衔铁与基座的自动组装与检测。

③ 底座自动组装单元（图中2.1.3）：实现支持件、横销、磁轭与底座的自动组装与检测。

④ 底座与基座组合单元（图中2.1.4）：实现触头支持与基座的自动组装检测，成品再与底座自动组装与检测。

⑤ 其余部件组装单元（图中2.1.5）：实现静触头、标记罩、挡件等的自动组装与检测。

⑥ 移印、标签单元（图中2.1.6）：实现能效标识、条形码、二维码等的自动粘贴与检测。

（2）在线检测单元。主要包括通断检测（图中2.2.1）、前倾吸合检测（图中2.2.2）、后倾释放检测（图中2.2.3）、开距超程检测（图中2.2.4）、功耗检测（图中2.2.5）、功耗检测等环节（图中2.2.6）。

主要功能：实现产品按GB 14048.4等有关标准自动进行各项试验，检测不合格品自动排出，合格品流往下一单元。

（3）包装单元。

主要功能：实现自动折盒、套袋、装产品、放说明书等工序（图中2.3.1）。

3）线下辅助功能区

（1）电加工室。

（2）机加工室。

（3）中控室。

（4）办公区。

本案例充分考虑了国内高中低端用户端电器生产企业的不同需求,结合低压电器行业生产设备技术现状,在深入研究德国"工业4.0"、美国工业互联网中的相关行业应用案例的基础上,通过用户端电气元件智能制造设备标准,引导我国用户端电器行业企业迈出自动化生产的第一步。

12.4 智能制造关键绩效指标

本案例通过开展小型断路器、交流接触器等用户端电气元件的自动化生产设备及系统中多工艺、多零件一体化制造,多系统协调衔接等关键技术和控制机理的研究,搭建用户端电气元件智能制造设备试验验证系统,形成智能制造设备及系统的工艺、安全、一致性与互操作等要求和试验验证方法等。完成的两项标准《小型断路器自动化生产线通用技术条件》、《交流接触器自动化生产线通用技术条件》,将应用在行业企业实施生产模式改造中,这将为典型用户端电器的全制程自动化提供技术依据和参照基础,推动用户端电器生产制造的自动化。

以知名生产制造企业为例,据其初步估算,实现小型断路器及交流接触器全制程自动化之后可以达到的关键指标、经济效益和社会效益如下。

实现小型断路器全制程自动化,预期将实现以下的改善效果:

（1）单线由118人力精简至12人力,精简106人。

（2）制程自动化比由42%提高至100%。

（3）产品不良率进一步下降10%。

（4）单线人均生产效率提高880%。

在交流接触器全制程自动化稳定运行后,预期将实现以下目标:

（1）人力需求由36人力进一步精简至12人力,精简24人,精简66%;

（2）制程自动化比由9%提高至81%,制程自动化比提高800%;

（3）产品不良率下降10%;

（4）交流接触器单线人均生产效率提高 200%。

总体而言，小型断路器全制程自动化和交流接触器全制程自动化在示范企业全面推广以后，可以节省生产一线人力 4000 人以上，综合经济效益每年 3 亿元以上，在低压电器制造行业推广以后，可以节约生产一线人力 20 000 人以上，综合经济效益每年超过 15 亿元。

通过智能制造装备研制、信息化系统集成技术的研究，全面提升企业智能制造水平，实现企业生产过程自动化、集成化、信息化、绿色化的目标。

本案例实施后，实现用户端电器全制程自动化，将彻底改变我国电力系统基础元件传统的劳动密集型生产方式，极大提高该行业劳动生产率。小型断路器全制程自动化生产线将会是国内第一条拥有自主知识产权、全制程自动化的生产线。按照计划，如果该生产线在示范企业内部复制推广至 40 条产线，将减少 4000 余人，更重要的是提高了产品可靠性与一致性，为我国电力系统安全和各行各业低压配电系统可靠性运行提供保障。

本案例成果的推广与应用，使我国用户端电器优秀企业产品水平、制造水平、质量水平得到全面发展，有力增强了产品市场竞争力，彻底打破国外优秀品牌垄断国内低压电器高端市场的局面，对保障国家安全具有极其重要的意义。同时，将增强我国用户端电器产品在中、高端市场竞争力，为我国电气元件扩大出口创造条件。

12.5 案例特点

相对于传统的用户端电器行业制造过程及工艺流程，本案例具有明显的优势，为用户端电器行业市场竞争力的提升奠定了技术基础。

12.5.1 相对传统制造业的优势

目前我国电器行业企业主要采用传统的劳动密集型生产方式，以低端仿制、手工生产为主。企业工艺装备落后，劳动生产率低，电气产品一致性和可靠性差。虽然我国电气元件的产量已居世界首位，是电气元件产品制造大国，但不是制造强国。因此，通过本案例的完成将最终实现智能制造技术的提升，实现生产过程自动化、集成化、信息化、绿色化，从而达到生产效率及产品质量的提升。

本案例选取了用户端电器行业中最为量大面广的典型元器件（交流接触器及小型断路

器）作为用户端电器行业智能制造标准体系中典型标准的研究对象,以顺利指导后续塑料外壳式断路器、万能式断路器等类似器件标准的制定。

本案例通过用户端典型产品的制造工艺流程,以及机械、电磁及多场耦合等关键技术的研究与应用,对智能制造关键模块和生产线关键节点进行计算机动态仿真模拟,确定智能制造关键技术要素。

12.5.2　相对国内外同行业案例的优势和局限性

由于一些发达国家开展智能制造技术研究较早,一些企业结合产品研发建设的自动化生产线已有较高技术水平。严谨的企业内部规范和先进的制造设备优势,使他们的产品一直处于高质量、高水平的领先地位,同时也主导国际标准制定的话语权。知名用户端电气元件制造企业如 ABB 公司、西门子公司、施耐德公司,对用户端电器产品（如断路器、接触器等）已实施自动化生产,从产品的零部件制造、装配、在线检测、质量跟踪与数据存储、标志打印、出厂检验、分拣包装等整个制造过程几乎全部实现了全自动的生产方式,可全程对其规格、技术参数、装配质量、测试数据进行记录、存储、跟踪和管理。通过现场总线或其他通信系统和计算机对整个工艺流程和工艺参数实现集中的监测,确保产品质量的一致性和可靠性。

我国在技术规范和内控标准方面缺失,加之生产工艺装备上的落后,造成我国企业在国际竞争中处于劣势。从市场情况看,我国用户端电气元件产品极大部分是中、低档产品。并且在自身开展各项智能制造项目研究时,在借鉴和吸取国外技术的过程中难免会出现技术同化的现象。因此在案例研究的过程中,必须跳出固有思维,积极开创新模式与新方法,使我国的生产技术在前人的水平上更上一层楼。

另一方面,随着信息技术与先进制造技术的高速发展,我国智能制造装备的发展深度和广度也日益提升,以新型传感器、智能控制系统、工业机器人、自动化成套生产线为代表的智能制造装备产业体系已初步形成,一批具有自主知识产权的智能制造装备实现突破。国家对智能制造的扶持力度也不断加大,我国的用户端电器产业也已经形成比较完整的体系,基本上满足了国民经济发展的需要。虽然国家对智能制造的发展越来越重视,但对智能制造装备自动化生产线、数字化车间的技术标准及试验验证体系的研究尚处于空白,不利于智能制造技术创新与推广应用。

为响应国家"中国制造 2025"规划要求,用户端电器领域大量优势企业正处在积极探索建设智能制造系统的起步阶段,对相关标准具有迫切需求。从整个行业范围内看,鉴于用户端电器行业智能制造标准化工作仍处于探索起步阶段,相关标准领域均为空白,且截至目前国际上也未见用户端电器领域断路器及交流接触器自动化生产的现有标准,不存在与现有标准冲突的问题,因此本案例在完成后不仅能够很好地填补国内该领域内的标准空白,在国际上也属于首创,标准在制定完成后更可达到国际领先水平,使我国在该领域掌握话语权,更顺利地指导企业在智能制造领域的开拓建设工作。

12.6 智能制造实施步骤

本案例围绕实施目标,明确了各关键技术节点,为案例顺利实施奠定基础。

12.6.1 实施过程关键点

本案例实施的第一阶段将选取目前电力系统中使用非常广泛的基础元件——交流接触器和小型断路器,充分考虑国内高中低端用户端电器生产企业的不同需求,先期开展《交流接触器自动化生产线通用技术条件》、《小型断路器自动化生产线通用技术条件》两项标准的技术研究及草案稿编制、试点运行工作。开展过程中将按时间顺序完成各项重要任务,见表 12-1。

表 12-1 完成两项标准的各项重要任务

基本任务	范围	主要研究内容	关键要求
《小型断路器自动化生产线通用技术条件》标准	规定小型断路器自动化生产线各功能模块的技术条件并形成标准	1. 小型断路器关键零部件及装配设备要求 2. 小型断路器在线检测设备要求	2015 年 9 月 小型断路器自动化生产设备及系统的结构、功能、技术性能指标调研与研究,开展自动化生产设备及系统的计算机动态仿真模拟。 2015 年 12 月 完成《小型断路器自动化生产设备及系统通用技术条件》标准研究报告。小型断路器自动化生产设备及系统生产工艺的研究,开展工艺参考模型的构建。 2016 年 3 月 小型断路器自动化生产设备及系统评价标准与评价方法的研究,开展评价方案与测试设备的研发。 2016 年 9 月 小型断路器自动化生产设备及系统一致性及互操作要求与评估方法的研究。 2016 年 12 月 完成《小型断路器自动化生产设备及系统通用技术条件》(草案稿初稿)及标准编制说明

续表

基本任务	范围	主要研究内容	关 键 要 求
《小型断路器自动化生产线通用技术条件》标准	规定小型断路器自动化生产线各功能模块的技术条件并形成标准	1. 小型断路器关键零部件及装配设备要求 2. 小型断路器在线检测设备要求	**2017年3月** 开展《小型断路器自动化生产设备及系统通用技术条件》试验验证工作，形成标准验证报告。 **2017年6月** 对《小型断路器自动化生产设备及系统通用技术条件》（草案稿初稿）进行征求意见，形成《征求意见处理说明》。 **2017年9月** 结合标准试点应用示范工作，形成《标准试点应用报告》。 **2017年12月** 完成《小型断路器自动化生产设备及系统通用技术条件》（送审稿）并组织专家评审，形成《专家评审意见》
《交流接触器自动化生产线通用技术条件》标准	规定交流接触器自动化生产线各功能模块的技术条件并形成标准	1. 交流接触器关键零部件及装配设备要求 2. 交流接触器在线检测设备要求	**2015年6月** 交流接触器自动化生产设备及系统的结构、功能、技术性能指标调研与研究，开展自动化生产设备及系统的计算机动态仿真模拟。 **2015年9月** 完成《交流接触器自动化生产设备及系统通用技术条件》标准研究报告。交流接触器自动化生产设备及系统生产工艺的研究，开展工艺参考模型的构建。 **2015年12月** 交流接触器自动化生产设备及系统评价标准与评价方法的研究，开展评价方案与测试设备的研发。 **2016年6月** 交流接触器自动化生产设备及系统一致性及互操作要求与评估方法的研究。 **2016年9月** 完成《交流接触器自动化生产设备及系统通用技术条件》（草案稿初稿）及标准编制说明
用户端电气元件自动化生产线及关键模块试验验证系统	对通用技术条件的工艺流程、试验验证方法、安全要求等进行验证，搭建用户端电气元件智能制造设备及关键模块试验验证系统	1. 自动化生产线数字化仿真技术 2. 自动化生产线及关键模块硬件性能指标测试系统建设 3. 自动化生产线关键点位验证	**2016年12月** 开展《交流接触器自动化生产设备及系统通用技术条件》试验验证工作，形成标准验证报告。 **2017年3月** 对《交流接触器自动化生产设备及系统通用技术条件》（草案稿初稿）进行征求意见，形成《征求意见处理说明》。 **2017年6月** 交流接触器结合标准试点应用示范工作，形成《标准试点应用报告》。 **2017年9月** 完成《交流接触器自动化生产设备及系统通用技术条件》（送审稿）并组织专家评审，形成《专家评审意见》

续表

基本任务	范围	主要研究内容	关键要求
用户端电气元件自动化生产线及关键模块试验验证系统	对通用技术条件的工艺流程、试验验证方法、安全要求等进行验证,搭建用户端电气元件智能制造设备及关键模块试验验证系统	1. 自动化生产线数字化仿真技术 2. 自动化生产线及关键模块硬件性能指标测试系统建设 3. 自动化生产线关键点位验证	**2016年3月** 全部完成自动化生产设备试验验证系统技术研究与方案编制,形成《试验验证平台设计任务书》,启动系统研发工作。 **2016年6月** 确定小型断路器及交流接触器自动化生产设备试验验证系统功能和技术要求,形成技术方案,开展试验验证设备的研制。 **2016年9月** 完成小型断路器及交流接触器自动化生产设备试验验证系统设备采购。 完成交流接触器自动化生产设备试验验证系统搭建安装。 **2016年12月** 完成小型断路器自动化生产设备试验验证系统搭建安装。 完成交流接触器自动化生产设备试验验证系统建设,对《交流接触器自动化生产线通用技术条件》标准开展试验验证与评价。 **2017年3月** 完成小型断路器自动化生产设备试验验证系统建设,对《小型断路器自动化生产线通用技术条件》标准开展试验验证与评价。 形成交流接触器自动化生产设备试验验证系统竣工验收报告。 **2017年6月** 形成小型断路器自动化生产设备试验验证系统竣工验收报告。 **2017年9月** 申请试验验证系统软件著作权1项
小型断路器及交流接触器标准试点应用示范	通过标准试点应用示范工作,考察标准在实际自动化生产线中的适用性,完善标准内容并修正存在的问题	标准在自动化生产线中的适用性	**2015年9月** 与合作企业共同研究标准项目试点方案,签订试点协议。 **2016年12月** 依据标准草案稿初稿在企业中开展《交流接触器自动化生产设备及系统通用技术条件》试点应用示范。 **2017年3月** 依据标准草案稿初稿在企业中开展《小型断路器自动化生产设备及系统通用技术条件》试点应用示范。 **2017年6月** 完成交流接触器标准试点应用示范工作,形成交流接触器标准试点应用示范验收报告。 **2017年9月** 完成小型断路器器标准试点应用示范工作,形成小型断路器标准试点应用示范验收报告

12.6.2 本案例解决的问题

本案例需要解决的问题集中在以下几点：

（1）本案例所制定的标准无现有的国内或国际标准可供借鉴，其研究工作具有前瞻性与探索性。智能制造工作在我国行业企业中尚处于起步阶段，没有建成的示范工程，提供标准需要相关经验。本案例一方面将积极调研国外企业成熟案例，学习领域内现有的先进技术；另一方面将推动行业企业同步开展智能制造示范工程建设，交流工程经验，共同探索适合国情的用户端电气元件智能制造标准。

（2）目前，行业内企业生产水平差别较大。部分行业优势企业已实现了数字化设计、半自动生产，而更多的中小企业仍停留在仿制产品、手工生产的阶段。本案例成果作为用户端电器行业或联盟标准，将需要综合考虑各项技术要求、条件在不同企业中的适用性，兼顾大企业与中小企业的需求。

（3）本案例制定的标准为用户端电气元件智能制造设备的通用技术条件，所选取的交流接触器及小型断路器是用户端电器行业中最为量大面广的典型元器件，标准将作为用户端电器行业智能制造标准体系中的两个典型标准，指导后续塑料外壳式断路器、万能式断路器等类似标准的制定。因此在标准制定过程中，必须全局考虑标准的扩展性及其与上下层标准的接口，尤其是要准确确定标准在国家智能制造标准体系中的定位。本标准作为体系顶层行业应用标准，将结合《中国制造 2025》中对智能制造十大重点领域的划分，上下衔接，保证后续标准工作的可操作性，最终形成完整的标准体系。

（4）在试验验证系统建设与示范工程建设方面，目前自动化生产线均为非标定制产品，针对不同产品型号或为不同厂家设计的生产线之间差异很大，且国内企业相关生产线尚在筹划之中，没有成熟工程案例，对通用化试验验证系统的开发提出挑战。本案例拟采用计算机辅助技术与实际检测设备结合的方式，试验设备采用模块化设计，以提升验证系统的灵活性与适用性。对自动化生产线关键节点展开试验验证，完善标准中的关键数据，为标准提供实验支撑。

（5）本案例将在企业中开展标准试点应用示范工作。由于企业自动化生产线建设与标准制定同步开展，存在一定的不确定性。本案例对用户端电器行业企业开展了充分调研，选择用户端电器行业龙头，具有雄厚的技术实力与经济实力，已在筹备自动化生产线建设工作的行业骨干企业开展标准的应用示范，该行业骨干企业具有低端至高端的完整产品线，低端产品年产数亿级，可代表整体行业水平。

12.7 智能制造标准化现状与需求

为充分发挥标准化在用户端电气设备产业发展中的基础性和引导性作用,构建既符合我国国情又与国际接轨的用户端电气设备智能制造标准体系,支撑行业健康有序发展,本案例深入开展了国内外用户端电气设备领域标准现状研究及需求分析。

12.7.1 智能制造标准化现状

在国际标准方面,目前为止还没有用户端电器领域断路器及交流接触器自动化生产领域内的现有标准,而与自动化生产线及工业机器人相关的标准化工作则主要由 ISO/TC184(自动化系统与集成)负责,国内归口标委会为 SAC/TC159,即全国自动化系统与集成标准化技术委员会,负责面向产品设计、采购、制造和运输、支持、维护、销售过程及相关服务的自动化系统与集成领域的标准化工作,包括信息系统、工业及非工业特定环境中的固定和移动机器人技术、自动化技术、控制软件技术及系统集成技术,其中,ISO/TC184/SC2(机器人与机器人装备)、SC4(工业数据)、SC5(体系结构和通信)所做工作与本案例制定标准相关。ISO/TC184/SC2 制定了操作型工业机器人系列标准,规定了工业机器人的性能规范、测试方法、安全等要求。ISO/TC184/SC4 制定了产品数据表达与交换系列标准。ISO/TC184/SC4 制定了工业自动化车间系列标准,但这些标准均不针对具体领域提出具体要求。

相关标准见表 12-2。

表 12-2 相关标准

序 号	标 准 名 称	标 准 号	对应国际标准号	所属国际标准组织
1	网络化制造技术术语	GB/T 25486—2010		
2	工业过程测量、控制和自动化 生产设施表示用参考模型（数字工厂）	GB/Z 32235—2015	IEC 62794	IEC TC65
3	过程控制用功能块	GB/T 21099.1～21099.3	IEC/TS 61804	IEC SC66E
4	工业过程测量和控制系统用功能块	GB/T 19769.1～19769.4	IEC 61499	IEC SC65B
5	工业企业信息化集成系统规范	GB/T 26335—2010		
6	工业自动化系统与集成 制造软件互操作性能规范第1部分：框架	GB/T 19902.1～19902.6	ISO 16100	ISO TC184
7	工业自动化系统与集成 测试应用的服务接口	GB/T 22270.1～22270.2	ISO 20242	ISO TC184
8	工业自动化系统与集成 产品数据表达与交换	GB/T 16656.501—2005	ISO 10303	ISO TC184
9	工业自动化 车间生产	GB/T 16980.1～169800.2	IDT ISO/TR 10314	ISO TC184
10	制造业信息化 技术术语	GB/T 18725—2002		
11	工业自动化系统与集成 制造自动化环境（MAPLE）第2部分：服务与接口	GB/T 18755.2—2003	ISO 13281-2:2000	ISO TC184
12	工业机器人电磁兼容性实验方法和性能评估准则指南	GB/Z 19397—2003	ISO/TR 11062:1994	ISO TC184
13	工业自动化系统企业参考体系结构与方法的需求	GB/T 18757—2002	ISO 15704:2000	ISO TC184
14	工业机器人 性能规范及其实验方法	GB/T 12642—2001	ISO 9283:1998	ISO TC184
15	工业机器人 特性表示	GB/T 12644—2001	ISO 9946:1999	ISO TC184
16	网络化制造系统应用实施规范	GB/T 25487—2010	—	—
17	网络化制造系统集成模型	GB/T 25488—2010		

12.7.2 智能制造标准化需求

由于用户端电气元件领域涉及的产品种类繁多，如工业用低压断路器；开关、隔离器、隔离开关与熔断器组合电器；交流接触器、启动器、过载继电器；控制电路电器；多功能电器；自动转换开关电器；控制和保护开关电器；接线端子排；模数化组合电器等；低压熔断器；家用断路器及类似装置（家用和类似场所用断路器、剩余电流保护断路器、剩余电流动作继电器、移动式剩余电流动作保护器等）。本案例选取小型断路器和交流接触器作为典型元件并制定典型标准，而当前国内外对该类产品的自动化生产设备都没有具体的标准可以参考，因此，目前最需要参考的标准是上述各元件所对应的产品标准以及其他与智能制造所对应的生产线机器人相关的标准。

12.8 智能制造示范意义

随着信息技术与先进制造技术的高速发展，我国智能制造装备的发展深度和广度日益提升，且国家对智能制造的扶持力度不断加大，我国对智能制造的发展也越来越重视。当今世界，标准水平已成为各国、各地区核心竞争力的基本要素体现。一个企业，乃至一个国家，要充分认识到开展智能制造技术研究和推进产业升级在国际竞争中举足轻重的地位，才能在激烈的国际竞争中处于主动地位，实现产业和经济跨越式发展。

用户端电气元件作为电力系统基础元件，是国民经济和社会发展的重要基础，广泛应用于航空航天、船舶、新能源、智能电网等领域的高新装备中，用户端电气元件的质量直接影响这些高新装备的可靠性。

虽然我国电气元件的产量已居世界首位，是电气元件产品制造大国，但不是制造强国，因此迫切需要通过智能制造技术提升生产效率及产品质量。目前，我国制造业正处于转型升级阶段，而标准是推进智能制造发展的重要手段，智能制造装备迫切需要有标准进行指导，国家支持的示范项目推广也需要标准进行引导，以加快发展步伐。开展用户端电气元件智能制造装备标准化及试验验证系统的研究，将促进我国用户端电器智能制造装备的技术创新，形成具有自主知识产权的智能制造系统解决方案，提升我国用户端电器行业企业智能制造水平，实现制造生产过程自动化、集成化、信息化、绿色化的目标，增强我国用户端电器产品在中、高端市场的竞争力。

在应用推广方面，本案例将开展用户端电器智能制造标准与验证平台建设，对促进企业用户端电器产品制造水平，提高产品质量起到积极的推动作用。因为本案例中研究的用户端电器智能制造技术是目前行业迫切需求的产业转型发展关键技术，其具体研究内容是在充分了解行业及相关企业需求的基础上建立，并在推进过程中加强与行业企业的沟通与协作、在重要标准的制定中充分考虑市场环境，从而兼顾了各方需求，并且通过示范试点作为应用良好的范例，让企业认识智能制造的重要性，可以带动整个行业的产业升级，促进我国电器产品的质量和竞争力。

从技术与研发情况看，国产用户端电气元件产品的主要技术参数与国外同类产品相比差距不是很大，部分优秀企业的产品已接近或达到世界先进水平；从制造水平来看，国内企业工艺装备落后，主要采用传统的劳动密集型生产方式，劳动生产率低，产品不良率高，产品加工较粗糙，质量监控不严，产品一致性和可靠性与国外产品还有很大差距。因此本案例研究成果的推广和实施对行业内产品的生产效率有极大的推动作用。

国家对智能制造的扶持力度不断加大，我国对智能制造的发展也越来越重视，但智能制造装备自动化生产线、数字化车间的技术标准及试验验证体系的研究才刚刚起步，本案例实施后，将形成智能制造设备及系统的工艺、安全、一致性与互操作性等要求和试验验证方法及评价标准，并在行业企业实施生产模式改造中进行应用，这将促进智能制造装备在我国用户端电器行业的推广，为用户端行业企业转型升级奠定坚实基础。

对于小型断路器、交流接触器的生产厂家而言，结合本案例的研究成果，开展智能制造装备研制、集成技术的研究，将全面提升企业智能制造水平，实现企业生产过程自动化、集成化、信息化、绿色化的目标，将彻底改变我国电力系统基础元件传统的劳动密集型生产方式，极大提高该行业劳动生产率，降低运营成本，降低产品不良品率，提高能源综合利用率。

更重要的是提高了产品可靠性与一致性，为我国电力系统安全和各行各业低压配电系统可靠性运行提供保障。本案例成果的推广与应用，使我国用户端电器优秀企业产品技术水平、制造水平、质量水平得到全面发展，有力增强产品市场竞争力，彻底打破国外优秀品牌垄断国内低压电器高端市场的局面，对保障国家安全具有极其重要的意义。同时，将增强我国用户端电器产品在中、高端市场竞争力，为我国电气元件扩大出口创造条件。随着以一批国内优秀企业综合水平全面提升，我国电器行业将逐步形成一批国际著名品牌，为行业发展提供典范，加速实现我国低压电器强国梦。

12.9　下一步工作计划

为确保本案例的先进性与创新性，制定了一系列切实可行的战略发展规划。

12.9.1　战略目标与计划

根据本案例的工作目标，制定了用户端电气元件智能制造设备标准化工作三步走战略：

第一步：到2017年，依据《智能制造综合标准化体系建设指南》的顶层设计、组织和机制建设思路，按照"共性先立、急用先行"原则，完成用户端电气元件智能制造设备中部分关键核心标准的技术研究及草案稿编制、试点运行工作。

第二步：到 2020 年，完成用户端电气元件智能制造基础通用标准和关键核心标准基本研制，电气元件智能制造标准体系初步建立，引领和指导智能制造试点示范工作有序推进；结合产业和技术发展，修订完善用户端电气元件智能制造设备标准族，作为《智能制造综合标准化体系-行业应用》的技术支撑，对智能制造标准体系进行动态优化。

第三步：到 2025 年，智能制造标准在用户端领域普遍应用，达到提升我国用户端电器行业企业智能制造水平，实现制造生产过程自动化、集成化、信息化、绿色化目标。

根据本案例第一阶段的工作目标，选取目前电力系统中使用非常广泛的基础元件——交流接触器和小型断路器，先期开展《交流接触器自动化生产线通用技术条件》、《小型断路器自动化生产线通用技术条件》两项标准的技术研究及草案稿编制、试点运行工作。从行业智能制造技术基础及市场需求角度出发，对交流接触器和小型断路器的自动化生产线开展研究，制定其通用技术要求，为未来形成标准体系奠定基础。根据该战略，制订出的工作计划见表 12-3。

表 12-3　工作计划

时间节点	计划内容
2015.01—09	分析智能制造最新发展动向，考察国内外用户端电器先进制造企业，前期调研工作
2015.10—11	标准相关资料搜集梳理，搭建智能制造设备生产线框架
2015.12—2016.02	开展项目前期调研工作，了解企业产品实际智能制造现状
2016.02—06	开展交流接触器、小型断路器生产设备的具体技术要求研究，试验验证平台的设计
2016.07—12	完成交流接触器、小型断路器标准草案稿初稿及编制说明
2017.01—06	对交流接触器、小型断路器标准草案稿在联盟成员内征求意见并汇总处理
2017.07—09	完成交流接触器、小型断路器标准草案稿终稿，并组织专家评审，形成《专家评审意见》

12.9.2　创新手段

本案例无论是在技术上或是模式上都有所创新。

在标准体系上，开展特定领域（用户端电器）智能制造标准研究，具有前瞻性与探索性。标准研究采用综合标准化方法，对标准体系深入研究，所制定标准与国家智能制造综合标准化体系紧密结合，同时在用户端电器领域内形成架构明确的微观体系，大小体系间层次分明，上下融合。

在模式上，采用了合作方式上的创新，在具有雄厚实力的知名企业开展标准试点应用示范工作，结合企业自动化水平的提高，在标准与验证系统建设的同时，推进企业标准试点应用示范工作，实现产研结合，双方合作将从标准研究与设备研制角度同时出发，相互支撑补充，促进智能制造标准的适用性和装备的规范性。

在技术上，创新地配合标准研究开展自动化生产线试验验证系统建设，采用软硬件结合的方式，对包括计算机仿真、生产线关键模块的运动、硬件物理参数测量、关键技术经济指标等多个方面进行试验，全方位验证标准草案要求。保证智能制造设备及各模块单元运行的一致性、互操作性及工业安全等要求，确保产品生产过程最大限度地实现自动化、集成化、信息化、绿色化。

通过一系列的推进，彻底改变我国电力系统基础元件传统的劳动密集型生产方式、效率低下的现状，极大提高该行业劳动生产率，降低运营成本，降低产品不良品率，提高能源综合利用率。

12.9.3 当前存在问题

目前，虽然我国对智能制造的发展越来越重视，但对智能制造装备自动化生产线的技术标准及试验验证体系的研究尚处于空白，且在用户端电气元件领域没有相关的智能制造技术标准可以参考，给研究人员带来了巨大的挑战。因此在本案例的前期和研究过程中，需要不断深入企业内部开展大量调研，切实了解现有的技术水平及产品、用户的需求，及时跟踪国外企业现今技术及标准的动态，融合标准工作组及企业内部专家的丰富知识与经验，自主制定出具有我国特色的标准，以便更好地规范行业内的生产，真正的推动"制造强国"的目标。

案例 13

数控机床信息安全

13.1 案例在智能制造系统架构中的位置

如图 13-1 所示,数控机床信息安全贯穿智能制造系统架构生命周期维度的生产环节、系统层级的设备层级和控制层级,以及智能功能维度的资源要素层。

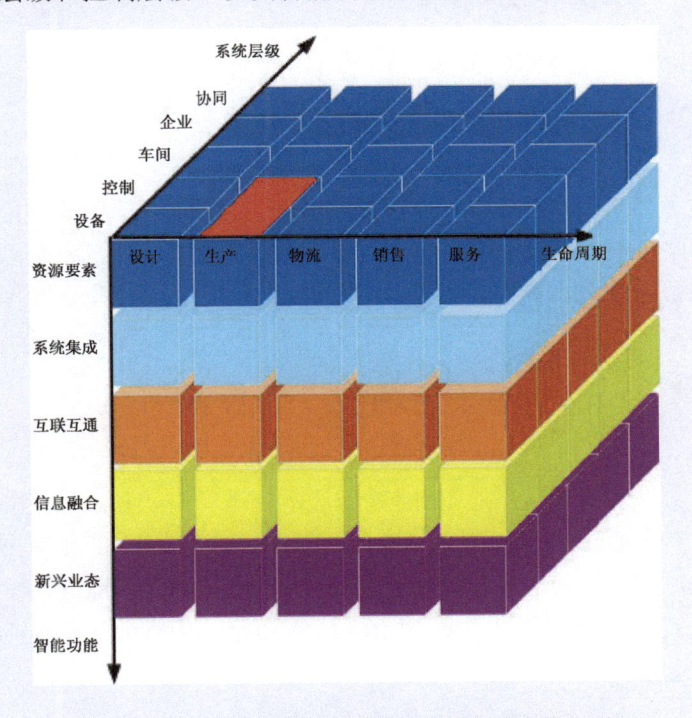

图 13-1 本案例在智能制造系统架构中所处的位置

13.2　智能制造案例基本情况

随着中国制造 2025 战略的全面实施，为有效提高企业生产管理效率，离散加工行业大力推进数控机床网络化，数控机床与办公网、互联网逐步互联互通，实现了生产数据交互。但是，在大力发展数控机床网络化建设的同时，工业企业并没有考虑数控机床与网络互联互通带来的信息安全风险，信息安全防护体系建设相对于数控机床网络化发展存在明显滞后。根据工控系统网络应急响应小组（ICS-CERT）披露，近年针对数控机床的信息安全攻击事件陡增，发现的信息安全威胁包括数控设备自身安全隐患、滥用移动存储设备、企业安全管理制度缺失等。本案例旨在通过构建数控信息安全防护体系架构，最大限度消减信息安全风险，切实保障数控机床信息安全。

13.3　智能制造系统架构介绍

根据数控业务需求、数控威胁风险及数控泄密途径的分析，明确数控机床信息安全防护目标，进行数控机床信息安全方案设计，最终完成数控机床信息安全防护技术方案和管理制度方案，形成长期有效的防护体系。

13.3.1　数控机床信息安全防护技术方案

数控机床信息安全防护技术方案针对数控机床实时性、可用性需求进行全面设计，以分区分域保护、安全加固、安全监测、审计保护、上位机防护为实施原则，实现全方位的综合防御与保护。结合数控机床系统特点、DNC 联网方案及智能制造发展趋势，设计针对数控机床信息安全防护技术的方案，如图 13-2 所示，为离散加工企业安全防护的实施提供指导。

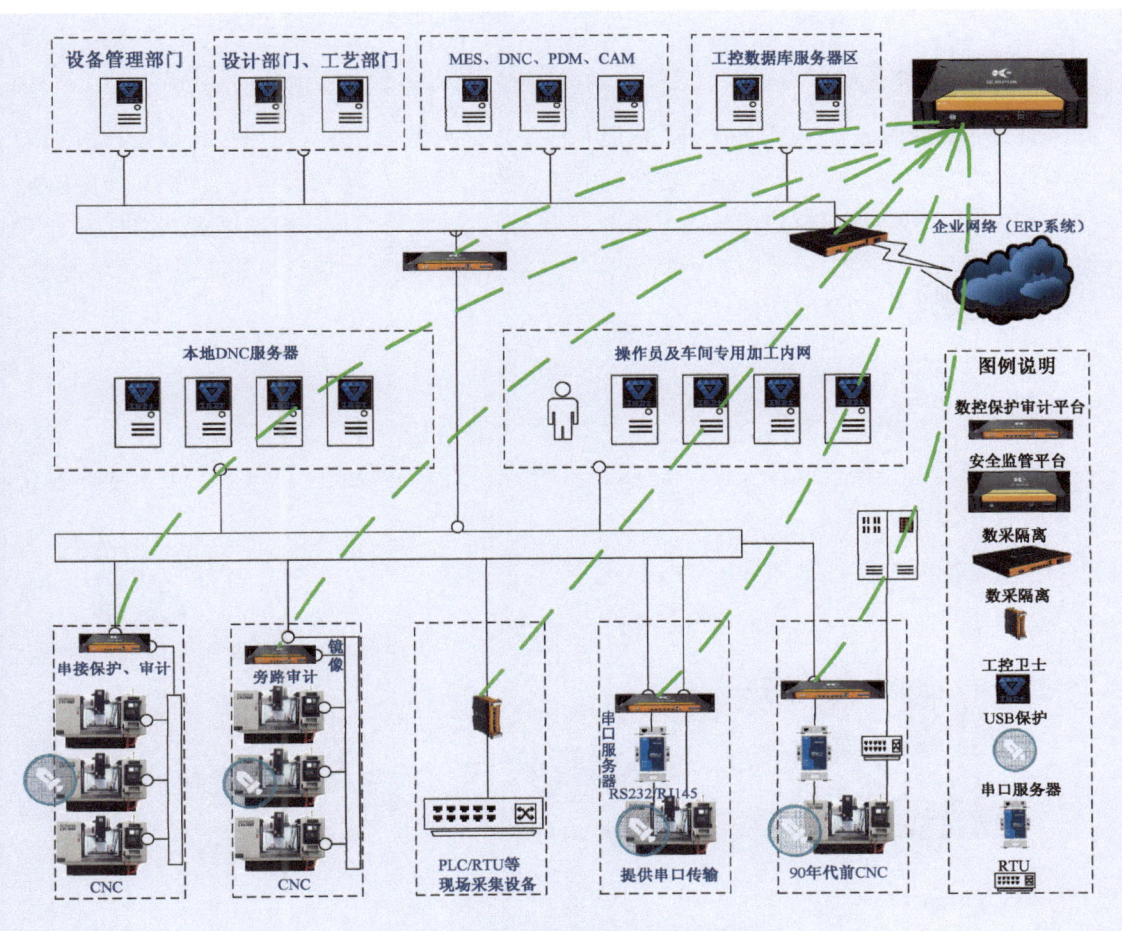

图 13-2 数控机床安全防护技术方案

1）强化分区独立防护

针对制造企业工艺流程特点及数控系统的重要性，数控网络可以划分不同的网络区域，并在网络区域边界实施针对性的安全防护控制，抵御企业内网及互联网带来的信息安全风险。在网络区域边界一般采用部署工业防火墙的方法，对数据泄密、APT 攻击、非法数据包等进行深度解析，对各类安全威胁实施监测审计，快速直观地掌握数控网络信息安全现状，实现数控网络安全保护。

2）边界隔离保护及节点保护

边界及节点保护一般采用数据采集隔离系统，该系统采用数据保护终端的部署方式，将多个数据采集隔离终端分别部署到数控网络中，通过综合管理平台统一管理全网保护终端。对数据采集过程中遇到的数据泄露、病毒入侵等威胁提供全方位的监测、过滤、报警和阻断等。

3）数控服务器防护

首先，数控服务器安全防护应严格控制移动存储设备的使用，对未授权或授权级别不够的移动存储设备，应禁止使用，防止病毒感染到数控服务器。其次，上位机和服务器防护产品应监控网络端口的使用状态及流量速度，抵御发生网络攻击时出现的网络拥塞与网络风暴。最后，数控服务器防护产品应具备白名单技术功能，监控服务器进程交互状态，防止数控服务器受到非法访问。

4）审计保护

针对当前数控系统面临的信息安全风险，应部署数控审计设备，实现对数控系统下行数据及上行数据管控及审计保护。如图 13-3 所示，针对高端数控机床数，可单独部署数据审计保护设备。

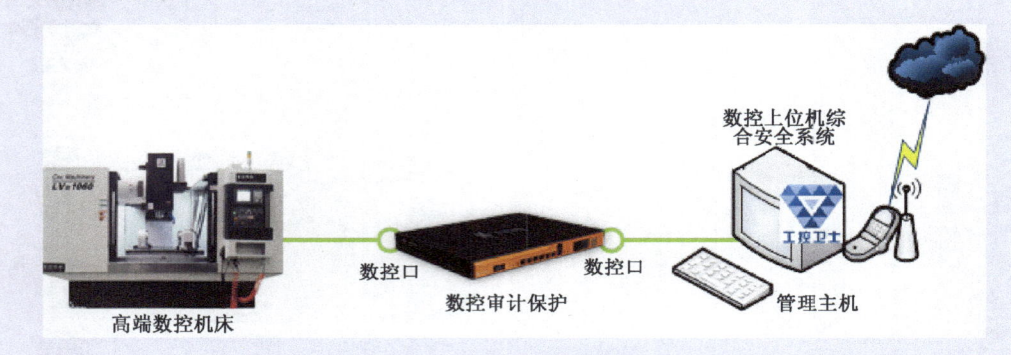

图 13-3　数控审计保护

数控审计保护采用桥接部署方式，将数控审计保护产品串接在需要审计保护的高端数控机床及管理主机之间。数控审计保护设备利用访问控制机制，可有效防止内网络病毒、非法访问控制、中间人攻击及外网远程升级等带来的信息安全风险，并及时审计记录来自生产网、企业内网以及互联网对数控系统的恶意攻击，及时提供监测与预警，确保事后可追溯，隐患可发现。

13.3.2　数控机床安全管理制度方案

在分析数控网络的控制要求和业务流程基础上，结合企业生产安全管理体系，应定义针对数控机床系统的信息安全管理制度，为数控机床信息安全保障工作的开展提供依据。典型的数控机床安全管理制度文件应包含以下内容。

（1）数控网络安全防护策略：制定数控网络的安全防护策略，包括防护目标、防护原则、防护技术要求等，明确数控安全管理组织和管理职责。

（2）风险评估和管理：根据企业业务特点构建数控机床风险评估框架、风险评估流程等，实现企业对其数控机床资产的信息安全风险管理。

（3）访问控制管理：明确对数控系统和上位机的用户访问管理，实现数控网络的访问控制管理。

（4）系统和集成管理：明确数控机床和数控网络全生命周期的安全管理要求，包括采购前要进行信息安全检测，部署时需要做好安全策略配置，使用时必须明确安全职责，做好审计监控。

（5）人员安全管理：明确人员的信息安全职责，做好相关从业人员的信息安全管理和培训，培养相关人员信息安全意识。

（6）供应商管理：明确数控机床、网络、上位机等相关服务商的安全管理，并遵照企业的信息安全管理要求执行。

（7）组态管理：明确数控网络中的安全组态配置基线及管理职责，对数控网络的组态配置进行分类，包含数控机床、数控网络、上位机等的组态配置。

（8）漏洞管理：明确漏洞修复规则和修复流程，并明确无法修补漏洞的补偿措施及补偿措施安全性。

（9）安全监控管理：明确数控网络安全监控的范围及内容。

（10）事件应急管理：明确数控网络安全事件的分类分级管理，建立信息安全事件应急响应机制，做好事件应急管理流程及应急预案管理。

13.4 智能制造关键绩效指标

通过建立数控机床信息安全防护技术方案和安全管理制度，切实帮助离散加工制造企业实现"隐患可发现，风险可防范"能力，帮助企业有效构建信息安全保障体系，为后续实施风险评估、安全策略升级、安全加固等信息安全保障工作提供坚实基础，确保企业能够实现数据信息的安全共享。

13.5 案例特点

按照以上安全方案,从安全防护技术和安全管理两个方面在企业实施对应措施,将在以下四个方面提升安全能力。

1. 提升数控机床自身防护能力

企业通过实施上述方案,可有效预防数控机床信息安全脆弱性带来的影响,防护对象包括 FANUC、SIEMEMS、HEIDENHAIN、MAZAK、广州数控、华中数控等国际国内主流品牌的多种高端数控机床和精密测量仪器,可为目前市场上 90% 以上的高端数控机床和精密测量仪器提供全方位的信息安全防护。

2. 深度防泄密,保护核心数据

数控机床作为智能制造中最为核心的部分,是生产高端精密零部件和设备的基础,其生产数据作为企业核心知识产权,需要部署整体防护技术方案保障其安全性,包括综合采用数据加密、内容识别、通信协议深度数据包解析、安全审计、智能应用识别等多种安全防护技术手段,为用户提供针对性的防泄密手段,保障企业核心数据安全。

3. 纵深防御让病毒无处遁形

离散加工制造企业最担心病毒和木马在数控网络内部扩散,企业必须构建从网络边界到终端设备的纵深防护体系,有效切断病毒和木马的传播。

(1)通过部署上位机的安全保护程序,严格控制移动存储设备接入,接入访问控制建立白名单防御机制,综合管理移动存储设备的使用,有效防止病毒和木马由信息网向控制网、生产网渗透。

(2)通过在数控网络中部署安全保护审计设备,能有效识别数控网络中的恶意行为,并进行预警和阻断,实施记录、监测数控网络中的上行/下行数据。

(3)通过在边界部署数据采集隔离装置,利用机器智能学习、深度协议数据包解析和开放式特征匹配技术,针对数据采集网络中出现的病毒入侵威胁,提供全方位的监测、过滤、报警和阻断功能,利用上述纵深防御技术,有效防止病毒和木马在控制网内部传播。

4. 保障生产加工安全高效运行

通过建立信息安全防护技术体系，切实解决离散加工制造行业数据泄密和网络入侵安全问题。同时，由于规范了相关操作制度并提供完备的信息安全防护措施，企业的加工生产流程并不会进一步复杂化，保证企业生产效率。

13.6 智能制造实施步骤

数控网络安全体系非常复杂，不仅要保证加工工艺流程的正常运转，还要保证数据安全和系统安全，所以建设实施的过程需要充分考虑数控网络自身的特点，也要充分考虑安全因素，具体实施步骤如下所述。

1. 企业数控网络安全现状调查

依据国内外工业信息安全相关标准、规范和最佳实践，本着规范、标准、最小影响的原则，如实对离散加工企业的数控网络信息安全现状进行调查评估，为开展数控网络安全体系建设提供依据。在调查过程中需要以技术手段作为支撑，结合企业生产工艺流程，充分评估数控机床及数控网络存在的安全问题，并通过配置核查、现场访谈、技术测评等手段，对企业的安全管理现状进行充分核查。形成信息安全防护体系建设规划报告，为后续的安全防护体系建设提供依据。

2. 企业信息安全防护体系设计

为了实现数控系统信息安全，根据形成的信息安全防护体系建设规划报告，结合企业数控网络的特定业务需求和业务发展目标，针对当前数据网络的安全现状，构筑信息安全防护技术体系。首先确定数控网络信息安全防护的战略目标，然后本着分区分域建设原则，对安全区域进行划分，并针对不同区域实施不同的安全防护，最后选择具体的安全设备，制订安全操作策略和流程，形成最终的安全防护体系设计，有效指导企业开展数控信息安全防护体系的建设工作。

3. 数控网络安全设备部署

根据数控网络信息安全防护体系架构，一是在数控网络边界、数控机床系统和精密测量仪器接入点部署相应的安全防护设备,形成数控网络横向隔离和事件可查能力;二是在数控服务器部署安全保护程序,防止机密数据泄露和病毒入侵。只有切实执行数控网络信息安全防护体系,并按照安全管理制度认真执行,才能真正提高数控网络的安全性,并解决目前存在的以下信息安全问题。

(1) 有效监测上行/下行数据,及时发现数据非法访问问题。

(2) 有效发现网络层面攻击行为,及时发现非法接入设备。

(3) 有效保护数控设备免受病毒和木马入侵,监测移动存储设备接入,及时发现非法外连。

13.7 智能制造标准化现状与需求

本案例的设计、研发及实施参考了美国国家标准与技术研究院(National Institute of Standards and Technology,NIST)发布的《工业控制系统安全指南》(NIST SP 800-82)中的相关安全控制要求。目前,国内外尚没有针对数控机床的信息安全防护技术参考模型和安全管理要求,为推进数控机床安全防护技术方案和管理制度的实施,需在《国家智能制造标准体系建设指南》统筹规划下,做好"ABB 信息安全"类标准的建设力度。

13.8 智能制造示范意义

通过本案例的实施,可以帮助离散加工制造企业及时建立针对数控机床的信息安全防护技术框架,形成数控机床信息安全管理制度,有效消减智能制造背景下数据信息共享带来的信息安全潜在风险,在离散加工制造行业具有一定的应用和推广价值。

13.9　下一步工作计划

本案例在实施过程中充分考虑了数控网络自身的特点和安全需求,采用创新性技术手段,一是构建自上而下的数控机床信息安全保护框架,有效保障数控机床安全性;二是安全设备采用智能识别技术,有效识别正常业务数据流和网络行为,为安全策略的部署和实施奠定重要技术基础;三是数控系统采用协议繁多,数控网络防护设备兼容各类主流数控协议,保证解决方案的兼容性和拓展性。同时,通过案例的实施也发现了一些问题,一是企业所使用的数控机床种类繁多,对安全设备的接入带来一定的困难,需要对安全设备进行相应的升级改造,以兼容各种数据接口;二是企业中数控系统和组网方案多为国外产品,发现的安全问题无法得到及时修补;三是信息安全防护方案采用的是外接入形式,无法将安全能力移植入数控设备中。下一步,面对目前存在的实际问题,需要产业各方继续加大研究力度,不断提升数控机床信息安全防护能力。

附录 A 《国家智能制造标准体系建设指南（2015 年版）》全文

智能制造是中国制造 2025 的主攻方向，是落实制造强国战略的重要举措，是我国制造业紧跟世界发展趋势、实现转型升级的关键所在。智能制造具有较强综合性，是现有各类制造系统在更高层次上的整合与集成，标准化是推进智能制造发展必不可少的基础。针对现有智能制造相关标准缺失、滞后以及交叉重复等问题，为指导当前和未来一段时间内智能制造标准化工作，根据《中国制造 2025》的战略部署，工业和信息化部、国家标准化管理委员会共同组织制定了《国家智能制造标准体系建设指南（2015 年版）》。

一、总体要求

（一）指导思想

充分发挥标准在推进智能制造发展中的基础性和引导性作用，着力解决标准体系不完善和低水平重复问题。以建立既符合我国国情，又与国际接轨的智能制造标准体系为目标，强化标准的实施与监督，以跨行业、跨领域融合创新为手段，加强统筹规划与宏观指导，建立政府主导制定与市场自主制定的标准协同发展、协调配套的新型标准体系。从基础共性、关键技术、重点行业三个方面，构建由 5+5+10 类标准组成的智能制造标准体系框架，建立动态完善机制，逐步形成智能制造强有力的标准支撑。

（二）基本原则

统筹规划，分类施策。 统筹标准资源，优化标准结构，系统梳理国内智能制造相关标准，以满足智能制造发展需求为目标，制定完善的智能制造标准体系。聚焦产业发展重点领域，兼顾传统产业，结合行业发展水平和行业特点，形成智能制造重点行业应用标准，构建相互衔接、协调配套的标准体系。

跨界融合，急用先行。 智能制造是新一代信息技术与制造技术的融合，以及制造业不同环节的集成和互联，制定智能制造标准体系须进行跨行业、跨领域的融合创新。针对推进智能制造遇到的数据集成、互联互通等关键瓶颈问题，优先制定数据接口和通讯协议等基础标准。

立足国情，开放合作。 结合我国智能制造标准基础差，行业发展不平衡等特点，充分考虑标准的适用性，加强具有自主知识产权的标准制定与产业化，加强与先进制造国家和国际标准化组织的交流沟通，适时将我国自主知识产权标准上升为国际标准，同时，将适合我国制造业发展需求的国际标准适时转化为国家标准，建立兼容性好、开放性强的智能制造标准体系。

（三）建设目标

到 2017 年，初步建立智能制造标准体系。制定 60 项以上智能制造重点标准，按照"共性先立、急用先行"的立项原则，制定参考模型、术语定义、标识解析、评价指标等基础共性标准和数据格式、通讯协议等关键技术标准，探索制定重点行业智能制造标准，并率先在《中国制造 2025》十大重点领域取得突破。推动智能制造国家标准上升成为国际标准，标准应用水平和国际化水平明显提高。

到 2020 年，建立起较为完善的智能制造标准体系。制修订 500 项以上智能制造标准，基本实现基础共性标准和关键技术标准全覆盖，智能制造标准在企业得到广泛的应用验证，在制造业全领域推广应用，促进我国智能制造水平大幅提升。同时，我国智能制造标准国际竞争力显著提升。

二、建设思路

构建智能制造标准体系框架分为三个步骤。第一步，通过研究各类智能制造应用系统，提取其共性抽象特征，构建由生命周期、系统层级和智能功能组成的三维智能制造系统架构，从而界定智能制造标准化的内涵和外延，识别智能制造现有和缺失的标准，认知现有标准间的交叉重叠关系；第二步，在深入分析标准化需求的基础上，综合智能制造系统架构各维度逻辑关系，将智能制造系统架构的生命周期维度和系统层级维度组成的平面自上而下依次映射到智能功能维度的五个层级，形成智能装备、智能工厂、智能服务、工业软件和大数据、工业互联网等五类关键技术标准，与基础共性标准和重点行业标准共同构成智能制造标准体系结构；第三步，对智能制造标准体系结构分解细化，进而建立智能制造标准体系框架，指导智能制造标准体系建设及相关标准立项工作。

（一）智能制造系统架构

智能制造系统架构从生命周期、系统层级和智能功能三个维度构建，如图1所示。

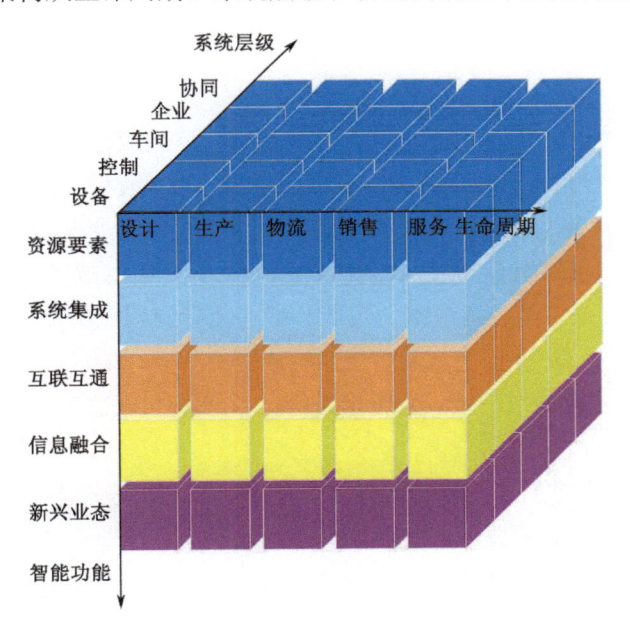

图1　智能制造系统架构

1. 生命周期

生命周期是由设计、生产、物流、销售、服务等一系列相互联系的价值创造活动组成的链式集合。生命周期中各项活动相互关联、相互影响。不同行业的生命周期构成不尽相同。

2. 系统层级

系统层级自下而上共五层，分别为设备层、控制层、车间层、企业层和协同层。智能制造的系统层级体现了装备的智能化和互联网协议（IP）化，以及网络的扁平化趋势。具体包括：

（1）设备层级包括传感器、仪器仪表、条码、射频识别、机器、机械和装置等，是企业进行生产活动的物质技术基础；

（2）控制层级包括可编程逻辑控制器（PLC）、数据采集与监视控制系统（SCADA）、分布式控制系统（DCS）和现场总线控制系统（FCS）等；

（3）车间层级实现面向工厂/车间的生产管理，包括制造执行系统（MES）等；

（4）企业层级实现面向企业的经营管理，包括企业资源计划系统（ERP）、产品生命周期管理（PLM）、供应链管理系统（SCM）和客户关系管理系统（CRM）等；

（5）协同层级由产业链上不同企业通过互联网络共享信息实现协同研发、智能生产、精准物流和智能服务等。

3. 智能功能

智能功能包括资源要素、系统集成、互联互通、信息融合和新兴业态等五层。

（1）资源要素包括设计施工图纸、产品工艺文件、原材料、制造设备、生产车间和工厂等物理实体，也包括电力、燃气等能源。此外，人员也可视为资源的一个组成部分。

（2）系统集成是指通过二维码、射频识别、软件等信息技术集成原材料、零部件、能源、设备等各种制造资源。由小到大实现从智能装备到智能生产单元、智能生产线、数字化车间、智能工厂，乃至智能制造系统的集成。

（3）互联互通是指通过有线、无线等通信技术,实现机器之间、机器与控制系统之间、企业之间的互联互通。

（4）信息融合是指在系统集成和通信的基础上，利用云计算、大数据等新一代信息技术，在保障信息安全的前提下，实现信息协同共享。

（5）新兴业态包括个性化定制、远程运维和工业云等服务型制造模式。

智能制造系统架构通过三个维度展示了智能制造的全貌。为更好的解读和理解系统架构，以可编程逻辑控制器（PLC）、工业机器人和工业互联网为例，分别从点、线、面三个方面诠释智能制造重点领域在系统架构中所处的位置及其相关标准。

PLC 位于智能制造系统架构生命周期的生产环节、系统层级的控制层级，以及智能功能的系统集成，如图 2 所示。已发布的 PLC 标准主要包括：
- GB/T 15969.1 可编程序控制器　第 1 部分：通用信息应用和实现导则。
- IEC/TR 61131-9 可编程序控制器　第 9 部分：小型传感器和执行器的单量数字通信接口（SDCI）。

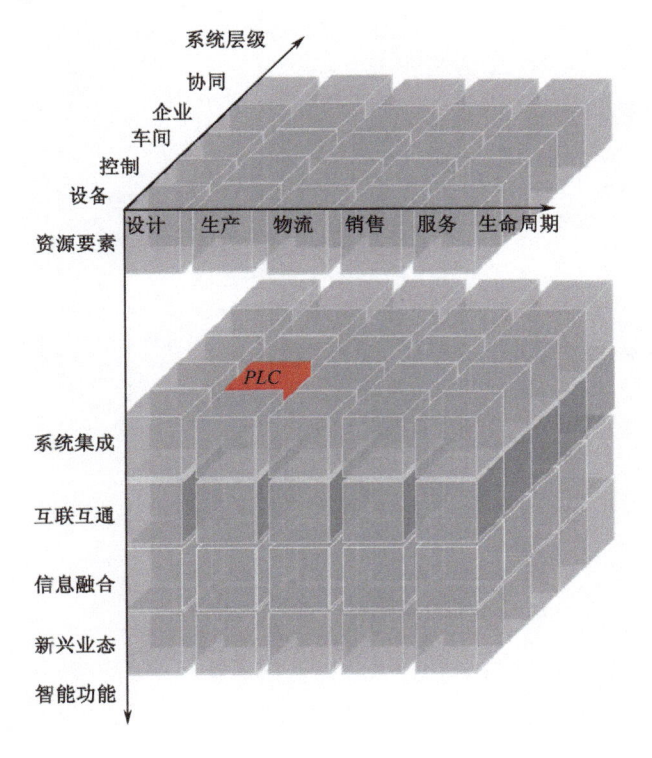

图 2　PLC 在智能制造系统架构中的位置

工业机器人位于智能制造系统架构生命周期的生产环节、系统层级的设备层级和控制层级，以及智能功能的资源要素，如图 3 所示。已发布的工业机器人标准主要包括：
- GB/T 19399-2003　工业机器人　编程和操作图形用户接口。
- GB/Z 20869-2007　工业机器人　用于机器人的中间代码。

正在制定的工业机器人标准主要包括：
- 20120878-T-604　机器人仿真开发环境接口。
- 20112051-T-604　开放式机器人控制器通讯接口规范。

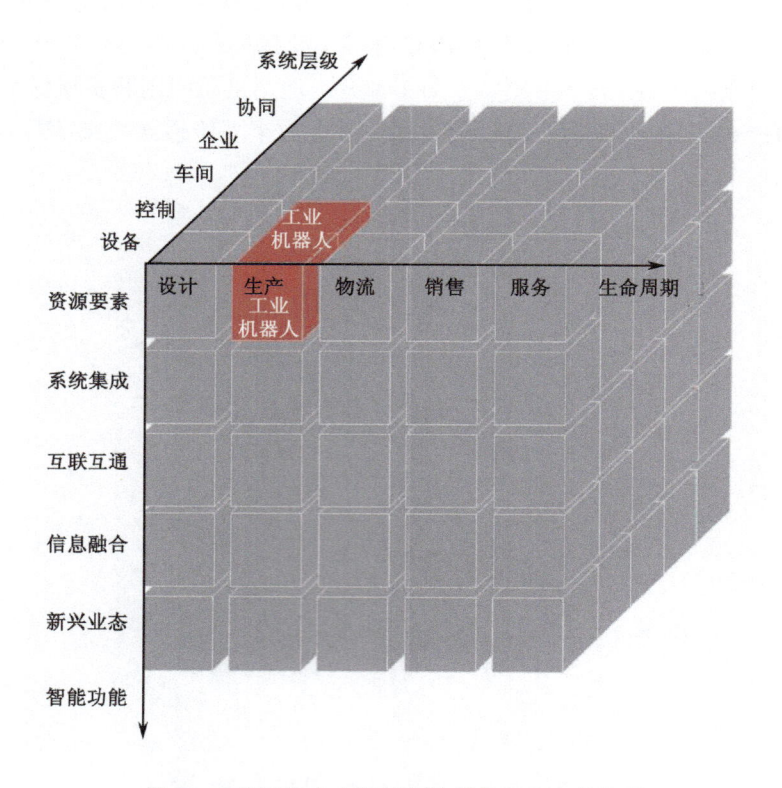

图 3　工业机器人在智能制造系统架构中的位置

工业互联网位于智能制造系统架构生命周期的所有环节、系统层级的设备、控制、工厂、企业和协同五个层级，以及智能功能的互联互通。已发布的工业互联网标准主要包括：

- GB/T 20171-2006 用于工业测量与控制系统的 EPA 系统结构与通信规范。
- GB/T 26790.1-2011 工业无线网络 WIA 规范　第 1 部分：用于过程自动化的 WIA 系统结构与通信规范。
- GB/T 25105-2014 工业通信网络　现场总线规范　类型 10：PROFINET IO 规范。
- GB/T 19760-2008 CC-Link 控制与通信网络规范。
- GB/T 31230-2014 工业以太网现场总线 EtherCAT。
- GB/T 19582-2008 基于 Modbus 协议的工业自动化网络规范。
- GB/Z 26157-2010 测量和控制数字数据通信　工业控制系统用现场总线　类型 2：ControlNet 和 EtherNet/IP 规范。
- GB/T 29910-2013 工业通信网络　现场总线规范　类型 20：HART 规范。
- GB/T 27960-2011 以太网 POWERLINK 通信行规规范。

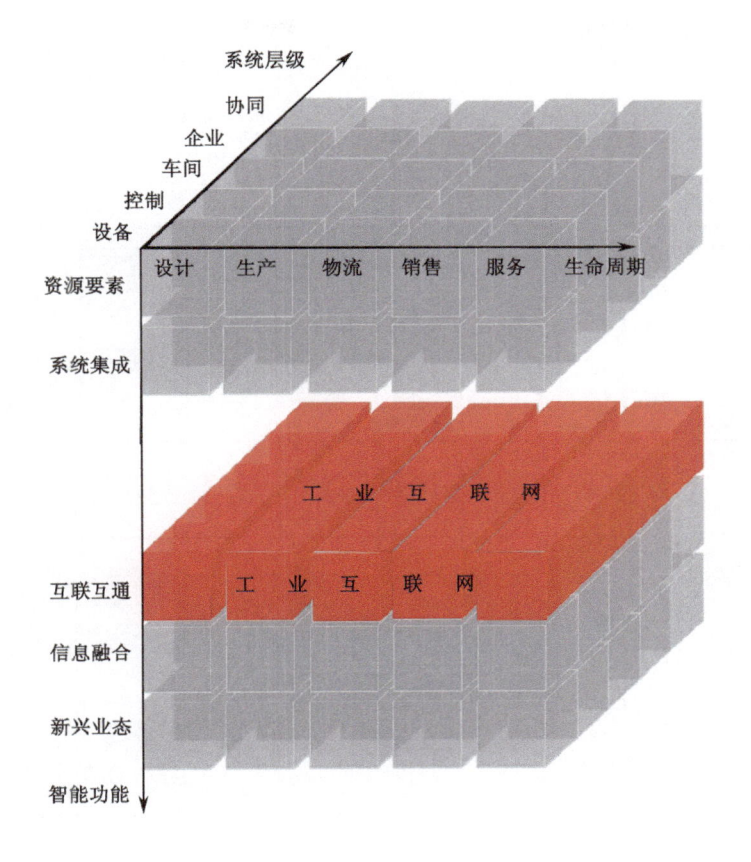

图 4 工业互联网在智能制造系统架构中的位置

（二）智能制造标准体系结构图

智能制造标准体系结构图包括"A 基础共性"、"B 关键技术"、"C 重点行业"三个部分。其中，"B 关键技术"部分包括"BA 智能装备"、"BB 智能工厂"、"BC 智能服务"、"BD 工业软件和大数据"和"BE 工业互联网"。智能制造标准体系结构图如图 5 所示。

具体而言，A 基础共性标准包括基础、安全、管理、检测评价和可靠性等五大类，位于智能制造标准体系结构图的最底层，其研制的基础共性标准支撑着标准体系结构图上层虚线框内 B 关键技术标准和 C 重点行业标准；BA 智能装备标准位于智能制造标准体系结构图的 B 关键技术标准的最底层，与智能制造实际生产联系最为紧密；在 BA 智能装备标准之上是 BB 智能工厂标准，是对智能制造装备、软件、数据的综合集成，该标准领域在智能制造标准体系结构图中起着承上启下的作用；BC 智能服务标准位于 B 关键技术标准的顶层，涉及到对智能制造新模式和新业态的标准研究；BD 工业软件和大数据标准与 BE 工业互联网标准分别位于智能制造标准体系结构图的 B 关键技术标准的最左侧和最右侧，贯穿 B 关键技术标准的其他 3 个领域（BA、BB、BC），打通物理世界和信息世界，推动生产型制造向服务型制造转型；C 重点行业标准位于智能制造标准体系结构图的最顶层，面向行业具体需求，对 A 基础共性标准和 B 关键技术标准进行细化和落地，指导各行业推进智能制造。

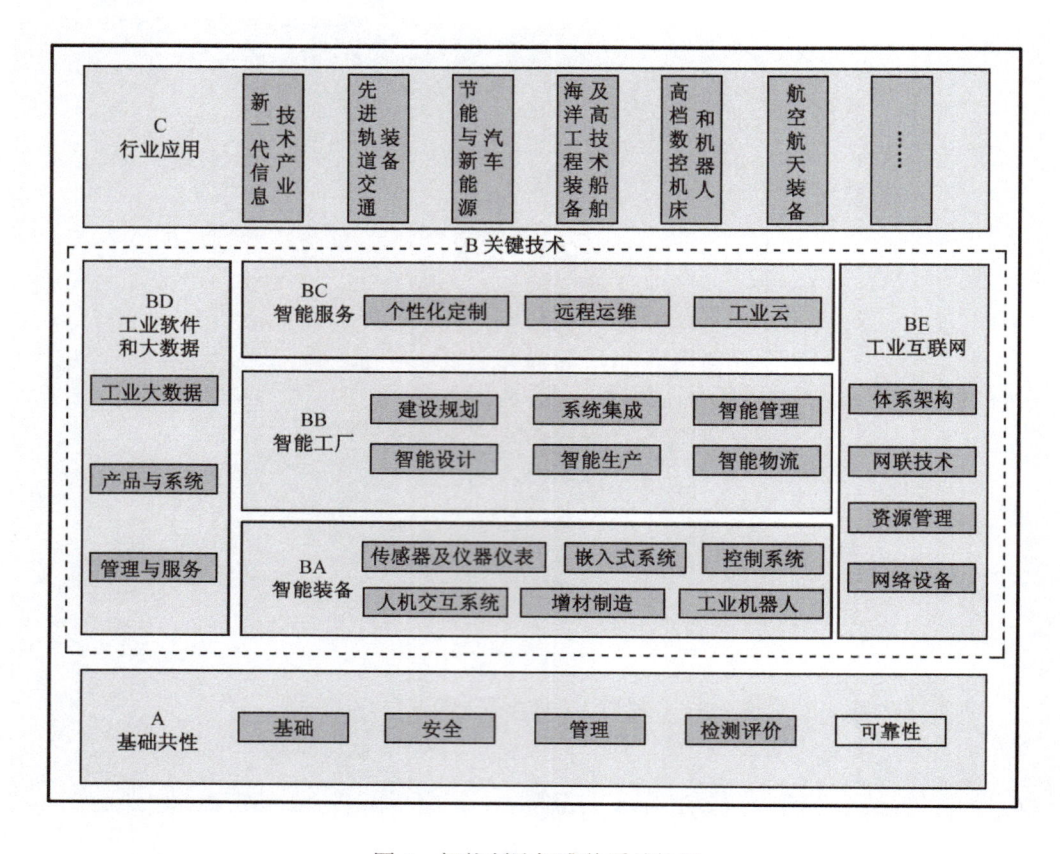

图 5　智能制造标准体系结构图

（三）智能制造标准体系框架

根据智能制造标准体系结构图，智能制造标准体系框架包括"A 基础共性"、"B 关键技术"、"C 重点行业"三个部分。智能制造标准体系框架如图 6 所示。

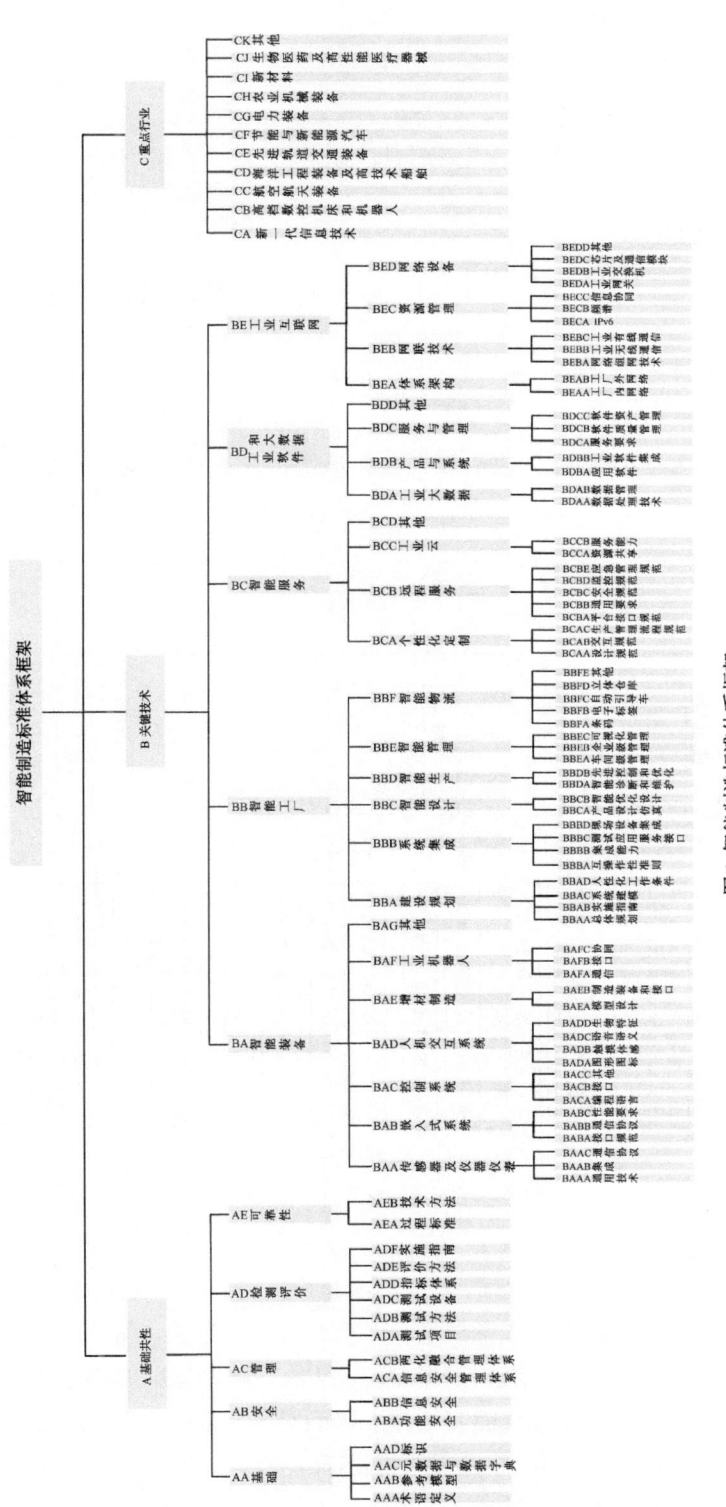

附录 A 《国家智能制造标准体系建设指南（2015年版）》全文

智能制造标准体系框架

- **A 基础共性**
  - AA 基础
    - AAA 术语定义
    - AAB 参考模型
    - AAC 元数据与数据字典
    - AAD 标识
  - AB 安全
    - ABA 功能安全
    - ABB 信息安全
  - AC 管理
    - ACA 信息化与安全管理体系
    - ACB 两化融合管理体系
  - AD 检测评价
    - ADA 测试项目
    - ADB 测试方法
    - ADC 测试设备
    - ADD 指标体系及方法
    - ADE 评价标准
    - ADF 实施指南
  - AE 可靠性
    - AEA 过程标准
    - AEB 技术方法

- **B 关键技术**
  - BA 智能装备
    - BAA 传感器及仪器仪表
      - BAAA 温度、湿度、压力传感器技术规范要求
      - BAAB 流量、液位传感器协议及接口要求
      - BAAC 温度、湿度、压力传感器技术规范要求
    - BAB 嵌入式系统
      - BABA 技术规范及接口要求
      - BABB 协议及接口要求
      - BABC 可靠性及性能技术要求
    - BAC 控制系统
      - BACA 编程语言要求
      - BACB 接口及协议要求
      - BACC 其它控制系统要求
    - BAD 人机交互系统
      - BADA 图形接口及标准化
      - BADB 触摸屏表达式
      - BADC 语音识别
      - BADD 生物特征识别
    - BAE 增材制造
      - BAEA 增材制造设计
      - BAEB 材料设备及分级
    - BAF 工业机器人
      - BAFA 机器人
      - BAFB 通信接口协议
      - BAFC 协同
    - BAG 其他
  - BB 智能工厂
    - BBA 建设规划
      - BBAA 总体规划
      - BBAB 实施规则、建造规范
      - BBAC 系统集成标准规范
      - BBAD 人机协作工作模式
    - BBB 系统集成
      - BBBA 互操作、柔性工作规则
      - BBBC 集成标准
      - BBBD 系统集成产品标准
    - BBC 智能设计
      - BBCA 工艺仿真
      - BBCB 智能数据设计方法
    - BBD 智能生产
      - BBDA 智能诊断及维护
      - BBDB 故障诊断和检测
    - BBE 智能管理
      - BBEA 车间监控级管理
      - BBEB 全时可视化管理
      - BBEC 可视化管理
    - BBF 智能物流
      - BBFA 条码识别
      - BBFB 智能标识跟踪
      - BBFC 目标定位与导航
      - BBFD 立体仓储
      - BBFE 其他
  - BC 智能服务
    - BCA 个性化定制
      - BCAA 设计规范
      - BCAB 设计规则及术语
      - BCAC 平台互联、管理接口
    - BCB 远程服务
      - BCBA 车联网
      - BCBB 远程调度、监测、预警
      - BCBC 安装调试规程规范
      - BCBD 故障处理准则
      - BCBE 应急维护
    - BCC 工业云
      - BCCA 基础能力
      - BCCB 服务
    - BCD 其他
  - BD 工业软件和大数据
    - BDA 工业大数据
      - BDAA 数据处理技术
      - BDAB 数据应用
    - BDB 产品与系统
      - BDBA 固化件及软件集成
      - BDBB 工业应用软件
    - BDC 服务与管理
      - BDCA 服务需求管理
      - BDCB 软件质量管理
      - BDCC 软件方法管理
    - BDD 其他
  - BE 工业互联网
    - BEA 体系架构
      - BEAA 互联网络标准
      - BEAB 工厂内外网络技术规范
    - BEB 网联技术
      - BEBA 互联网技术规范
      - BEBB 工业现场通信
      - BEBC 工业无线
    - BEC 资源管理
      - BECA IPv6
      - BECB 域名
      - BECC 编码解析、协同
    - BED 网络设备
      - BEDA 工业网关交换机
      - BEDB 工业交换机
      - BEDC 名录及安全
      - BEDD 其他

- **C 重点行业**
  - CA 新一代信息技术
  - CB 高档数控机床和机器人
  - CC 航空航天装备及技术
  - CD 海洋工程装备及高技术船舶
  - CE 先进轨道交通装备
  - CF 节能与新能源汽车
  - CG 电力装备
  - CH 农业机械装备
  - CI 新材料
  - CJ 生物医药及高性能医疗器械
  - CK 其他

图6 智能制造标准体系框架

三、建设内容

（一）基础共性标准

基础共性标准主要包括基础、安全、管理、检测评价和可靠性等五个部分，如图 7 所示。

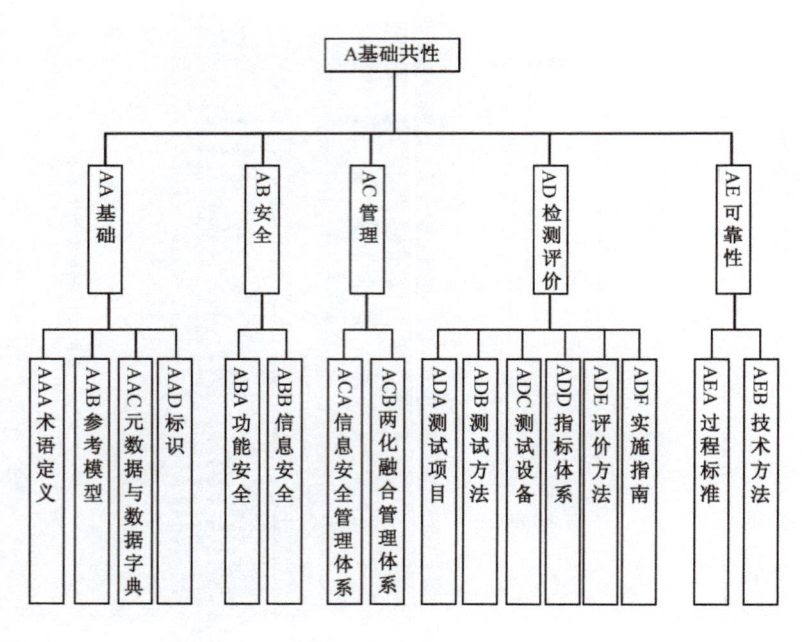

图 7　基础共性标准子体系

1. 基础标准

基础标准主要包括术语定义、参考模型、元数据与数据字典、标识等四个部分。

术语定义标准用于统一智能制造相关概念，为其他各部分标准的制定提供支撑；参考模型标准用于帮助各方认识和理解智能制造标准化的对象、边界、各部分的层级关系和内在联系；元数据和数据字典标准用于规定智能制造产品设计、生产、流通等环节涉及的元数据命名规则、数据格式、数据模型、数据元素和注册要求、数据字典建立方法，为智能制造各环节产生的数据集成、交互共享奠定基础；标识标准用于对智能制造中各类对象进行唯一标识与解析，建设既与制造企业已有的标识编码系统兼容，又能满足设备 IP 化、智能化等智能制造发展要求的智能制造标识体系。

2. 安全标准

安全标准主要包括功能安全和信息安全两个部分。

功能安全标准用于保证安全控制系统在危险发生时正确地执行其安全功能，从而避免因设备故障或系统功能失效而导致人身伤害、环境破坏及经济损失，主要包括功能安全要求和功能安全实施和管理等两个部分。信息安全标准用于保证信息系统不因偶然的或者恶意的原因而遭到破坏、更改、泄露，系统能连续可靠正常地运行，主要包括软件安全、设备信息安全、网络信息安全、数据安全、信息安全防护等五个部分。

3. 管理标准

管理标准主要包括信息安全管理体系和两化融合管理体系两个部分。

信息安全管理体系标准用于根据各行业智能制造特点和需求，聚焦制造关键环节，制定智能制造信息安全管理标准，主要包括管理标准和安全监管等两个部分。两化融合管理体系标准用于指导相关企业建立创新管理机制，保持可持续竞争优势，通过标准化工作改进两化融合过程管理机制，主要包括要求、基础和术语、实施指南、评估规范、审核指南等五个部分。

4. 检测评价标准

检测评价标准主要包括测试项目、测试方法、测试设备、指标体系、评价方法、实施指南等六个部分。

测试项目标准用于指导智能制造装备和系统在测试过程中的科学排序和有效管理。测试方法标准用于针对不同类型的智能制造装备和系统，制定包括试验内容、方式、步骤、过程、计算分析等内容的标准。测试设备标准用于保证智能制造装备质量和系统测试过程中，测试设备的稳定运行和测试指标的精准可靠。指标体系标准用于对各智能制造应用领域、应用企业和应用项目开展评估，促进企业不断提升智能制造水平。评价方法标准用于指导智能制造企业开展项目评价，制定智能制造评价指标体系。实施指南标准用于指导智能制造项目评价过程中开展具体实施工作。

5. 可靠性标准

可靠性标准主要包括过程和技术方法两个部分。

过程标准用于对智能制造系统可靠性要求、风险管理和寿命费用的分析，主要包括智能制造系统可靠性管理、智能制造装备故障预测及健康管理和智能制造系统综合保障等三个部分。技术方法标准用于指导智能制造系统可靠性分析评估和智能装备可靠性设计及试验验证。

（二）关键技术标准

关键技术标准主要包括智能装备、智能工厂、智能服务、工业软件与大数据、工业互联网等五个部分。

1. 智能装备标准

智能装备是指在其基本功能以外具有数字通信和配置、优化、诊断、维护等附加功能的设备或装置，一般具有感知、分析、推理、决策、控制能力，是先进制造技术、信息技术和智能技术的集成和深度融合。智能装备标准主要包括传感器及仪器仪表、嵌入式系统、控制系统、人机交互系统、增材制造和工业机器人等六个部分，如图 8 所示。

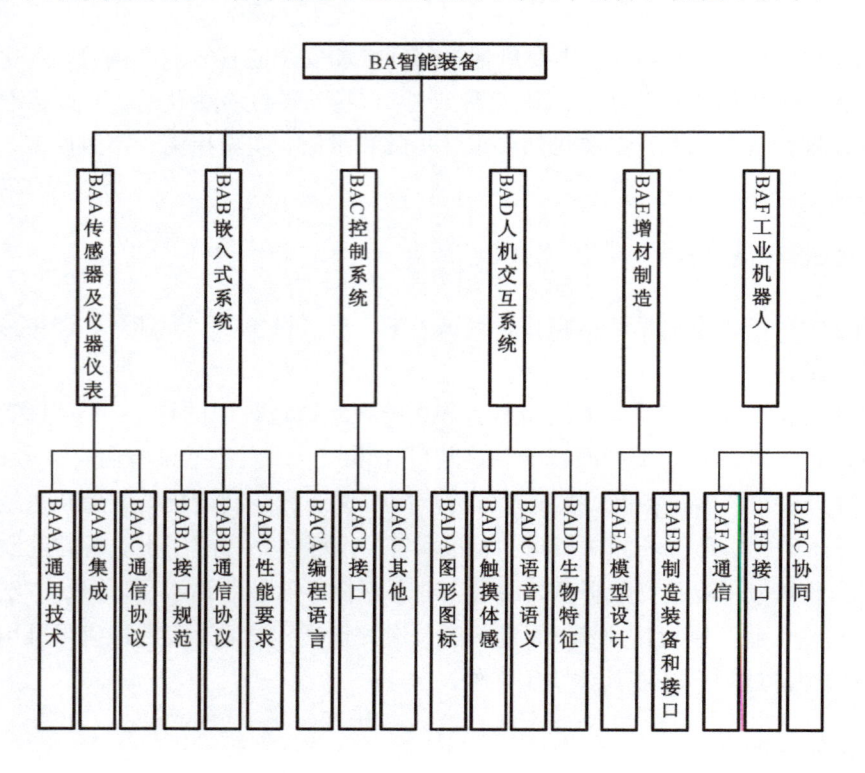

图 8　智能装备标准子体系

（1）传感器及仪器仪表标准

传感器及仪器仪表标准主要包括数据交换、特性与分类、性能评定、智能化要求等通用技术标准；时钟同步、接口、功能块、设备集成、互操作性等集成标准；现场总线、工业以太网、工业无线、安全通信、高可用通信、符合性等通信协议标准。

（2）嵌入式系统标准

智能制造标准体系中的嵌入式系统标准主要包括嵌入式系统接口规范、通信协议、性能要求等三个部分。

（3）控制系统标准

智能制造标准体系中的控制系统标准主要包括可编程序控制器（PLC）、分布式控制系统（DCS）、现场总线控制系统（FCS）等编程语言和接口两个部分。

（4）人机交互系统标准

智能制造标准体系中的人机交互系统标准主要包括工业控制领域人机交互的图形图标、功能属性和注册管理等图形图标标准；体感描述语言、手势命令和功能属性等触摸体感标准；语音命令、语义理解和语义库等语音语义标准；生物特征识别技术接口、生物特征数据交换格式等生物特征识别标准。

（5）增材制造标准

增材制造标准主要包括设计规范、文件格式、数据质量保障、文件存储和数据处理等模型设计标准，以及增材制造装备和接口标准等。

（6）工业机器人标准

工业机器人（含移动机器人等）标准主要包括数据格式、通信协议、通信接口、控制语义等通信标准；工业机器人编程和操作图形用户接口、编程系统和机器人控制间的接口等接口标准；制造过程机器人与人协同作业、机器人与机器人协同作业、以及机器人与生产线协同作业等协同标准。

2. 智能工厂标准

智能工厂是以打通企业生产经营全部流程为着眼点，实现从产品设计到销售，从设备控制到企业资源管理所有环节的信息快速交换、传递、存储、处理和无缝智能化集成。智能工厂标准主要包括智能工厂建设规划、系统集成、智能设计、智能生产、智能管理和智能物流等六个部分，如图9所示。

（1）建设规划标准

建设规划标准主要包括智能工厂的基本功能、设计要求、设计模型类标准等总体规划标准；达成智能工厂规划设计要求所需的仿真分析、协同设计和建设实施标准等实施指南标准；基于智能工厂的工艺流程及布局模型、生产过程模型和组织模型等系统建模标准；针对为员工提供人性化工作条件的设计标准。

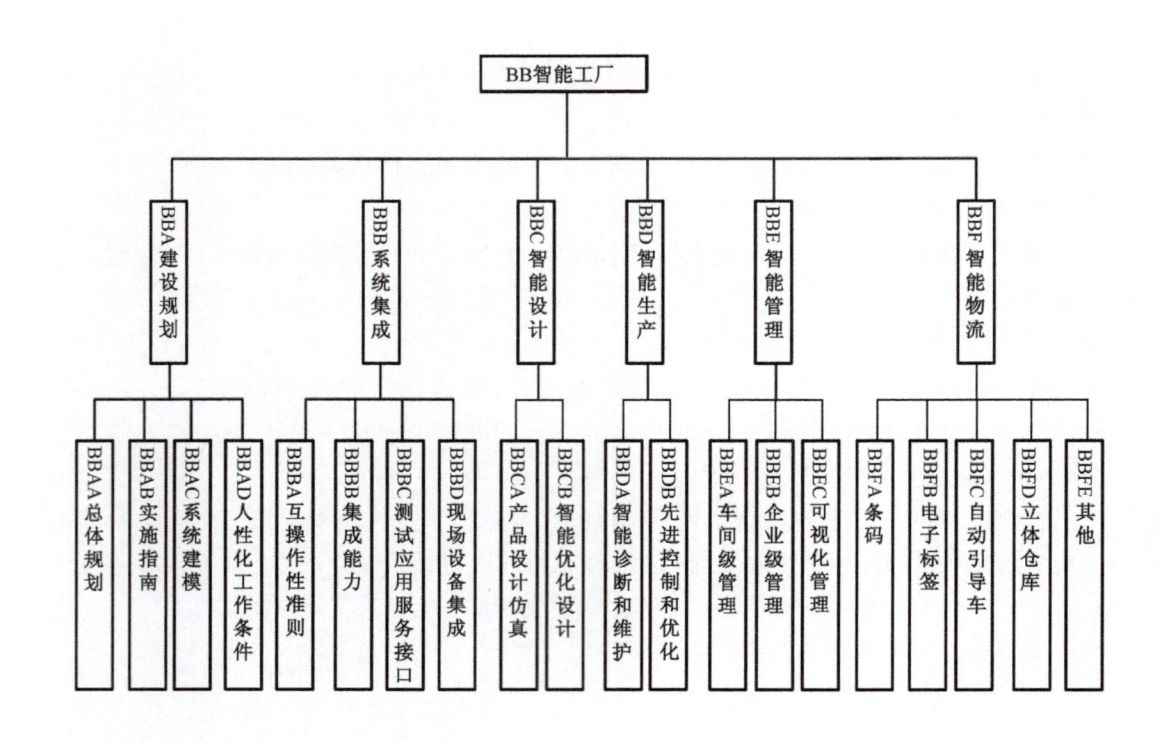

```
                            ┌─────────────┐
                            │  BB智能工厂  │
                            └──────┬──────┘
     ┌──────────┬──────────┬───────┼────────┬──────────┬──────────┐
┌────┴───┐ ┌────┴───┐ ┌────┴───┐ ┌─┴──────┐ ┌─┴──────┐ ┌─┴──────┐
│BBA建设 │ │BBB系统 │ │BBC智能 │ │BBD智能 │ │BBE智能 │ │BBF智能 │
│  规划  │ │  集成  │ │  设计  │ │  生产  │ │  管理  │ │  物流  │
└────────┘ └────────┘ └────────┘ └────────┘ └────────┘ └────────┘
```

图 9　智能工厂标准子体系

（2）系统集成标准

系统集成标准主要包括定义智能制造软件互操作能力描述及制造单元匹配准则等互操作准则；集成功能模块描述，集成能力评估等集成能力标准规范；用于智能制造软件能力描述的接口服务和协议及相关模板规范、访问/查找能力描述接口和按需进行匹配的过程定义等测试应用服务接口标准；用于开放过程控制的统一架构（OPC UA）、电子设备描述语言（EDDL）、现场设备工具技术（FDT）、现场总线仪器设备集成（FDI）等现场设备集成标准。

（3）智能设计标准

智能设计标准主要包括产品数字化定义、产品数字化样机、设计仿真、工艺仿真、数字化试验等产品设计仿真标准；对产品仿真结果进行优化，描述优化模型，优化方法等智能优化设计标准。

（4）智能生产标准

智能生产标准主要包括生产过程控制系统诊断、维护类标准和生产过程系统先进控制与优化类标准两部分。生产过程控制系统诊断、维护类标准，包括定义智能生产系统诊断、能力评估和维护的通用要求；生产过程系统先进控制与优化类标准，包括生产制造系统控制与优化软件功能集成架构、功能模块、信息交互方式等标准。

（5）智能管理标准

智能管理标准主要包括制造报文规范、MES 应用等车间级管理标准；企业经营决策管理、计划管理、生产管理、技术管理、质量管理、人事管理、财务管理、设备管理、物流管理等企业级管理标准产品信息可视化、设备信息可视化、库存信息可视化、生产状态可视化、能源监管可视化等可视化管理标准。

（6）智能物流标准

智能物流标准主要包括用于识别原材料、零部件、装备和产品信息的条码、电子标签等标准；用于工厂内部的自动引导车等设备标准；用于工厂内部及工厂间的立体仓库等智能物流装备标准。

3. 智能服务标准

智能服务以提供新业务、新模式为着眼点，综合利用企业内部和外部的各类资源，提供各类规范、可靠的新型服务。智能服务标准主要包括个性化制造、远程运维和工业云等三个部分，如图 10 所示。

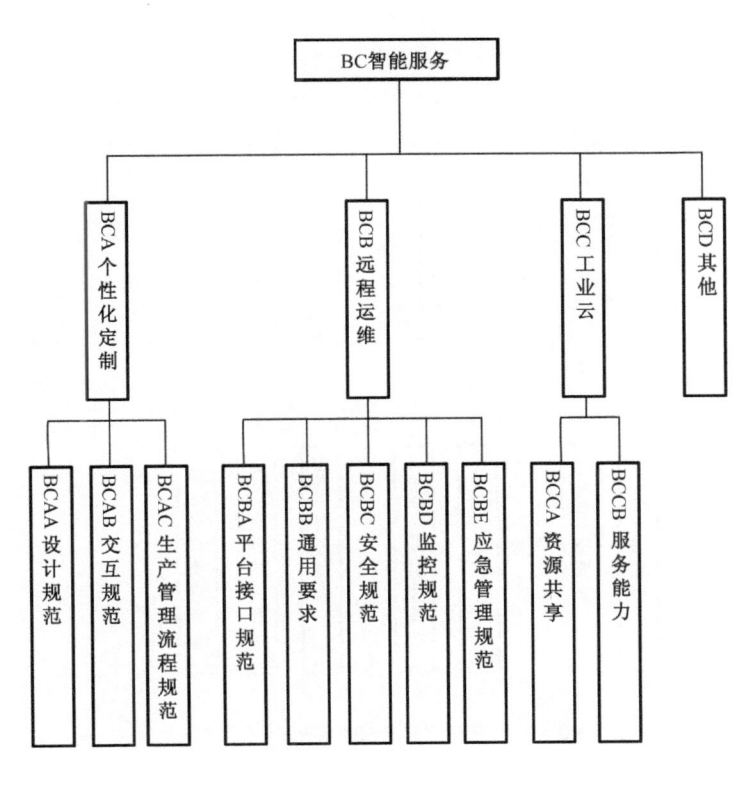

图 10　智能服务标准子体系

（1）个性化定制标准

个性化定制标准主要包括满足大规模个性化生产的个性化定制设计规范、交互规范和生产管理流程规范等三个部分。

（2）远程运维标准

远程运维标准主要包括平台接口规范、通用要求、安全规范、监控规范和应急管理规范等五个部分。

（3）工业云标准

工业云标准主要包括接口和协议等资源共享标准和服务能力标准两个部分。

4．工业软件和大数据标准

工业软件和大数据围绕企业信息系统的纵向集成和横向集成，为打通工业软件数据链、实现工业大数据的综合应用提供支撑。工业软件和大数据主要包括工业大数据、产品与系统、服务与管理等三个部分，如图 11 所示。

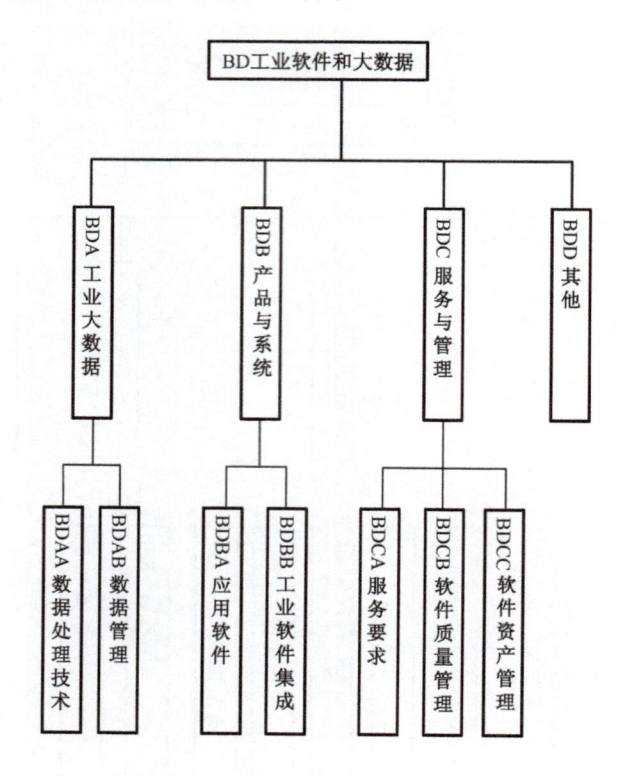

图 11 工业软件和大数据标准子体系

（1）工业大数据标准

工业大数据标准主要包括面向生产过程智能化、产品智能化、新业态新模式智能化、管理智能化以及服务智能化等的数据处理技术标准；数据质量、能力成熟度、数据资产管理、数据开放共享和交易等数据管理标准。

（2）产品与系统标准

产品与系统标准主要包括软件产品、工具、系统和平台的功能定义、业务模型、技术要求和接口规范等工业软件标准；企业资源计划、供应链管理、客户关系管理、制造执行系统、产品生命周期管理、过程控制系统等工业软件集成标准。

（3）服务与管理标准

服务与管理标准主要包括面向工业软件的开发、集成、外包和运维的服务流程和服务能力，面向工业云服务的服务目录、服务水平协议、服务质量、服务采购等服务要求标准；工业软件质量的度量和资产维护等工业软件质量标准和工业软件资产管理标准。

5. 工业互联网标准

工业互联网以泛在互联、低成本计算、安全可信、可互操作的工业信息基础设施为着眼点，构建贯穿工厂内全层级、工厂外全价值链的高可靠、高带宽、高连接数、低时延的工厂内网络和工厂外网络，实现产品全生命周期的信息追踪和管理，满足工厂内部智能化、网络化以及与外部交换需求。工业互联网标准主要包括体系架构、网联技术、资源配置、和网络设备等四个部分，如图12所示。

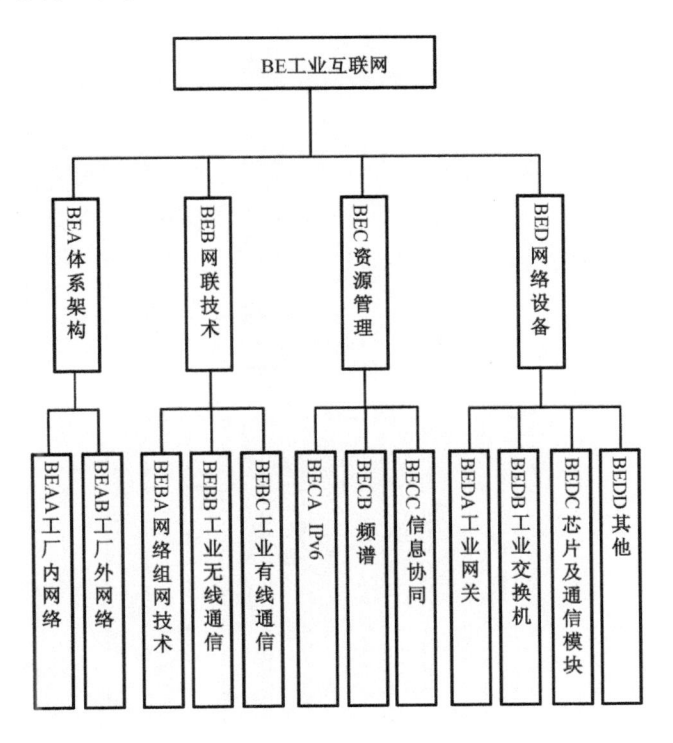

图 12 工业互联网标准子体系

（1）体系架构标准

体系架构标准主要包括企业内部不同层级网络互联，以及企业与设计/供应链/制造/服务/消费协作模式下的互联互操作技术等工厂内网络标准；体现企业互联、业务互联、产业互联的工业外网络标准。

（2）网联技术标准

网联技术标准主要包括保障机器之间、机器与控制系统之间、企业上下游之间的低时延、高可靠连接与智能交互的网络组网技术标准；针对现场设备级、车间监测级及工厂管理级的不同需求的工业无线网络标准；针对工业现场总线、工业以太网、工业布缆的工业有线通信标准。

（3）资源管理标准

资源管理标准主要包括在工业互联网中应用的 IPv6 标准；适用于工业环境的无线频谱规划的频谱和信息协同标准。

（4）网络设备标准

网络设备标准主要包括网络设备、通信协议、接口等工业网关、工业交换机和芯片及通信模块标准。

（三）重点行业标准

依据基础共性标准和关键技术标准，围绕《中国制造 2025》中提出的十大重点领域，同时兼顾传统制造业转型升级的需求，优先在十大重点领域率先实现突破，并逐步覆盖智能制造全应用领域，各行业结合本行业发展需求和智能制造水平，制定重点行业的智能制造标准。重点行业标准体系如图 13 所示。

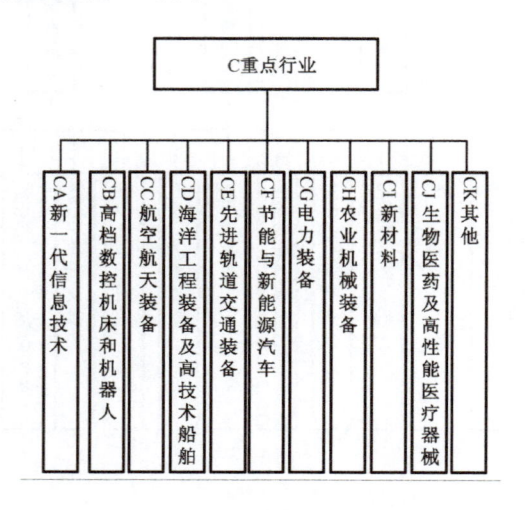

图 13　重点行业标准子体系

智能制造标准体系与航空、船舶、石化、钢铁等制造业领域标准体系之间不是从属关系，内容存在交集。交集部分是智能制造标准体系中的重点行业应用标准。例如，船舶工业标准体系用于指导船舶相关产品设计、制造、试验、修理管理和工程建设等，智能制造标准体系中的船舶行业重点标准涉及到船舶制造环节中的互联互通等智能制造相关的内容。

四、组织实施

组建由工业和信息化部和国家标准化管理委员会共同领导的国家智能制造标准化工作组，开展智能制造标准体系建设及规划。建立动态更新完善机制，随着智能制造发展水平和行业认识水平的不断提高，每两年更新一次《国家智能制造标准体系建设指南》。建立智能制造标准立项绿色通道，保障重点标准及时立项。设立专项财政资金，支持智能制造标准研制、试验验证平台建设及行业推广应用。充分发挥地方主管部门、行业协会和学会的作用，通过培训、咨询等手段推进标准宣贯与实施。依托中德智能制造/工业 4.0 标准化工作组等平台，定期举办智能制造标准化论坛，组织产业开展深入交流合作。积极参与国际标准化组织（ISO）、国际电工技术委员会（IEC）等相关国际标准化组织，推动具有自主知识产权技术的我国标准上升成为国际标准。

附件 1：智能制造相关名词术语和缩略语

4G：第四代移动通信技术（the 4th Generation mobile communication technology）
5G：第五代移动通信技术（the 5th Generation mobile communication technology）
CAD：计算机辅助设计（Computer Aided Design）
CAM：计算机辅助制造（Computer Aided Manufacturing）
CRM：客户关系管理（Customer Relationship Management）
DCS：分布式控制系统（Distributed Control System）

EDDL：电子设备描述语言（Electronic Device Description Language）
EPA：工厂自动化用以太网（Ethernet in Plant Automation）
ERP：企业资源计划（Enterprise Resource Planning）
FCS：现场总线控制系统（Fieldbus Control System）
FDI：现场设备集成（Field Device Integration）
FDT：现场设备工具（Field Device Tool）
IEC：国际电工技术委员会（International Electrotechnical Committee）
IP：互联网协议（Internet Protocol）
IPv6：互联网协议第六版（Internet Protocol Version 6）
ISO：国际标准化组织（International Organization for Standardization）
LTE-M：长期演进技术——机器对机器（LTE-Machine to Machine）
MBD：基于模型定义（Model Based Definition）
MES：制造执行系统（Manufacturing Execution System）
OPC UA：OPC 统一架构（OPC Unified Architecture）
PLC：可编程逻辑控制器（Programmable Logic Controller）
PLM：产品生命周期管理（Product Lifecycle Management）
SCADA：监控与数据采集系统（Supervisory Control And Data Acquisition）
SCM：供应链管理（Supply Chain Management）
WIA：工业自动化用无线网络（Wireless Networks for Industrial Automation）

附件 2：已发布、制定中的智能制造基础共性标准和关键技术标准

总序号	分序号	标准名称	标准号/计划号	对应国际标准号	所属的国际标准组织	状态
		A 基础共性				
		AA 基础				
1	1	信息技术 词汇	GB/T 5271	ISO/IEC 2382		已发布
2	2	信息技术 嵌入式系统术语	GB/T 22033-2008			已发布
3	3	工业过程测量和控制 术语和定义	GB/T 17212-1998			已发布

总序号	分序号	标准名称	标准号/计划号	对应国际标准号	所属的国际标准组织	状态
4	4	网络化制造技术术语	GB/T 25486-2010			已发布
5	5	技术产品文件 计算机辅助设计与制图 词汇	GB/T 15751-1995	ISO/TR 10623-1992	ISO	已发布
6	6	制造业信息化 技术术语	GB/T 18725-2008			已发布
7	7	信息技术 开放系统互联 基本参考模型	GB/T 9387	ISO/IEC 7498		已发布
8	8	过程检测和控制流程图用图形符号和文字代号	GB/T 2625-1981			已发布
9	9	工业过程测量和控制 在过程设备目录中的数据结构和元素	GB/T 20818	IEC 61987	IEC SC65E	已发布
10	10	工业过程测量、控制和自动化 生产设施表示用参考模型(数字工厂)	GB/Z 32235-2015	IEC 62794	IEC TC65	已发布
11	11	供应链管理业务参考模型	GB/T 25103-2010			已发布
12	12	批控制	GB/T 19892.1~19892.2	IEC 61512	IEC SC65A	已发布
13	13	信息技术 元数据注册系统(MDR)	GB/T 18391.1~18391.6	ISO/IEC 11179	ISO/IEC JTC1 SC32	已发布
14	14	信息技术 实现元数据注册系统(MDR)内容一致性的规程	GB/T 23824	ISO/IEC TR 20943	ISO/IEC JTC1 SC32	已发布
15	15	信息技术 开放系统互连 注册机构操作规程 一般规程	GB/T 17969.1-2000	ISO/IEC 9834-1		已发布
16	16	信息技术 开放系统互连 OID的国家编号体系和注册规程	GB/T 26231-2010			已发布
17	17	信息技术 传感器网络第501部分:标识:传感节点编码规则	GB/T 30269.501-2014			已发布
18	18	工业物联网仪表身份标识协议	20150005-T-604			制定中
19	19	信息技术 开放系统互连 用于对象标识符解析系统运营机构的规程	20112007-T-604			制定中
20	20	信息技术 开放系统互连 对象标识符解析系统	20120558-T-469	ISO/IEC 29168-1:2011		制定中
21	21	信息技术 传感器网络第502部分:标识:解析和管理规范	20120545-T-469			制定中
22	22	传感器网络 标识 解析和管理规范	20120545-T-469			制定中
23	23	智能传感器术语	20150007-T-604		IEC TC65	制定中
24	24	增材制造(AM)技术 术语	20142484-T-604	ISO 17296-1:2014	ASTM	制定中
AB 安全						
25	1	工业控制网络安全风险评估规范	GB/T 26333-2010			已发布

总序号	分序号	标准名称	标准号/计划号	对应国际标准号	所属的国际标准组织	状态
26	2	工业控制系统信息安全	GB/T 30976.1～30976.2			已发布
27	3	工业自动化产品安全要求	GB 30439			已发布
28	4	过程工业领域安全仪表系统的功能安全	GB/T 21109.1～21109.3	IEC 61511	IEC SC65A	已发布
29	5	控制与通信网络 CIP Safety 规范	20132552-Z-604	IEC 61784-3	IEC SC65C	制定中
30	6	控制与通信网络 Safety-over-EtherCAT 规范	20141330-T-604	IEC 61784-3	IEC SC65C	制定中
31	7	工业通信网络网络与系统安全 第2-1部分：建立工业自动化和控制系统安全程序	20120829-T-604	IEC 62443-2-1	IEC TC65	制定中
32	8	集散控制系统（DCS）安全防护标准	20130783-T-604			制定中
33	9	集散控制系统（DCS）安全管理标准	20130784-T-604			制定中
34	10	集散控制系统（DCS）安全评估标准	20130785-T-604			制定中
35	11	集散控制系统（DCS）风险与脆弱性检测标准	20130786-T-604			制定中
36	12	用于工业测量与控制系统的EPA规范 第5部分：网络安全规范	20077698-Q-604			制定中
37	13	可编程逻辑控制器（PLC）安全要求	20130787-T-604			制定中
38	14	信息安全技术 安全可控信息系统 电力系统安全指标体系	20120527-T-469			制定中
AC 管理						
39	1	信息技术 服务管理	GB/T 24405	ISO/IEC 20000		已发布
AD 检测评价						
40	1	信息技术 开放系统互连 一致性测试方法和框架	GB/T 17178.1～17178.7	ISO/IEC9646		已发布
41	2	工业过程测量和控制、系统评估中系统特性的评定	GB/T 18272.1～18272.8	IEC 61069	IEC SC65A	已发布
42	3	工业自动化仪表通用试验方法	GB/T 29247-2012			已发布
43	4	过程测量和控制装置 通用性能评定方法和程序	GB/T 18271.1～18271.4	IEC 61298	IEC SC65B	已发布
44	5	过程工业自动化系统出厂验收测试（FAT）、现场验收测试（SAT）和现场综合测试规范	GB/T 25928-2010	IEC 62381	IEC SC65E	已发布
45	6	Modbus 测试规范	GB/T 25919-2010			已发布

总序号	分序号	标准名称	标准号/计划号	对应国际标准号	所属的国际标准组织	状态
46	7	信息技术 开放系统互连 测试方法和规范（MTS） 测试和测试控制记法 第3版 第4部分：TTCN-3 操作语义	20142102-T-469			制定中
47	8	智能传感器 性能评定方法	20150010-T-604			制定中
48	9	增材制造技术 主要特性和测试方法	2015139-T-604	ISO 17296-3:2014	ISO TC261	制定中
		AE 可靠性				
49	1	可靠性、维修性与有效性预计报告编写指南	GB/T 7289-1987			已发布
50	2	系统可靠性分析技术 失效模式和影响分析（FMEA）程序	GB/T 7826-2012			已发布
51	3	测量、控制和实验室用的电设备 电磁兼容性要求	GB/T 18268	IEC 61326	IEC SC65A	已发布
52	4	电子设备可靠性预计模型及数据手册	20132222-T-339			制定中
53	5	系统可信性规范指南	20141011-T-339	IEC 62347:2006	IEC/TC56	制定中
54	6	设备可靠性 可靠性评价方法	20141010-T-339	IEC62308:2006	IEC/TC56	制定中
55	7	物联网总体技术 智能传感器可靠性设计方法与评审	20150015-T-604			制定中
		B 关键技术				
		BA 智能装备				
56	1	可编程序控制器 第1部分：通用信息	GB/T 15969.1～15969.8	IEC 61131	IEC SC65B	已发布
57	2	可编程仪器标准数字接口的高性能协议	GB/T 15946-2008	IEC 60488	IEC SC65C	已发布
58	3	工业以太网交换机技术规范	GB/T 30094-2013			已发布
59	4	工业机器人 编程和操作图形用户接口	GB/T 19399-2003			已发布
60	5	机器人低成本通用通信总线	GB/T 29825-2013			已发布
61	6	快速成形软件数据接口	GB/T 25632-2010			已发布
62	7	信息技术 中文语音识别互联网服务接口要求	20141232-T-469			制定中
63	8	信息技术 中文语音合成互联网服务接口要求	20141231-T-469			制定中
64	9	信息技术 中文语音识别终端服务接口要求	20141233-T-469			制定中
65	10	智能传感器 第1部分：总则	20120832-T-604			制定中
66	11	智能传感器 检查和例行试验导则	20150003-T-604			制定中
67	12	物联网总体技术 智能传感器特性与分类	20150018-T-604			制定中

总序号	分序号	标准名称	标准号/计划号	对应国际标准号	所属的国际标准组织	状态
68	13	物联网总体技术 智能传感器接口规范	20150004-T-604			制定中
69	14	工业物联网仪表互操作协议	20150011-T-604			制定中
70	15	工业物联网仪表服务协议	20150012-T-604			制定中
71	16	工业物联网仪表应用属性协议	20150006-T-604			制定中
72	17	远程终端单元（RTU）技术规范	20142423-T-604			制定中
73	18	机器人仿真开发环境接口	20120878-T-604			制定中
74	19	机器人模块化操作系统接口	20130872-T-604			制定中
75	20	高速机器人通信总线接口	20130873-T-604			制定中
76	21	开放式机器人控制器通讯接口规范	20112051-T-604			制定中
77	22	增材制造（AM）文件格式	20142485-T-604	ISO/ASTM 52915:2013	ISO&ASTM	制定中
78	23	增材制造技术 增材制造产品设计指南	20151392-T-604	ISO/ASTM DIS 20195	ISO&ASTM	制定中
BB 智能工厂						
79	1	信息技术 射频识别 800—900MHz 空中接口协议	GB/T 29768-2013			已发布
80	2	信息技术 射频识别 2.45GHz 空中接口协议	GB/T 28925-2012			已发布
81	3	信息技术 射频识别 2.45GHz 空中接口符合性测试方法	GB/T 28926-2012			已发布
82	4	现场设备工具（FDT）接口规范	GB/T 29618	IEC 62453	IEC SC65E	已发布
83	5	过程控制用功能块	GB/T 21099.1～21099.3	IEC/TS 61804	IEC SC66E	已发布
84	6	控制网络 LONWORKS 技术规范	GB/Z 20177.1～20177.4			已发布
85	7	控制网络 HBES 技术规范 住宅和楼宇控制系统	GB/T 20965-2013			已发布
86	8	工业通信网络 工业环境中的通信网络安装	GB/T 26336-2010	IEC 61918		已发布
87	9	工业过程测量和控制系统用功能块	GB/T 19769.1～19769.4	IEC 61499	IEC SC65B	已发布
88	10	技术产品文件 字体 拉丁字母、数字和符号的 CAD 字体	GB/T 18594-2001			已发布
89	11	技术制图 CAD 系统用图线的表示	GB/T 18686-2002			已发布
90	12	技术产品文件 CAD 图层的组织和命名 第1部分：概述与原则	GB/T 18617.1～18617.11	ISO 13567	ISO	已发布
91	13	技术产品文件 生命周期模型及文档分配	GB/T 19097-2003	ISO 15226:1999	ISO	已发布

总序号	分序号	标准名称	标准号/计划号	对应国际标准号	所属的国际标准组织	状态
92	14	技术产品文件 计算机辅助技术信息处理 安全性要求	GB/T 16722.1～16722.4	ISO 11442	ISO	已发布
93	15	CAD 工程制图规则	GB/T 18229-2000			已发布
94	16	CAD 文件管理	GB/T 17825.1～17825.10			已发布
95	17	计算机辅助工艺设计（CAPP）系统功能规范	GB/T 28282-2012			已发布
96	18	工业企业信息化集成系统规范	GB/T 26335-2010			已发布
97	19	工业自动化系统 企业参考体系结构与方法论的需求	GB/T 18757-2008	ISO 15704:2000,IDT	ISO TC184	已发布
98	20	工业自动化系统 企业模型的概念与规则	GB/T 18999-2003	ISO 14258:1998,IDT	ISO TC184	已发布
99	21	工业自动化系统 制造报文规范	GB/T 16720.1～16720.4	ISO 9506	ISO TC184	已发布
100	22	工业自动化系统与集成 制造软件互操作性能建规 第 1 部分：框架	GB/T 19902.1～19902.6	ISO 16100	ISO TC184	已发布
101	23	工业自动化系统与集成 测试应用的服务接口	GB/T 22270.1～22270.2	ISO 20242	ISO TC184	已发布
102	24	工业自动化系统与集成 开放系统应用集成框架 第 1 部分：通用的参考描述	GB/T 19659.1～19659.5	ISO 15745	ISO TC184	已发布
103	25	工业自动化系统与集成 产品数据表达与交换	GB/T 16656.501-2005	ISO 10303	ISO TC184	已发布
104	26	工业自动化系统与集成 诊断、能力评估以及维护应用集成 第 1 部分：综述与通用要求	GB/T 27758	ISO 18435	ISO TC184	已发布
105	27	工业自动化系统与集成 过程规范语言	GB/T 20719	ISO 18629	ISO TC184	已发布
106	28	工业自动化系统与集成 制造执行系统功能体系结构	GB/T 25485-2010			已发布
107	29	工业自动化 车间生产	GB/T 16980.1～16980.2	IDT ISO/TR 10314	ISO TC184	已发布
108	30	企业信息化系统集成实施指南	GB/T 26327-2010			已发布
109	31	企业集成 企业建模框架	GB/T 16642-2008	ISO 19439-2006,IDT	ISO TC184	已发布
110	32	企业集成 企业建模构件	GB/T 22454-2008	ISO 19440-2007,IDT	ISO TC184	已发布
111	33	企业资源计划	GB/T 25109.1～25109.4			已发布
112	34	企业用产品数据管理（PDM）实施规范	GB/Z 18727-2002			已发布

总序号	分序号	标准名称	标准号/计划号	对应国际标准号	所属的国际标准组织	状态
113	35	企业控制系统集成	GB/T 20720.1~20720.3	IEC 62264	ISO TC184	已发布
114	36	网络化制造系统应用实施规范	GB/T 25487-2010			已发布
115	37	网络化制造环境中业务互操作协议与模型	GB/T 30095-2013			已发布
116	38	网络化制造系统集成模型	GB/T 25488-2010			已发布
117	39	制造业信息化评估体系	GB/T 31131-2014			已发布
118	40	机器的状态检测和诊断 数据处理、通信和表达	GB/T 22281.1~22281.2	ISO 13374	ISO TC184	已发布
119	41	面向制造业信息化的 ASP 平台功能体系结构	GB/T 25460-2010			已发布
120	42	基于网络化的企业信息集成规范	GB/T 18729-2011			已发布
121	43	自动引导车 通用技术条件	GB/T 20721-2006			已发布
122	44	OPC 统一结构	20090699-T-60	IEC 62541	IEC SC65E	制定中
123	45	FDT/DTM 和 EDDL 互操作规范	20130772-T-604			制定中
124	46	PROFIBUS 安装导则 规划设计、布线装配与调试验收	20132542-T-604			制定中
125	47	工业自动化能效	20141328-T-604	IEC/TR 62837:2013	IEC TC65	制定中
126	48	技术产品文件 产品生命周期管理 文档管理	20130219-T-469			制定中
127	49	先进自动化技术及其应用 制造业企业过程互操作要求 第 1 部分：企业互操作框架	20120881-T-604	ISO 11354-1:2011 IDT	ISO TC184	制定中
128	50	集团企业经营管理信息化核心构件标准	20132566-T-604			制定中
129	51	集团企业经营管理业务参考模型	20132567-T-604			制定中
130	52	自动识别技术和 ERP、MES 和 CRM 等技术的接口	20132580-T-604			制定中
131	53	自动化系统与集成 制造系统能源效率和环境影响因素的评估 第 1 部分：概述和总则	20141341-T-604	ISO 20140-1:2013	ISO TC184	制定中
132	54	自动化系统与集成制造系统 先进控制与优化软件集成 第 2 部分：架构和功能	20141342-T-604			制定中
133	55	物流装备管理监控系统功能体系	20130876-T-604			制定中
		BC 智能服务				
134	1	弹性计算应用接口	GB/T 31915-2015			已发布
135	2	信息技术 云数据存储和管理 第 2 部分:基于对象的云存储应用接口	GB/T 31916.2-2015			已发布

总序号	分序号	标准名称	标准号/计划号	对应国际标准号	所属的国际标准组织	状态
136	3	云计算术语	20120570-T-469			制定中
137	4	云计算参考架构	20121421-T-469			制定中
138	5	信息技术 云计算 云服务级别协议规范	20153705-T-469			制定中
		BD 工业软件和大数据				
139	1	软件工程 产品质量	GB/T 16260.1～16260.4			已发布
140	2	软件工程 软件产品质量要求与评价（SQuaRE）SQuaRE 指南	GB/T 25000.1-2010			已发布
141	3	软件工程 软件产品质量要求和评价（SQuaRE）商业现货（COTS）软件产品的质量要求和测试细则	GB/T 25000.51-2010			已发布
142	4	嵌入式软件质量保证要求	GB/T 28172:2011			已发布
143	5	系统与软件功能性	GB/T 29831.1～29831.3			已发布
144	6	系统与软件可靠性	GB/T 29832.1～29832.3			已发布
145	7	系统与软件可移植性	GB/T 29833.1～29833.3			已发布
146	8	系统与软件维护性	GB/T 29834.1～29834.3			已发布
147	9	系统与软件效率	GB/T 29835.1～29835.3			已发布
148	10	系统与软件易用性	GB/T 29836.1～29836.3			已发布
149	11	嵌入式软件质量度量	GB/T 30961-2014			已发布
150	12	信息技术 软件生存周期过程指南	GB/Z 18493-2001			已发布
151	13	系统工程 系统生存周期过程	GB/T 22032-2008			已发布
152	14	系统工程 GB/T 22032（系统生存周期过程）应用指南	GB/Z 31103-2014			已发布
153	15	物联网 数据质量	20150046-T-469			制定中
154	16	多媒体数据语义描述要求	20141172-T-469			制定中
155	17	信息技术 通用数据导入接口规范	20141204-T-469			制定中
156	18	信息技术 数据溯源描述模型	20141202-T-469			制定中
157	19	信息技术 数据质量评价指标	20141203-T-469			制定中
158	20	信息技术 数据交易服务平台交易数据描述	20141200-T-469			制定中

总序号	分序号	标准名称	标准号/计划号	对应国际标准号	所属的国际标准组织	状态
159	21	信息技术 数据交易服务平台通用功能要求	20141201-T-469			制定中
160	22	制造执行系统（MES）规范	2012-0532T-SJ			制定中
161	23	工艺数据管理规范	2012-0546T-SJ			制定中
162	24	产品生命周期管理规范	2012-0547T-SJ			制定中
163	25	数据能力成熟度评价模型	20141184-T-469			制定中
164	26	软件资产管理 能力成熟度模型	2012-2404T-SJ			制定中
165	27	软件资产管理 实施指南	2012-2405T-SJ			制定中
			BE 工业互联网			
166	1	信息技术 传感器网络 第301部分：通信与信息交换：低速无线传感器网络网络层和应用支持子层规范	GB/T 30269.301-2014			已发布
167	2	信息技术 系统间远程通信和信息交换 局域网 第3部分：带碰撞检测的载波侦听多址访问（CSMA/CD）的访问方法和物理层规范	GB/T 15629.3-2014			已发布
168	3	信息技术 系统间远程通信和信息交换 OSI路由选择框架	GB/Z 17977-2000			已发布
169	4	信息技术 增强型通信运输协议 第1部分：单工组播运输规范	GB/T 26241.1-2010			已发布
170	5	信息技术 中继组播控制协议（RMCP） 第1部分：框架	GB/T 26243.1-2010			已发布
171	6	信息技术 传感器网络 第2部分：术语	GB/T 30269.2-2013			已发布
172	7	信息技术 传感器网络 第302部分：通信与信息交换：面向高可靠性应用的无线传感器网络媒体访问控制和物理层规范	20120549-T-469			已发布
173	8	信息技术 传感器网络 第501部分：标识：传感节点标识符编制规则	GB/T 30269.501-2014			已发布
174	9	信息技术 系统间远程通信和信息交换 局域网和城域网 特定要求	GB/T 15629			已发布
175	10	信息技术 传感器网络 第701部分：传感器接口：信号接口	GB/T 30269.701-2014			已发布
176	11	测量和控制数字数据通信 工业控制系统用现场总线 类型3：PROFIBUS 规范	GB/T 20540-2006	IEC 61158、IEC 61784	IEC SC65C	已发布

总序号	分序号	标准名称	标准号/计划号	对应国际标准号	所属的国际标准组织	状态
177	12	测量和控制数字数据通信 工业控制系统用现场总线 类型10：PROFINET规范	GB/T 20541-2006	IEC 61158、IEC 61784	IEC SC65C	已发布
178	13	测量和控制数字数据通信 工业控制系统用现场总线 类型2：ControlNet和EtherNet/IP规范	GB/Z 26157-2010	IEC 61158、IEC 61784	IEC SC65C	已发布
179	14	测量和控制数字数据通信 工业控制系统用现场总线 类型8：INTERBUS规范	GB/Z 29619-2013	IEC 61158、IEC 61784	IEC SC65C	已发布
180	15	工业通信网络 现场总线规范 类型20：HART规范	GB/T 29910-2013	IEC 61158、IEC 61784	IEC SC65C	已发布
181	16	工业通信网络 现场总线规范 类型10：PROFINET IO规范	GB/T 25105	IEC 61158、IEC 61784		已发布
182	17	工业通信网络 现场总线规范 类型20：HART规范 第5部分：WirelessHART无线通信网络及通信行规	GB/T 29910.5-2013	IEC 62591:2010	IEC SC65C	已发布
183	18	工业以太网现场总线EtherCAT	GB/T 31230-2014	IEC 61158、IEC 61784	IEC SC65C	已发布
184	19	工业无线网络WIA规范	GB/T 26790.1～26790.2	IEC 62601		已发布
185	20	用于工业测量与控制系统的EPA系统结构与通信规范	GB/T 20171-2006	IEC 61158、IEC 61784	IEC SC65C	已发布
186	21	以太网POWERLINK通信行规规范	GB/T 27960-2011	IEC 61158	IEC SC65C	已发布
187	22	基于Modbus协议的工业自动化网络规范	GB/T 19582-2008	IEC 61158、IEC 61784	IEC SC65C	已发布
188	23	CC-Link控制与通信网络规范	GB/T 19760-2008	IEC 61158、IEC 61784	IEC SC65C	已发布
189	24	PROFIBUS&PROFINET技术行规PROFIdrive	GB/T 25740-2013			已发布
190	25	信息技术 系统间远程通信和信息交换 社区节能控制网络协议	20141206-T-469			制定中
191	26	信息技术 传感器网络 第901部分：网关	20120550-T-469			制定中
192	27	信息技术 通用布缆 工业建筑群	20132347-T-469			制定中
193	28	信息技术 系统间远程通信和信息交换低压电力线通信	20141207-T-469			制定中
194	29	信息技术 传感器网络 第1部分：参考体系结构和通用技术要求	20091414-T-469			制定中

总序号	分序号	标准名称	标准号/计划号	对应国际标准号	所属的国际标准组织	状态
195	30	信息技术 传感器网络 第303部分：通信与信息交换：基于IP的无线传感器网络网络层技术规范	20153381-T-469			制定中
196	31	信息技术 传感器网络 第305部分：通信与信息交换：超声波通信协议规范	20150041-T-469			制定中
197	32	信息技术 传感器网络 第401部分：协同信息处理：支撑协同信息处理的服务及接口	20100400-T-469			制定中
198	33	信息技术 传感器网络 第502部分：标识：传感节点解析和管理规范	20120545-T-469			制定中
199	34	信息技术 传感器网络 第504部分：标识：传感节点标识符管理规范	20153386-T-469			制定中
200	35	信息技术 传感器网络 第601部分：信息安全：通用技术规范	20091418-T-469			制定中
201	36	信息技术 传感器网络 第602部分：信息安全：网络传输安全技术规范	20120551-T-469			制定中
202	37	信息技术 传感器网络 第603部分：信息安全 网络传输安全测评规范	20150039-T-469			制定中
203	38	信息技术 传感器网络 第604部分：低速率无线传感器网络网络层和应用支持子层安全测评规范	20153385-T-469			制定中
204	39	信息技术 传感器网络 第702部分：传感器接口：数据接口	20100398-T-469			制定中
205	40	信息技术 传感器网络 第801部分：测试：通用要求	20120548-T-469			制定中
206	41	信息技术 传感器网络 第802部分：测试：低速无线传感器网络媒体访问控制和物理层	20120546-T-469			制定中
207	42	信息技术 传感器网络 第803部分：测试：低速无线传感器网络网络层和应用支持子层	20120547-T-469			制定中
208	43	信息技术 传感器网络 第804部分：测试：传感器接口测试规范	20153384-T-469			制定中
209	44	信息技术 传感器网络 第805部分：测试：传感器网关测试规范	20153383-T-469			制定中

总序号	分序号	标准名称	标准号/计划号	对应国际标准号	所属的国际标准组织	状态
210	45	信息技术 传感器网络 第806部分：测试：传感节点标识符解析一致性测试技术规范	20153382-T-469			制定中
211	46	信息技术 传感器网络 第1001部分：中间件：传感器网络节点数据交互规范	20100399-T-469			制定中
212	47	信息技术 系统间远程通信和信息交换 中高速无线局域网媒体访问控制和物理层规范	20132349-T-469			制定中
213	48	信息技术 系统间远程通信和信息交换 局域网和城域网特定要求 基于可见光通信的媒体访问控制和物理层规范	20142105-T-469			制定中
214	49	物联网 协同信息处理参考模型	20150040-T-469			制定中
215	50	物联网 感知对象信息融合模型	20150049-T-469			制定中
216	51	物联网 信息交换和共享	20150042-T-469			制定中
217	52	物联网 参考体系结构	20130054-T-469			制定中
218	53	物联网 接口要求	20130055-T-469			制定中
219	54	制造过程物联集成平台应用实施规范	20132572-T-604			制定中
220	55	制造过程物联集成中间件平台参考体系	20132573-T-604			制定中

附录 B 《国家智能制造标准体系建设指南（2015年版）》编制说明

一、编制背景

（一）国际形势

1. 德国工业 4.0

德国工业 4.0 在德国工程院、弗劳恩霍夫协会等德国学术界和产业界的建议和推动下形成，由德国联邦教研部与联邦经济和能源部联手支持，在 2013 年 4 月的汉诺威工业博览会上正式推出并逐步上升为国家战略。其目的是为了提高德国工业的竞争力，在新一轮工业革命中占领先机。德国工业 4.0 的核心内容可以总结为：建设一个网络（信息物理系统），研究两大主题（智能工厂、智能生产），实现三大集成（纵向集成、横向集成与端到端集成），推进三大转变（生产由集中向分散转变、产品由趋同向个性转变、用户由部分参与向全程参与转变）。

2013 年 9 月，德国发布的《实施"工业 4.0"战略建议》中识别出了实现工业 4.0 的 8 个优先行动领域，第一个就是开展标准化工作。2013 年 12 月，德国电气电子和信息技术协会与德国电工委员会联合发布《德国"工业 4.0"标准化路线图》，明确了参考架构模型、用例、基础、非功能属性、技术系统和流程的参考模型、仪器和控制功能的参考模型、技术和组织流程的参考模型、人类在工业 4.0 中的功能和角色的参考模型、开发流程和指标、工程、标准库、技术和解决方案等 12 个重点方向，并提出了具体标准化建议。2015年 4 月，德国在汉诺威工业博览会上宣布启动升级版的"工业 4.0 平台"，并于同年 10 月底发布了《德国"工业 4.0"标准化路线图》2.0 版。

2. 美国工业互联网

美国"工业互联网"的愿景是在产品生命周期的整个价值链中将人、数据和机器连接起来，形成开放的全球化工业网络。实施的方式是通过通信、控制和计算技术的交叉应用，建造一个信息物理系统，促进物理系统和数字系统的融合。

2014 年 4 月，美国工业互联网联盟成立，该联盟作为一个开放性的会员组织，致力于打破技术壁垒，通过促进物理世界和数字世界的融合，实现不同厂商设备之间的数据共享。联盟于 2015 年 6 月发布了《工业互联网参考体系结构》，从商业视角、使用视角、功能视角和技术实现视角对工业互联网进行了定义，同时着手开发用例和测试床，助力软硬件厂商开发与工业互联网兼容的产品，实现企业、云计算系统、计算机、网络、仪表、传感器等不同类型的物理实体互联，提升工业生产效率。

3. 国际标准化组织相关工作

（1）IEC/SMB/SG8

2011 年 6 月，国际电工委员会成立了 IEC/TC65 WG16 数字工厂标准制定工作组，专门从事数字工厂技术研究和标准制定。数字工厂描述了包括基本元素、自动化资产及其行为和关系的工厂通用模型。存储在数字工厂数据库中的相关信息代表了数字工厂的各个方面。该信息可在整个工厂生命周期中使用。随后 IEC 又陆续成立了一系列专门工作组，包括：IEC/SMB/SG8 工业 4.0 战略工作组和 IEC/MSB "未来工厂"白皮书项目组等，开展智能制造/工业 4.0 相关的战略研究、体系构建和技术标准研制。

（2）ISO/IEC JTC1/SWG3 智能机器专题组

2014 年 4 月，ISO/IEC JTC1/SWG3 规划特别工作组成立了智能机器专题组（Ad hoc on Smart Machines），计划从虚拟个人助理、智能顾问和先进的全球工业系统三个领域开展技术趋势及标准化研究。其中，先进的全球工业系统来源于"工业 4.0"战略。它将物联网和务联网引入到制造业中，并且形成了价值网络的横向集成，横跨整个价值链的端到端数字集成，以及网络化生产系统的垂直集成。目前，先进的全球工业系统领域的主要研究对象包括标准化和参考架构，以及复杂系统的管理等内容。

（3）ISO/TMB/SAG Industry 4.0

ISO 于 2015 年 7 月成立了 ISO/TMB/SAG Industry 4.0（工业 4.0 战略顾问组），并初步确定了四项工作内容：总结工业 4.0 相关的现有标准及当前工作；确定有待制定的新标准项目；提出 ISO/TMB 的工作建议；跟踪和管理区域、国家和国际相关活动，建立与 IEC/SMB SG8 等其他组织的合作机制。

（二）中国智能制造发展形势

1. 智能制造相关工作

2015 年 3 月，工业和信息化部印发了《2015 年智能制造试点示范专项行动实施方案》，启动了智能制造试点示范专项行动。明确要坚持"立足国情、统筹规划、分类施策、分步实施"的方针，以企业为主体、市场为导向、应用为切入点，分类开展并持续推进流程制造、离散制造、智能装备和产品、智能制造新业态新模式、智能化管理、智能服务等 6 方面试点示范。通过试点示范使关键智能部件、装备和系统自主化能力大幅提升，产品、生产过程、管理、服务等智能化水平显著提高，智能制造标准化体系初步建立，智能制造体系和公共服务平台初步成形。目前已经遴选出第一批 46 家试点示范企业，进行智能制造经验的总结和推广。2015 年 6 月，工业和信息化部联合财政部启动智能制造专项，目前已批复了 43 个综合标准化与试验验证项目，50 个新模式项目，其中标准化与试验验证项目是支持重点。近期工业和信息化部又启动了《智能制造重大工程实施方案（2016—2020）》的编制，将标准化作为智能制造工程的三大基础之一。

2. 智能制造标准化工作

2014 年 12 月，工业和信息化部发文成立了以装备工业司为组长单位，科技司、电子信息司、信息化和软件服务业司、信息通信发展司为副组长单位，中国电子技术标准化研究院为支撑单位的工信部智能制造综合标准化工作组，启动了智能制造综合标准化体系建设指南的编制工作。

2015 年 7 月，国家标准化管理委员会为贯彻落实《中国制造 2025》中明确的制造业标准化提升计划，明确提出要"建立智能制造标准体系"。

受工业和信息化部装备工业司和国家标准化委员会工业二部委托，中国电子技术标准化研究院、机械工业仪器仪表综合经济技术研究所、中国信息通信研究院共同组织中国电子信息产业发展研究院、全国信息技术标准化技术委员会（TC28）、全国工业过程测量控制和自动化标准化技术委员会（TC124）、全国自动化系统与集成标准化技术委员会（TC159）、全国信息安全标准化技术委员会（TC260）、全国通信标准化技术委员会（TC485）、全国增材制造标准化技术委员会（筹）和全国电工电子产品可靠性与维修性标准化技术委员会（TC24）国内智能制造相关各标委会、科研机构和企业共同制定了《国家智能制造标准体系建设指南》（以下简称《指南》），为我国智能制造标准化工作提供顶层设计和发展规划。

（三）智能制造标准化工作的意义

1. 标准化是智能制造创新的驱动力

标准引领创新、标准保护创新。标准将为智能制造提供一个可持续发展的基础环境，即系统的可靠性、市场的关联性和投资的安全性，为实现技术创新以达到智能制造要求奠定坚实的基础。

2. 标准化是智能制造系统互联互通的必要条件

实现智能制造需要构建庞大复杂的系统。信息系统、生产制造系统、自动化系统在产品的设计、生产、物流、销售、服务全生命周期中要协同互动，这就需要协调一致的标准作为保障。此外，标准化的术语和定义可以帮助各参与方进行沟通和交流，从而实现整个行业的紧密合作。

3. 智能制造对标准化提出了新的要求

产品的智能化、装备的智能化、生产的智能化、管理的智能化、服务的智能化要求数据信息能够在装备、人、企业、产品之间实现实时交换、准确识别、智能处理及快速更新，必须通过制定并执行成体系的技术标准、服务标准、管理标准和安全标准来完成。

4. 标准化是抢占产业竞争制高点的重要手段

标准能够体现国家的技术基础和产业基础，国际标准之争本质是国与国之间产业实力的竞争和国际市场话语权的竞争。目前，智能制造标准已成为全球产业竞争的一个制高点，核心的参考模型、数据接口和通信协议标准则是竞争的重点。积极参与并争取主导制定智能制造关键领域的国际标准，是我国争夺国际市场话语权的重要手段。

二、编制原则

（一）坚持全面完整的原则

智能制造标准化工作涉及多个行业、多个技术领域，研究对象是由系统组成的系统。智能制造标准体系全面纳入与智能制造密切相关的基础通用、关键技术及行业应用标准，并对已制定、制定中和待制定的标准进行了全面梳理，力争展现智能制造标准的全貌。

（二）坚持重点突出的原则

《指南》对智能制造标准化方向和重点领域进行了分析，识别出基础通用、智能装备、工业网络、智能工厂、工业云和大数据、服务型制造和行业应用7个重点标准化方向和领域，并将按照"急用先行，共性先立"的原则，逐级细化到重点标准立项，以指导智能制造标准化工作有序开展。

（三）坚持标准引领的原则

工作组在第一次会上确定了"标准引领、开放合作"的原则，这就要求我们的智能制造标准体系具有技术先进性，适当领先于产业发展。《指南》中涉及的人机交互、增材制造、工业云和大数据等重点标准化领域就是智能制造最新、最活跃的领域，其技术、产品和服务模式尚未完全定型，但我们本着标准引领的原则，先期开展了研究。

（四）坚持开放管理，动态完善的原则

智能制造是一个动态发展的庞大系统，产业界对智能制造的认识将是一个不断深入的过程。随着智能制造技术、产业的发展，新模式、新业态的不断涌现，智能制造标准体系将进行动态调整和完善，我们力图通过本版《指南》打造一个基础框架，并建立起动态更新完善机制，以2年为周期及时开展标准体系更新、标准复审和维护更新工作。

三、编制过程

（一）成立智能制造标准化工作组

为加快推进智能制造综合标准化工作，加强顶层设计，构建智能制造综合标准体系，发挥智能制造标准的规范和引领作用，2014年12月15日，工业和信息化部印发了《工业和信息化部办公厅关于成立智能制造综合标准化工作组的函》，明确了智能制造综合标准化工作组的主要职责：

（1）组织开展智能制造综合标准化体系建设及规划工作。

（2）组织开展智能制造基础、通用标准的制定工作，统筹协调基础标准与行业应用标准有效衔接。

（3）组织研究国内外智能制造标准化进展情况，加强与国际标准化组织的交流活动。

（4）建立智能制造综合标准化体系示范平台，促进智能制造标准与产业的协调发展，满足科研、产业和行业管理的需要，成为发展智能制造的重要支撑。

（二）梳理相关领域已制定和制定中的标准

2015年3月至今，智能制造标准化工作组秘书处组织智能制造相关的6个标准化技术委员会对现有相关标准进行了梳理，识别出基础共性、智能装备、工业网络、智能工厂、工业云和大数据5大标准领域的现行标准446项，制定中的标准169项。下一步，工作组秘书处单位会对以上标准进行系统梳理，对不再适用的标准及时修订或废止，并在此基础上根据需求研制新的标准。

（三）调研智能制造标准化需求

在工业和信息化部装备工业司领导下，智能制造标准化工作组秘书处单位组织工作组内相关研究机构，对智能制造各领域开展标准化需求调研。

2015年3月至今，工作组先后调研了海尔集团、上海外高桥造船厂、宝钢集团、上海明匠智能系统有限公司、中国航天科工二院、北京数码大方科技有限公司、和利时集团、北京东土科技股份、北京北大众志微系统科技有限责任公司、青岛红领集团、沈阳机床厂、华晨宝马沈阳铁西工厂、新松机器人自动化股份有限公司、九江石化、华三通信技术有限公司、浙江中控技术股份有限公司、浙江力太科技有限公司、研祥集团、创维集团、广州数控设备有限公司、阿里巴巴集团、华为公司等近百家企业。

通过调研，全面了解各产业智能制造发展水平，深入分析智能制造关键技术、主要产品和亟待解决的问题，梳理智能制造不同领域、智能制造不同环节的标准化需求，进一步明确智能制造标准体系的边界和内在逻辑关系，确定智能制造标准体系建设的思路和原则，寻找标准体系建设的主攻方向和突破口。

（四）召开工作组工作会和相关研讨会

2015年2月6日，工作组召开了第一次工作会。此次会议分析了国内外产业、技术发展趋势和德国工业4.0标准化工作情况，提出了工作组总体工作思路。

2015年3月15日，工作组召开了第二次工作会。此次会议部署智能制造相关的6个标准化技术委员会对现有相关标准进行系统梳理，对潜在标准化需求进行深入调研，全面启动智能制造综合标准化工作。

2015年6月30日，在各标委会分工完成各自领域标准梳理、共同开展大量调研、收集产业标准化需求、分析国内外智能制造标准化工作经验的基础上，工作组秘书处组织相关标委会和研究单位召开《指南》编制会。会上，各标委会对秘书处单位提出的文稿进行了讨论、修改和完善，形成了《智能制造综合标准化体系建设指南》（草案）。

2015年7月8日，工作组召开了第三次工作会。集体学习了美国工业互联网标准化工作情况，对前期工作成果及标准化工作组秘书处起草的《智能制造综合标准化体系建设指南》（草案）进行了讨论。会后，工作组秘书处对专家意见进行了整理和采纳，形成了《智能制造综合标准化体系建设指南》（征求意见稿）。

2015年11月20日，工作组召开了第四次工作会。对《智能制造综合标准化体系建设指南》（征求意见稿）进行了讨论，会后，根据专家意见修改完善形成送审稿。

（五）广泛征求意见

2015年8月，为完善《指南》（征求意见稿），工信部装备工业司部内征求各司局意见，共收集到信息通信管理局等6个司局关于征求意见的复函，共14条意见。经研究，采纳9条，参阅4条，不采纳1条。

2015年9月，为完善《指南》（征求意见稿），国标委工业二部听取了关于《指南》

编制情况的汇报，肯定了前期成果，并提出了修改建议，共12条。经研究，全部采纳。

2015年10月10日至30日，工信部和国标委就《智能制造综合标准化体系建设指南》（征求意见稿）在官方网站联合向全社会征集意见，并于11月10日、11日和12日分别在北京、上海和杭州召开了航天行业、上海部分单位、食品与包装机械行业的意见征集会，共收到了96条意见。经研究，采纳了44条，部分采纳9条，不采纳20条，参阅23条。

四、重点问题说明

（一）智能制造标准体系与其他标准体系的衔接关系

智能制造标准化的对象是具有信息深度自感知、智慧优化自决策、精准控制自执行等功能的先进制造过程、系统与模式。智能制造标准体系与机器人、增材制造等重点方向和领域标准体系，以及船舶、航空等行业标准体系之间有交集，相互之间不是覆盖关系。智能制造标准体系不是一个大而全的体系，而是一个聚焦在数据、通信和信息等方面的有限目标体系。

例如，智能制造标准体系中的智能装备子体系会涉及数控机床通过传感器和嵌入式系统实现环境感知、数据存储、信息通信和自动执行等功能相关的标准，但不涉及机床加工的精度、速度和工艺等性能标准。又如，智能制造标准体系中的增材制造子体系是增材制造标准体系的一部分，该子体系不涉及增材制造的材料、产品等标准。

（二）智能制造标准体系中的"工业网络"与"工业互联网"的关系

智能制造标准体系中的工业网络不同于工业互联网。智能制造的核心是实现制造系统的纵向集成、横向集成和端到端集成，这离不开工业网络的支撑，我们认为工业网络是智能制造的基础设施，工业网络标准子体系是智能制造标准体系的一个重要组成部分。

工业网络标准子体系由我国该领域权威单位中国信息通信研究院牵头，组织全国信息技术标准化委员会（TC28）、全国工业过程测量与控制标准化技术委员会（TC124）和全国通信标准化委员会（TC485）等核心标准化技术委员会对该领域标准进行了系统梳理，并结合产业和技术发展趋势，制定子体系框架并提出标准立项建议。

反侵权盗版声明

电子工业出版社依法对本作品享有专有出版权。任何未经权利人书面许可，复制、销售或通过信息网络传播本作品的行为；歪曲、篡改、剽窃本作品的行为，均违反《中华人民共和国著作权法》，其行为人应承担相应的民事责任和行政责任，构成犯罪的，将被依法追究刑事责任。

为了维护市场秩序，保护权利人的合法权益，我社将依法查处和打击侵权盗版的单位和个人。欢迎社会各界人士积极举报侵权盗版行为，本社将奖励举报有功人员，并保证举报人的信息不被泄露。

举报电话：（010）88254396；（010）88258888
传　　真：（010）88254397
E-mail：　dbqq@phei.com.cn
通信地址：北京市万寿路 173 信箱
　　　　　电子工业出版社总编办公室
邮　　编：100036